日本語の節・文の連接とモダリティ

角田 三枝

くろしお出版 2004

目　次

謝　辞 v

第 1 章　本書のねらい、構成、意義 1

第 2 章　節の連接とモダリティ 5
2.1　この章のねらい、構成、意義 5
2.2　先行研究 6
2.2.1　一般言語学における先行研究 6
2.2.2　日本語研究における先行研究 7
2.3　節の連接における本論の提案とその分析 9
2.3.1　五つのレベル 10
2.3.2　中右の三つの「領域」および Sweetser の三つの domains と本論との比較 17
2.3.3　従属節の述部の構造とモダリティの関係 23
2.4　本書で扱う接続表現について 25
2.5　従属節と主節の連接における制限 26
2.6　原因・理由を表す接続表現 28
2.6.1　タメ（ニ）.. 28
2.6.2　ノデ 29
2.6.3　カラ 35
2.7　逆接を表す接続表現 36
2.7.1　ナガラ 37
2.7.2　ニモカカワラズ 38
2.7.3　ノニ 41
2.7.4　ガ・ケレド 43
2.8　条件を表す接続表現 47

i

		2.8.1　ト 47
		2.8.2　バ 51
		2.8.3　タラ 53
		2.8.4　ナラ 56
		2.8.5.　仮定か前提かによる細かい使い分け 62
			2.8.5.1　従属節の述語が動詞の場合 62
			2.8.5.2　従属節の述語が形容動詞、名詞、形容詞の場合 64
	2.9　従属節の述部の形態 65
	2.10　まとめ 67

第3章　ノダの思考プロセス 69
	3.1　ねらい 69
	3.2　先行研究 71
	3.3　ノダの思考プロセス 73
	3.4　ノダのサイクルの実現 76
		3.4.1　物体の認識 77
		3.4.2　現象の認識 79
		3.4.3　言語の認識 81
		3.4.4　判断内容に基づくさらなる判断 84
		3.4.5　ノダのサイクルのまとめ 90
		3.4.6　プロトタイプ 93
		3.4.7　小説の中などで：参加者の重層性 94
	3.5　ノダのサイクルとノダの用法——先行研究との比較 95
		3.5.1　先行研究の検討：益岡(2001b)の分類 96
		3.5.2　先行研究の検討：奥田(1990)の分類 100
		3.5.3　ノダを単独で用いる場合 103
			3.5.3.1　「これでいいのだ！」 104
			3.5.3.2　思い出しのノダ 104
			3.5.3.3　「現象描写文」との違い 105
		3.5.4　感情表現について 105
		3.5.5　談話の中で、ノダが突然出てくるように見える現象 106
		3.5.6　ノダが従属節に現れる用法——カラとノダカラ 108

3.5.7　郵便局に行くんですか 112
　　3.5.8　先行研究との比較のまとめ 114
　3.6　談話レベルの用法――ノダの思考プロセスのメタファー 115
　3.7　名詞＋ダあるいは名詞＋ナノダ 118
　3.8　ノダ文を使いにくい場合 122
　3.9　一般言語学的な意義――文法研究方法への提案 127
　3.10　結論 128

第4章　ワケダ、ワケデハナイ 129
　4.1　ねらい 129
　4.2　先行研究 129
　4.3　本論の考えと分析 130
　4.4　ワケダの環およびワケダとノダの射程の幅 132
　　4.4.1　ワケダの二つのタイプとノダの関係 135
　　4.4.2　引用形を含むかどうか 140
　4.5　ワケナノダ 141
　4.6　メタファー用法：納得、驚きを表す用法 146
　4.7　談話的効果のまとめ 149
　4.8　推論を含むかどうか 150
　4.9　結論 152

第5章　節の連接と思考プロセス 155
　5.1　はじめに 155
　5.2　「事態間レベル」：ノデとカラ 156
　　5.2.1　「事態間レベル」：ノデを用いる場合 157
　　5.2.2　「事態間レベル」：カラを用いる場合 158
　　5.2.3　「事態間レベル」：ノデとカラとノダの思考プロセス 162
　5.3　Ⅳ「判断の根拠」：カラとノダカラ 163
　　5.3.1　Ⅳ「判断の根拠」：カラを用いる場合 164
　　5.3.2　Ⅳ「判断の根拠」：ノダカラを用いる場合 165
　　　5.3.2.1　話者の直前の判断を表すノダカラ 165
　　　5.3.2.2　話者の強い確信を表すノダカラ 167

　　　　5.3.2.3　統語的なノダカラ 168
　　5.3.3　Ⅳ「判断の根拠」：カラとノダカラとノダのサイクル 169
　5.4　Ⅴ「発話行為の前提」：カラとノダカラ 169
　　5.4.1　独自のモダリティを表すノダカラ 170
　　5.4.2　ノダカラ節の独立性とモダリティ 171
　　　　5.4.2.1　「ノダカラ文。主文。」 171
　　　　5.4.2.2　「カラ文。主文。」 172
　　　　5.4.2.3　「ノダカラ節、主節。」 172
　　　　5.4.2.4　「カラ節、主節。」 173
　5.5　結論 174

第6章　結論と今後の展望 177

注 183
　第2章 183
　第3章 199
　第4章 207
　第5章 210
　第6章 214

引用文献 215

索引 221

謝　辞

　本著は、2002年10月にお茶の水女子大学に提出し、2003年3月に博士（人文科学）の学位を授与された論文「日本語の節・文の連接とモダリティ」に加筆、修正をほどこしたものです。

　博士論文の執筆から、本書の出版にいたるまで、数多くの方々のご助言とご援助をいただきました。

　お茶の水女子大学では、鈴木泰先生は指導教官として研究全体を見守ってくださり、村松賢一先生、アイリーン・B・マイカルズ・足立先生、野口徹先生は、博士論文の審査委員会の委員として、有益なご助言をくださいました。筑波大学の中右実先生は、他大学の学生である私をご指導くださり、さらに、外部審査委員もお引き受けくださいました。神戸市外国語大学の益岡隆志先生には、原稿をお読みいただき、貴重なご意見を賜りました。学会やゼミで先生方や学友から頂いたコメントや、夫の角田太作の助言も有益でした。

　出版にさきがけて、東京大学大学院生の児島康宏氏は博士論文を読んでくださり、細部にわたる丁寧なコメントをお寄せくださいました。

　また、本書の出版に関して、くろしお出版の福西敏宏氏と池上達昭氏には多大なご尽力を賜りました。

　最後になりますが、母は様々な面で私を支えて、励ましてくれました。

　皆様方のご援助無しには、博士論文も本書も現実のものにはならなかったと思います。皆様方に心より厚く御礼申し上げます。

　　つくばにて
　　2004年3月

　　　　　　　　　　　　　　　　　　　　　　　　　　　　角田三枝

第1章　本書のねらい、構成、意義

　今日の日本語研究では、研究分野が細分化され、その影響もあってか、個別的な事実の報告は数多くあるが、その個別的な事実が一体何を意味するのか、それらはお互いにどのように関連するのか、といった、組織的・包括的な考察は少ない。

　本論は、日本語の文法に見られる個々の事実が何を意味するのか、それらの事実の背後にどのようなシステムがあるのかを見つけ出すことを目的とする。本論では、大きく分けて二つの問題を扱う。一つは、日本語の接続表現の違いとモダリティとの関係である。もう一つは、ノダ、ワケダという、先行研究では「説明のモダリティ」などと言われるものである。

　日本語にはたくさんの接続表現がある。これまで、さまざまな接続表現について、類似の表現との用法の違いを比べるというタイプの研究、すなわち、個別的な研究は多くあった。しかしながら、南（1974）などの例外を除くと、日本語の接続表現全体に関係するようなシステムを述べる、組織的、包括的な論考はあまりなかった。本論は接続表現の使い分けに、システマティックな原理があることを示す。

　また、ノダ、ワケダについても、どのような用法があるか、といった事例を述べる報告は数多あった。それにもかかわらず、ノダ、ワケダの出現にどのような原理があるのかを包括的に述べた論考はなかったと言える。本論では、これらの問題について統一的な原理を提案する。具体的には、ノダ、ワケダの用法は人間の「思考プロセス」にかかわっていることを示す。

　また、その「思考プロセス」は、単にノダ、ワケダの出現のみを説明するものではない。実は、本論で述べる接続表現の使い分けの原理も、「思考プロセス」の考え方を用いることによって、さらに分析を進めることができる。

　本論の構成は以下の通りである。

　第2章では、モダリティを考慮しながら、日本語の接続表現を考察する。具体的には、ある従属節とその主節のモダリティとの共起関係、および従属

節と主節の連接がどのような意味関係を表すかを考察する。そういった考察に基づいて五つのレベルを提案する。それは以下の通りである。

　　　　Ⅰ「現象描写」、Ⅱ「判断」、Ⅲ「働きかけ」、
　　　　Ⅳ「判断の根拠」、Ⅴ「発話行為の前提」

この五つのレベルと接続表現の使い分けを検討する。日本語の接続表現のうち、原因・理由を表す表現(タメ(ニ)、ノデ、カラ)、逆接を表す表現(ナガラ、ニモカカワラズ、ノニ、ガ・ケレド)、条件を表す表現(ト、バ、タラ、ナラ)の三つのグループを扱う。

　例えば、原因・理由を表す接続表現の中で、それぞれの接続表現を用いる範囲は、五つのレベルによって異なる。タメ(ニ)であれば、Ⅰ「現象描写」は表せるが、Ⅱ「判断」の場合は制限がある。それ以上は表せない。ノデはⅠ「現象描写」からⅤ「発話行為の前提」まですべてのレベルを表すことができるが、Ⅲ「働きかけ」以上のレベルでは丁寧な文体という制限がある。カラはⅠ「現象描写」からⅤ「発話行為の前提」まで表せる。このように、原因・理由を表す接続表現の用法の違いを五つのレベルの違いで示すことができる。逆接を表す接続表現と条件を表す接続表現も同様である。すなわち、各グループの中の接続表現の使用範囲の違いは三つのグループを通して並行的である。このように、五つのレベルを用いることによって、この三つのグループの接続表現の用法を組織的に述べることができる。この枠組みを「節連接とモダリティの階層」と呼ぶ。

　この五つのレベルの違いは、中右(1986、1994b)とSweetser(1990)の提案する領域の違いと密接な関係がある。中右は、その領域を文の意味と構造から説いて、命題とモダリティの関係にかかわる三つの領域を提案した。Sweetserは、語彙の意味の拡張の観点から三つのdomains(領域)の存在を述べた。中右とSweetserは別々の観点に立っているが、二人の述べている三つの領域はほぼ合致している。本論は、その三つの領域をふまえ、さらに検討を加えた結果、全体を三つではなく、五つのレベルに分けることを提案する。五つのレベルに分けることにより、日本語の接続表現を体系的に説明することができる。

　第3章では、ノダ文がどのように現れるかについて、その環境を考察する。ここでは、「ノダの思考プロセス」というものを提案する。その思考プロセスとは、人間が何かを認識し、それについて疑問を持ち、推察し、答えを出

すというものであり、以下のように表すことができる。

「1. 認識→2. 疑問→3. 推察→4. 答え」

この思考プロセスをもとに考えると、ノダ文は、「1. 認識→2. 疑問→3. 推察→4. 答え」というプロセスを通して、答えを述べる場合に、即ち、「4. 答え」の段階で現れると言える。また、疑問、推察の段階では、ノカ（ナ）、ノダロウカといった形も現れる。

ノダの思考プロセスは、「4. 答え」の段階に到達して、ノダ文が現れて、そこで終わることも多い。しかし、この四つのプロセスが一つのサイクルとなって、繰り返される場合もある。実は、その思考プロセスのサイクルには、レベルの違いがあり、そのレベルの違いは、思考の順番や、「1. 認識」のプロセスでどのようなものを認識するか、また「2. 疑問」のプロセスでどのような疑問を持つかといったことにかかわる。例えば、物体を認識した場合、現象を認識した場合、言語内容を認識した場合などにより、ノダの出現に違いが生じる。また、「これは何か、何が起こっているのか」というタイプの疑問、「なぜか、このことは何を意味するか」というタイプの疑問、あるいは「何でこんなことを言うのか」といったタイプの疑問、すなわち、ちょうど命題とモダリティのどこに疑問が投げかけられるかということに関連して、ノダの用法に違いが出る。

この思考プロセスを用いると、先行研究が個別的に考察していたノダのさまざまな用法を、統一的に説明することができる。ノダの思考プロセスは、単文や前後の文とのかかわりにおいて、ノダの用法を説明するだけではなく、談話の構成にまで反映しているということを示す。

第4章では、ワケダをノダと比較しながら考察する。ワケダの様々な用法も「思考プロセス」を用いると統一的に説明できる。また、ノダとワケダはともに、先行研究では「説明のモダリティ」などと呼ばれてきたが、思考プロセスを用いると、共通する点と同時に異なる点もあることを示すことができる。同様に、ワケダの用法とワケデハナイの用法との関係も要領よく記述できる。

ノダとワケダの大きな違いは、ノダが一つの疑問について答えを述べるとすれば、ワケダはいくつかの事柄、比較的長い内容、段階的な成り行きなどをまとめて答えを述べる場合に用いることである。したがって、ワケダはノダよりもスコープの幅が広いと言える。また、ノダは思考プロセスの連鎖を

表すことができる。一方、ワケダは連続することのない、ひとつ限りの環である。こういったノダ、ワケダの特徴は、「思考プロセス」の考え方を用いて考察することによって、浮き彫りになる。

　第5章では、第2章で述べた接続表現の使い分けのシステムと第3章で述べた思考プロセスの両方の考え方を用いて、ノデ、カラ、ノダカラの違いを考察する。ノデとカラ、カラとノダカラは、従属節と主節の連接の観点では、「五つのレベル」について、それぞれ同じレベルに属する連接を表す用法がある。それにもかかわらず、接続表現の違いによって意味が異なる。その意味の違いは、思考プロセスを用いることによって説明できる。ノデ、カラ、ノダカラの違いは、思考プロセスのレベルの違いであると考えられる。

　また、この章では、第3章でも一部扱ったノダカラについて、その表す意味と五つのレベルとの関係を、より詳しく分析する。

　第6章では、本論のまとめと今後の展望を述べる。本論で提案した考えを用いると、本論で扱わなかった接続表現や副詞句表現なども体系的・組織的に記述できることを示唆する。また、本論で提案した考えが日本語教育の現場に役立つことも述べる。更に、一般言語学的な観点からも本論の意義を考える。

第2章　節の連接とモダリティ

2.1　この章のねらい、構成、意義

　日本語には多くの接続表現(従来、接続助詞と呼ばれているものも含む表現)がある。例えば条件節を作るものには、ト、バ、タラ、ナラ、テモなどがあり、原因・理由を表すものにはタメ(ニ)、ノデ、カラその他があり、逆接を表すものにもニモカカワラズ、ノニ、テモ、ガ・ケレドその他、多くの接続表現がある。

　先行研究を見ると、そういった接続表現について、例えば条件節を構成するものであればその同じグループの中で、逆接を表す接続表現であればそのグループで、といったように、いくつかの表現の用法の違いを比べるタイプの研究は数多くある。また、個々の接続表現については、例えばトという接続表現を用いると、主節では依頼、命令などは表せない、といったように、モダリティとの共起関係も記述されてきた。

　しかしながら、これらのさまざまな接続表現は、全体としてどのようなシステムになっていて、その背景にはどのようなメカニズムがあるのか、という観点からは、ほとんど考察されてこなかった。つまり、さまざまな接続表現を全体的に見渡して、このように多くの接続表現を使い分ける体系については、あまり言及がないのである。

　本論は、日本語の中で、多様な接続表現を使い分ける根底に、モダリティ、および従属節と主節の連接が表す意味関係が重要な役目を果たしている、ということを示す。そして、日本語の接続表現の使い分けを五つのレベルに分けて、従属節[1]がどのような主節のモダリティと共起するか、また従属節と主節がどういった意味関係で結びつくか、という点から考察する。その上で、条件、原因・理由、逆接といった意味の違いにかかわらず、システマティックな関係があることを示す。本論の構想の概略については、2.5節の図2－2および表2－1を参照されたい。

2.2 先行研究

これまで、節の連接(すなわち節と節の結びつき、または節の接続)については、シンタクティックな観点から考察が行われてきた。しかしながら、一般言語学としても、日本語の研究としても、モダリティの観点から考察したものはきわめて少ない。

2.2.1 一般言語学における先行研究

まず、節の連接の一般論としては、Jespersen(1924：109-132)、Foley and Van Valin(1984：238-320)や Lehmann(1988)などがあり、Givón(1980)は、英語の不定詞のような結びつきについて、細かく考察している。しかし、本論で述べているような、モダリティの観点からの節の結びつきの制限については述べていない。

例えば、Foley and Van Valin(1984)は、文の構造の中心的なものからNUCLEUS、CORE、PERIPHERY とし、ネクサスの関係を述べている。そして、ネクサスとしては、nuclear レベルのものと nuclear レベルのもの、core レベルのものと core レベルのもの、というように、同じレベルのものが結合することが最も無標(unmarked)な関係であると述べている。(p. 244) しかし、モダリティに言及しているものの、本論で述べているような考察はない。

本論が枠組みとして影響を受けたものに、Sweetser(1990)と中右(1986、1994b)がある。Sweetser は、認知意味論の立場から、三つの領域(content domain、epistemic domain、speech-act domain)を設定し、英語の接続表現について、特に節の接続とそれらの領域との関係を述べている。しかしながら、大部分が英語についての考察である。一部フランス語の接続表現の考察を含み、他の言語への応用を示唆しているものの、日本語に関する言及はない。

中右(1986、1994b)は、英語と日本語についての節の連接のあり方について、三つの領域およびモダリティの観点から述べている。これらの中では英語と日本語についてのみ述べている。しかし、考え方の根本は、中右(1992、1994a)で詳しく述べている「階層意味論モデル」である。そして、その「階層意味論モデル」は、言語一般に応用できるものとして提示されている。中右(1986、1994b)の理論には、本論も方向性としては一致するが、中右は接続表現について、これから本論で述べるような個々の表現についての全体的な考察は行っていない。

なお、Sweetser(1990)および中右(1986、1994b)の三つの領域と本論との関係はあとで詳しく述べる。

2.2.2　日本語研究における先行研究

すでに述べたように、日本語については、類似の意味を持ついくつかの接続表現を比べて、その用法の違いを述べたものは多数存在する。しかしながら、そういった用法の比較を行うにあたっても、特に枠組みがなく、用法の違いを列挙するに留まるものが多い。さまざまな用法の違いが存在することが何を意味するのか、あるいは接続表現全体を見渡すようなシステムはあるのか、といった観点からの考察はほとんどない。

そのような中で、全体を見渡したり、システムを論考するような考察も、いくつかは見られる。例えば、南(1974、1993)は、従属節(南は「従属句」という言葉を使っている)の中にどのような要素を含み得るかという観点から、文らしさのレベルをみることにより従属節を分類している。どのような要素を含み得るかということから、従属節のレベルをA類からC類の三つのレベルに分けている。しかしながら、南の論考と本論との大きな違いは、本論が、従属節と主節のモダリティとの共起関係、および従属節と主節が結びつく意味関係を考察している点である。南には筆者のような、節と節の連接という観点はない。

日本語との比較を含むという点で、本論にもっとも近いと思われるのは、上記の中右(1986、1994b)の論考である。中右(1986)は、英語のif、but、sinceなどの使い方を述べ、日本語のガ、ケレドモ(ケド)との共通性を述べている。また、中右(1994b)の中では、条件表現に限らず、複文に含まれる意味関係の可能な解釈は①命題内容領域、②命題認識(Sモダリティ)領域、③発話行為(Dモダリティ)領域の三つであると述べている。[2] これは、Sweetserのcontent domain、epistemic domain、speech-act domainとも重なるものである。このことは、あとで詳しく述べる。また、中右(1988：83)では、日本語のデス、マスが従属節に生じる度合いとして、タメ(ニ)、ノデ、カラの違いを考察している。しかしながら、このように、日本語の個々の接続表現の違いが三つの領域と相関関係にあることについては、示唆してはいるものの、明言してはいない。また、ナラについて以外は、主節との連接関係について詳しくは述べていない。本論で述べている内容への発展性を示唆して

はいるけれども、明確には述べていない。

　益岡(1993b、1997)は、文には階層的な構造があるとして、その階層的な構造のレベルを「概念レベル」とし、以下のような構造を提示している。益岡は「概念レベル」を以下のように、まず二つのレベルに分け、さらにそれを二つに下位分類している。

命題のレベル┬「命名のレベル」：事態の型を特徴づける総称的なレベル
　　　　　　└「現象のレベル」：個別の事態を述べる、テンスが関与するレベル
モダリティのレベル┬「判断のレベル」：客観的な命題に対する表現者の判断が
　　　　　　　　　│　　　　　　　　関わるレベル
　　　　　　　　　└「表現・伝達のレベル」：文が特定の型の表現として発話・
　　　　　　　　　　　　　　　　　　　　　伝達されるという文成立の最終
　　　　　　　　　　　　　　　　　　　　　的なあり方を捉えるレベル

　益岡は、「従属節」がどの「概念レベル」に属するか、という観点から、バ、タラ、ナラの違い(1993b、1997)、およびタメニ、ノデ、カラの違い(1997)を論じている。

　益岡(1993b：30-33)は、「レバ形式とタラ形式が、客観的な対象である事態のあり方を問題にする命題のレベルにとどまるのに対して、ナラ形式は表現者の判断が関係するモダリティのレベルに踏み込む」として、条件節の形式である「ば」、「たら」、「なら」がそれぞれ、「命名のレベル」、「現象のレベル」、「判断のレベル」を特徴づける表現であると述べている。さらに益岡は「用法の拡張」の観点から、条件節の形式の相互乗り入れという現象を認めた上で、「ば」と「たら」とは相互乗り入れが可能であるのにも関わらず、「なら」との相互乗り入れは難しいと述べている。そして、Sweetser(1990)に言及し、Sweetser の content、epistemic、speech-act の三つの領域(domains)が、益岡の「命題のレベル」、「判断のレベル」、「表現・伝達のレベル」に相当すると述べる。

　しかしながら、益岡の「概念レベル」による考え方は、本論の主張とは異なっている。特に異なっている点、あるいは疑問に思われる点は、以下のとおりである。

　まず、本論と異なる点は、益岡は、「従属節」の文がどの「概念レベル」

に属するか、という観点から、バ、タラ、ナラの比較を行っている点である。しかしながら、本論は主節のモダリティおよび、従属節と主節の連接とその意味関係をもとに考察するものである。

　また、疑問に思われる点は、Sweetser の domains との比較に関する点である。益岡の「概念レベル」というのは、従属節の中でどのようなことを述べるかという問題である。[3] 一方、Sweetser の条件節と domains の議論は (Sweetser の domains については、本論でも 2. 3. 2 節で詳しく述べる)、「従属節と主節の結びつき方」について述べているものである。益岡は「従属節」の中でどのようなことを述べるかという観点からバ、タラ、ナラを三つの「概念レベル」に分類しているのであって、主節との関係には言及していない。つまり、従属節と主節の結びつき方を三つの領域との関係で述べているわけではない。したがって、Sweetser の domains の議論とは観点が異なっているので、比較するのには無理がある。

　また、益岡(1997：121-127)では、タメニ、カラ、ノデと「概念レベル」との関係を述べている。益岡は、タメニ節は「現象レベル」を表し、カラ節は「現象レベル」と「判断レベル」を表し、ノデ節は「全体として現象レベルに属する」としている。しかしながら、やはり、「従属節」についての分類であり、本論の議論とは大きく異なっている。

2.3　節の連接における本論の提案とその分析

　本論は、日本語の従属節と主節の連接(すなわち従属節と主節の結びつきまたは接続関係)をモダリティ、および従属節と主節の連接が表す意味関係から考察する。本論の中でのモダリティとは、中右(1994a：33)に定義されているように、「発話者の、発話時点瞬間的現在時の心的態度」といった意味で用いる。

　本論では、原因・理由を表す接続表現、逆接を表す接続表現、および条件を表す接続表現について、全体をとおして、どのようなシステムがあるかを見る。そのシステムを見る観点として、モダリティ、および従属節と主節の意味関係に注目する。個々の接続表現を用いて表す従属節と主節との接続関係を見ると、接続表現の違いによって、主節で表せるモダリティ、および従属節と主節の連接が表す意味関係には制限がある。本論では、それぞれの接続表現により異なる、従属節と主節との連接における制限から、節の連接全

体をおおまかに五つのレベルに分ける。この五つのレベルは、条件を表す接続表現、原因・理由を表す接続表現、逆説を表す接続表現など、それぞれのグループ間に一貫したシステムを提示することを可能にする。

2.3.1　五つのレベル

　接続表現によって、従属節がどのようなモダリティを表す主節と連接するかを調べるために、実際に色々な種類の表現について調べてみた。モダリティによる、従属節と主節の連接における制限を調べる際、特に、主節のモダリティとの関係をみる場合（Ⅰ・Ⅱ・Ⅲのレベル☞ 12 頁参照）は、従属節の述語が動詞であるものを中心に見た。従属節の述語が名詞、形容詞であるものは原則的に含めなかった。これまでに、例えばト、バ、タラ、ナラの用法の違いなどにおいて、形容詞や名詞を従属節の述語とする場合は、主節で表すことのできるモダリティの違いが出にくくなったり、文法的に別の振舞いをするという指摘も多々あるからである。[4]

　また、筆者の観察によると、以下のような例では、バ、ナラが、接続する品詞によって使い分けられている。

　　（2−1）　読め<u>ば</u>読むほどおもしろい。
　　（2−2）　治療は早けれ<u>ば</u>早いほどよい。
　　（2−3）　操作は簡単<u>なら</u>簡単なほどよい。
　　（2−4）　素人<u>なら</u>素人なほどよい。
　　（2−5）　この民宿にはプールもあれ<u>ば</u>テニス・コートもある。
　　（2−6）　寮の食事は量も少なけれ<u>ば</u>味も悪い。
　　（2−7）　寮の食事は量も不十分<u>なら</u>味も悪い。
　　（2−8）　親が親<u>なら</u>子供も子供だ。

以上の例の中では、（2−1）から（2−4）まで、また（2−5）から（2−8）まで、それぞれバかナラに動詞、形容詞、形容動詞、名詞が接続している。従属節の述語が動詞か形容詞の場合は接続表現としてバをとり、いわゆる形容動詞か名詞の場合は接続表現にナラをとる。形容詞と形容動詞は、同様に状態を述べる語である。したがって、バとナラを使い分ける根拠はモダリティなどの違いではなく、品詞の違いによるものと考えられる。

　こういった考察から、原則的に、従属節の述語が名詞、形容詞であるものを含めないことにした。

また、上記のことにも関係するが、ある接続表現で表す従属節と主節との共起関係を見る場合に、どうしても考慮に入れなければならないことがある。それは、従属節の述語が動詞であっても、それがル形であるかそれともタ形、テイル形などであるかといった違いである。従属節の述語として、ル形を用いることができず、以下の四つの場合に限るという条件がある場合には、動詞のル形に対して区別した。
　(ⅰ)　動詞の進行形（〜テイル）
　(ⅱ)　動詞の、過去形（〜タ）、完了形（〜テイル）
　(ⅲ)　動詞でも「ある、いる」などの状態性の強い動詞が「状態」を表す場合
　(ⅳ)　形容詞、名詞の場合（本論では、動詞を中心に見るが、場合によっては、形容詞、名詞の場合も考慮する。）
これらは、一見異質のように見えるが、統語的には、本論で述べる共起関係に関してしばしば同じような振る舞いをする。また、意味の面では(ⅰ)から(ⅳ)までには、以下のような共通点があると思われる。つまり、「未来において動的(dynamic)である」と積極的に示すのが動詞のル形だとすると、(ⅰ)は未来のことについては積極的には言及せず、(ⅱ)では現在、未来ではないということを示し、(ⅲ)、(ⅳ)では(ⅰ)と同様に、未来に関しては言及していない。すなわち、(ⅰ)から(ⅳ)は「未来において動的(dynamic)であることを積極的に述べない」という点で共通しているのである。そこで、その共通点を略して、今後(ⅰ)から(ⅳ)までをまとめて、「非未来動」と呼ぶことにする。5
　この分類は、以下のように言うこともできる。「非未来動」は、すでに確定した事実を表す。一方、ル形は、まだ確定していない事実を表す。したがって、「非未来動」とル形の対立は、「確定」対「非確定」の対立とも言える。
　こうして従属節と主節の関係を見た結果、接続表現の種類、あるいは従属節の種類により、連接する主節のモダリティ、および主節との連接による意味関係がおよそ以下の五つのレベルに分けられることがわかった。まず、全体が大きく三つのレベルに分けられる。それら三つのレベルの特徴をおおまかに述べると、一つは従属節と主節の結びつきが、従属節で表す事態と、主節で表す事態との、出来事としてのつながりを中心とするものである。あとの二つは、従属節と主節の結びつきが、出来事、言い換えれば命題部分ではなく、特にモダリティ部分にかかわるものである。一つのレベルは判断を表

すモダリティ、もう一つのレベルは発話行為を表すモダリティとの関係が深い。

さて、はじめの出来事としてのつながりを表すレベルは、さらに三つのレベルに分けられる。それが以下のⅠからⅢのレベルである。これらは特に主節の文末のモダリティに注目して分けてある。このようにして、全体として五つのレベルに分けられる。以下、詳しく説明する。

上に述べたように、以下のⅠからⅢは、主節のモダリティとの共起関係を中心に見ている。従属節で表す事態と、主節で表す事態との間に、出来事としてのつながりがある。

Ⅰ「現象描写」のレベル

主節が実際に起きた現象、起こっている現象、あるいは習慣的に起こる現象を述べるもの。また、従属節で述べる事態と主節で述べる事態が未実現、既実現の事柄にかかわらず、出来事、事態としてつながっている場合。以下に例を示す。

(2-9) お腹が空いたので、ラーメンを食べた。

(2-10) このボタンを押すと切符が出る。

Ⅱ「判断」のレベル

主節が判断を表すもの。ヨウダ、ラシイ[6]、価値判断、義務、免除、禁止(テハイケナイ)[7]、許可、推測、後悔、感情、願望、意思など、話者の判断を表す。真偽判断(カモシレナイ、チガイナイ、ハズダなど)も、このレベルに入れておく。このレベルには、いろいろな性質のものが混じっているが、このレベルでもやはり従属節で述べる事態と主節で述べる事態が、出来事としてつながっている。以下に例を示す。

(2-11) 宿題を出せば、掃除をしなくてもよい。

(2-12) 午後は暑くなるので、泳ぎに行くつもりだ。

Ⅲ「働きかけ」のレベル

主節が助言、警告、依頼、勧誘、禁止(〜ナ)、命令[8]など、相手への働きかけを表すもの。このレベルも、従属節で述べる事態と主節で述べる事態が、事態としてつながっている場合である。以下に例を示す。

(2-13) 仕事が終わったら、はやく帰りなさい。

(2-14) 勉強しているのに邪魔するな。

以上、ⅠからⅢまでのレベルが、主節のモダリティとの共起関係と、従属

節と主節の間の出来事としてのつながりに注目しているのに対し、以下のⅣとⅤのレベルは、従属節と主節が、出来事としてのつながりではなく、主節のモダリティ部分との結びつきの関係を表している。

Ⅳ「判断の根拠」のレベル

　従属節が判断の根拠を表し、主節が判断を表すもの。この場合は、従属節と主節の表す事態の結びつきを述べるのではなく、従属節で述べる内容を前提あるいは根拠として、主節で判断を述べる関係である。ただし、Ⅱ「判断」とⅣ「判断の根拠」は、主節で判断を述べるという点で、連続しているように見える場合もある。以下に例を示す。

　　（2-15）地面が濡れているから、雨が降ったのだろう。
　　（2-16）花子が使っているなら、よい化粧品にちがいない。

Ⅴ「発話行為の前提」のレベル

　主節が発話行為を表し、従属節はその発話行為の前提、前置きを表すもの。Ⅲ「働きかけ」の場合と異なるのは、従属節と主節で述べている内容の事態の間の結びつきではなく、従属節が、主節の発話行為を行うこと自体の前提となる場合である。ただし、Ⅲ「働きかけ」とⅤ「発話行為の前提」は、主節に「命令」、「依頼」、などの「働きかけ」の形が現れるという点で、連続しているように見える場合もある。ただし、Ⅴ「発話行為の前提」の場合に現れる主節は、「働きかけ」を表すモダリティばかりではない。以下に例を示す。

　　（2-17）出かけるなら、オーバーを着ていったほうがいいわよ。
　　（2-18）めがね、テレビの上にあったよ。いつも探してるから。

また、ある接続表現自体の意味によって、以上のような五つのレベルの主節と連接するといっても、特にⅠからⅢのレベルでは、含まれるすべてのメンバーと共起するわけではない。条件、逆接など、特定の意味グループと関係の深いものもあれば、意味としてなじまないものもある。また、個々の接続表現についても、例えば、ノニは「もうすぐ試験が始まるのに、トイレに行きたい」というように、願望を表すモダリティをはじめ、意味的に不一致のない限り、Ⅱ「判断」に含まれるその他のモダリティとはだいたい共起する。しかし、「意志」を表すモダリティとは共起しない。また、Ⅲ「働きかけ」のレベルについて言えば、「命令」、「依頼」、「勧誘」などとは共起しない。しかし「禁止」とは共起する。[9]

また、それぞれのグループの中でも、Ⅰ「現実描写」のレベルから、Ⅴ「発話行為の前提」のレベルの方向に向かって、モダリティのレベルにランキングのようなものがあり、しかも他のレベルとも連続体の関係にある。例えば、Ⅱに入れた「意志」、「願望」などは、このレベルの中では、Ⅲ「働きかけ」に近いものであると思われる。語形として考えても、動詞の「う、よう形」（行こう、食べようといったもの）は、意志の意味にもなるし、働きかけの意味にもなる。また、接続表現と主節のモダリティとの共起関係を調べても、「意志」はⅢ「働きかけ」のグループと似た振る舞いをすることが多い。

また、Ⅲ「働きかけ」のグループの中でも、「依頼」や「勧誘」などよりも、「命令」の方が強い表現であるだけに、モダリティのレベルが高いように思われる。接続表現と主節のモダリティとの共起関係をみても、そのことが言える。例えばノデは、Ⅲ「働きかけ」のグループについて言えば、「依頼」、「勧誘」などのモダリティとは共起するが、命令、禁止（禁止は、否定の命令とも言える）とは共起しにくい。

また、「助言」、「許可」といったようなものも、例えば、「この部分は直したほうがいい」と言った場合、話者自身の判断を表すとも考えられるし、誰かに助言として提言する表現とも考えられる。同様に「今晩は外で食事をしてもいい」と言った場合、話者自身の判断を表すとも考えられるし、誰かに助言として述べる場合もある。したがって、「許可」、「助言」といったようなものも、Ⅱ「判断」とⅢ「働きかけ」の二つのレベルの境界に位置するものと考えられる。

実はこのようなことは、例えば、終助詞があるかないかといったことだけでも同様のことが言える。このように考えると、モダリティの違いは、形だけでなく語用論的な考察を行わなければならないということになる。例えば、「この薬を飲むと治る」と言った場合、話者が一般的な知識として述べているとすれば、Ⅰ「現象描写」のレベルと考えられる。また、例えば話者自身が自分で経験したことなどをもとに、「この薬を飲むと治る」と断言すれば、話者自身の判断を述べているのでⅡ「判断」のレベルを表すと言える。また、「この薬を飲むと治るよ」というように終助詞の「よ」をつけて言うと、話者自身の判断を述べているとも考えられるし、誰かにこの薬を飲むように「助言」しているとも考えられる。このように、単に形だけではなく、語用論的な観察も行うようにした。

2.3 節の連接における本論の提案とその分析

次に、Ⅳ「判断の根拠」のレベルと、Ⅴ「発話行為の前提」のレベルについて、以下にもう少し例を示し説明する。まず、Ⅳ「判断の根拠」の説明から行う。以下の例を参照されたい。

(2-19) 苗字が変わっている<u>から</u>、彼女は結婚したのだろう。
(2-20) 太郎はずいぶん嬉しそうだった<u>けど／が</u>、何かいいことでもあったのだろうか。
(2-21) 勉強嫌いの太郎が毎日喜んで通っている<u>なら</u>、よほどよい塾にちがいない。

時間に沿った因果関係から考えると、例えば(2-19)であれば「結婚した→苗字が変わった」という順番になるものであり、「結婚したから苗字が変わった」とも言える。しかしながら、例文では、「苗字が変わった」という結果を見て理由を判断するという内容になっている。このように、Ⅳの場合とは、従属節が、主節で述べる判断の根拠、前提を表している。(2-20)の場合も、従属節で述べている内容を前提に、主節では話者の判断を述べている。(2-20)のように、ガ・ケレドなどを用いる場合は、主節が疑い、疑問、納得できない気持ちなどを表す文になる場合が多い。

次に、Ⅴ「発話行為の前提」について、発話行為の前提を表すとはどういうことか説明を行う。以下の例を参照されたい。

(2-22) 何かわからないことがあったら電話して。あ、それと書いた原稿はちゃんとみせてよ。おたくらマスコミは好き勝手に書くことがある<u>から</u>さ。　　　　　（群ようこ「なんだか不安で駆け回る」)
(2-23) このサエグサさんは、シャネルがお好きなようだ<u>が</u>、最近はどうなんだ。　　　　　（群ようこ「それでも私は売りに行く」)
(2-24) おなかが空いている<u>なら</u>、冷蔵庫の中にクッキーがあるわよ。
(2-25) すぐ行く<u>から</u>、先に行ってて。

(2-22)から(2-25)の例に表れているように、従属節で述べている事態と主節で述べている事態の間には、事態としての結びつきはない。例えば、(2-22)では、「おたくらマスコミは好き勝手に書くことがあるから」というのは、「書いた原稿はちゃんとみせる」という事態の原因・理由を述べているわけではない。「書いた原稿はちゃんとみせてよ」という「依頼の発話行為」を行うことへの理由を述べているのである。つまり、「おたくらマスコミは好き勝手に書くことがあるから<u>言うけど</u>」という場合と同様に考えられる。(2

15

−23)、(2−24) も同様に、従属節は、主節の発話行為を行うための前提を述べている。(2−25) の場合は、「すぐ行く」ということと、「先に行って」ということには、一見、事態間の関係があるようだが、「すぐ行く」という事態が「先に行く」という事態を引き起こしているわけではない。「すぐ行く」というのは、話者が聞き手に対して「先に行くように要請する」ための前提として、条件を断言している[10] のであって、「すぐ行く」という事態が原因・理由となって「先に行くように要請する」のではない。

(2−22) から (2−24) のような例では、それぞれの接続表現は上記のように、文に描かれた事態を結び付けているのではなく、発話行為を成立させるための前提と発話行為を結ぶ関係になっている。つまり接続表現は、主文あるいは主節の発話行為を表すモダリティにかかっているのである。[11]

ここで、発話行為を表すモダリティについて、説明しておきたい。ここで述べる発話行為を表すモダリティとは、遂行文、あるいは遂行発話動詞との関係が深い。遂行文について、中右（1986：78）は以下のように説明している。「それを発話することがひとつの行為を遂行することに相当するような文のことを言い、典型的には、主語は一人称で、述語は単純現在時制の発話動詞から成るものである。」したがって、日本語で言えば、言う、聞く、誓う、頼む、命ずる、などといった動詞を話者の発話時点の行為として表す動詞であると考えられる。こういった動詞を本論では「遂行発話動詞」と呼ぶ。

しかしながら、遂行発話動詞が文面に現れる場合と、現れない場合がある。以下の例を参照されたい。

(2−26) スポーツマンシップにのっとり、精一杯戦うことを誓います。
(2−27) スポーツマンシップにのっとり、精一杯戦います。
(2−28) 罰として、一週間ひとりで掃除をすることを命じます。
(2−29) 罰として、一週間ひとりで掃除をしなさい。

(2−26)、(2−28) の場合は、「誓う」、「命ずる」といった遂行発話動詞が文面に現れている。一方、(2−27)、(2−29) では、そういった遂行発話動詞は文面に現れていないものの、それに相当する隠れた発話行為のモダリティがあると考えられる。本論の中では、(2−27)、(2−29) にあると考えられる、遂行発話動詞に相当するような発話行為のモダリティを「隠れた発話モダリティ」と呼ぶ。また、「隠れたモダリティ」という言葉を使う場合があるが、それは上記のような意味で、それが必ずしも「発話行為」というカテゴリー

ではない場合にも、同様のことが表れる場合に用いる。

「隠れたモダリティ」の考え方は、Ross(1970)、Nakau(1992)などの考え方を応用したものである。以上、本論での考え方の概要を説明した。

2.3.2　中右の三つの「領域」およびSweetserの三つのdomainsと本論との比較

すでに2.2.1節、2.2.2節で述べたように、本章の考察は、中右(1986、1994b)およびSweetser(1990)の理論と共通する面もある。本論で述べる五つのレベルと、中右の三つの領域、Sweetserの三つのdomainsとの関係をここで説明しておきたい。

まず、中右(1994b)は、条件節の接続に関して、以下のように述べている。「条件文にかぎらず、複文に含まれる意味関係の可能な解釈は三つのレベルのいずれかで成り立つ」(p.43)とし、①命題内容(全体命題)領域、②命題認識(Sモダリティ)領域、③発話行為(Dモダリティ)領域[12]をあげ、以下の例を用いて説明している。以下の三つの例はそれぞれ①命題内容(全体命題)領域、②命題認識(Sモダリティ)領域、③発話行為(Dモダリティ)領域の例である。

(2-30) 古い資料を整理していた<u>ら</u>、約三十年前、米国の高校に留学していたときの教科書が出てきた。(命題内容領域の例)

(2-31) 電気がついていた<u>のなら</u>、彼はきっと部屋にいたにちがいない。(命題認識領域の例)

(2-32) <u>正直なことを言えば</u>、私は不倫や失踪、駆け落ちなど、何ほどのものがあるのだ、という気持ちを持っている。(発話行為領域の例)

中右は次のようにまとめている。「命題内容領域では、現実世界の客観的事態間の条件・帰結の関係があてはまる。命題認識領域では、前件の命題内容の真実性を前提として、後件の命題内容の真実性を結論づける主観的推論関係があてはまる。そして最後に、発話行為領域では、条件節の中身が主節を軸とした発話行為を適切に遂行するための留保条件、ただし書き、前書き、ていねいさの対人関係の配慮など、多様な談話機能を果たすのである。」

次に、Sweetserの述べる三つのdomainsの違いを見るために、まずSweetserの例文(p.77)を参照されたい。(　)内は筆者の訳、及び注釈である。

(2-33) John came back because he loved her.（content domain の例）
（ジョンは彼女を愛していたので戻ってきた。）

(2-34) John loved her, because he came back.（epistemic domain の例）
（ジョンは彼女を愛していたのだ。戻ってきたのだから。）

(2-35) What are you doing tonight, because there's a good movie on.（speech-act domain の例）
（今晩は何する（予定な）の。いまね、いい映画やってるから（聞くんだけど）。）

(2-33)は現実に起こった事柄をもとに因果関係を述べている。(2-34)では(2-33)のような因果関係が成り立たない。すなわち、John が帰ってきたことが現実の love を引き起こした、という関係ではない。話者が John が帰ってきたという結果を知っていて、それを前提に「彼は彼女を愛していたのだ」という判断を述べているのである。(2-35)でも、because 節は因果関係を表しているわけではない。むしろ、because 節が、主節に埋め込まれている発話行為を行うための根拠を提示していると言える。つまり、従属節は主節の発話行為自体に正当性を持たせ、発話を可能にしていると言える。

以上に示したように、中右の三つの領域（命題内容領域、命題認識領域、発話行為領域）と、Sweetser の三つの domains（content domain、epistemic domain、speech-act domain）とは、ほぼ完全に重なるものと考えられる。ただし、考え方の出発点は異なっているように思われる。中右は 1986、1988、1994b の中では詳述していないが、明らかに中右(1994a)の階層意味論モデルに基づいて、文の構造を考察するところから出発し、三つの領域の存在を述べている。

中右(1994a：53)は、「文の意味内容は、モダリティと命題内容の二極構造からなる。モダリティは主観的意味領域であり、命題内容は客観的意味領域である」と述べる。そしてさらに「モダリティ表現はまた、大きく二つの類に下位分類される。ひとつは S モダリティ（命題に対する態度）、もうひとつは D モダリティ（発話の態度）である」と述べている。

一方、Sweetser(1990)は、文の構造というよりも、意味の拡張の観点を重視している。言葉の意味が、現実世界の事柄から、より抽象的なレベルに拡張することに関する議論の中で、三つの domains の存在を述べているのである。Sweetser は三つの領域を設定することについて、以下のように述べてい

る。(p. 81)

> If we failed to notice our general application of "content-domain" vocabulary (such as the root modals) to the epistemic domain, we would have no explanation for any of the large number of lexical items which show regular, parallel ambiguities of this kind. That is to say, postulating the existence of these different domains as part of the background to semantics is useful, in that it allows us to state generalizations which we would otherwise miss.
> (もし、一般的に(root-modalsのような)content domainの語彙がepistemic domainに応用できることを見過ごしてしまえば、その他多くの、規則的、並行的に同様のあいまいさを示す語彙について、何の説明もできなくなってしまうだろう。すなわち、意味の背景の一部としてこのような異なった領域があると仮定することは有益である。異なった領域の存在を認めれば、その存在を仮定しなければ捉えられなくなる一般化を、捉えることができるからである。)

中右のように文の構造という共時的な観点から出発しても、Sweetserのように意味の拡張という通時的な観点から出発しても、三つの領域の存在に到達するということは、大変興味深いことである。そして、本論でこれから示す考察結果として、やはり中右、Sweetserの述べている三つの領域、domainsは日本語の接続表現の使い分けに大きな意味を持っている。

しかしながら、本論は上記の中右、Sweetserの三つの領域、domainsの考察からさらに発展したものである。まず、Sweetserは、英語の接続表現について、どのような接続が可能であるかを考察したうえで、ある一つの接続表現が三つの領域のどれかで解釈ができる、ということを述べている。そして、それぞれの場合に、どの領域で解釈するかを区別する点に関して、「形というよりも、語用論的な選択である」(p. 78)と述べている。しかしながら、日本語の場合は、後述するように、どの領域で解釈するかに関し、接続表現自体の違いで表示することができるのである。

さらに、日本語の接続表現は、三つの領域、あるいは三つのdomains以上の、より細かい使い分けがある。そこで、本論は五つのレベルを提案する。中右、Sweetserの三つの領域と本論の五つのレベルについて、特に異なって

いるのは、本論がⅡ「判断」、Ⅲ「働きかけ」をたてていることである。すでに述べたように、本論のⅠ「現象描写」、Ⅱ「判断」、Ⅲ「働きかけ」は、事態と事態のつながりを述べるものである。中右の「命題内容領域」およびSweetserのcontent domainの説明を見ると、本論のⅠ「現象描写」に含まれるような例をあげている。Sweetserは、一部、本論のⅡ「判断」にあたるような例もcontent domainの例としてあげているが、そのことについて、特に説明はない。本論のⅢ「働きかけ」にあたるようなものについては、中右はまったく述べていない。Sweetserも、本論のⅢの「働きかけ」にあるような範疇を立ててはいない。しかし、以下でみるように、Ⅲとも解釈できるような例文をあげていて、speech-act domainの中に本論Ⅲ「働きかけ」にあたるようなものを含めているように思われることもある。それでもSweetser(p. 118)は、同じspeech-act domainの中に、連続したものではあるとしながらも、タイプの種類があることに気づいていて、それらの違いを示している。以下Sweetserの例をあげる。（　）内は筆者の訳である。

(2－36) If I may say so, that's a crazy idea.
（そう言っていいなら、それはひどいアイデアだ。）

(2－37) If it's not rude to ask, what made you decide to leave IBM?
（こんなことお聞きして失礼じゃなかったらお聞きしますが、どうしてIBMをおやめになったのですか？）

(2－38) If I haven't already asked you to do so, please sign the guest book before you go.
（もし、前にお願いしていなかったら、お帰りになる前にゲストブックにサインをしてくださいませんか。）

(2－39) There are biscuits on the sideboard if you want them.
（ほしいなら、サイドボードの上にビスケットがあるわよ。）

(2－40) If you went to the party, was John there?
（パーティーに行ったのなら（聞くけど）、ジョンも来てた？）

Sweetserによれば、Sweetser以前の先行研究では、(2－36)から(2－40)のようなものを同じspeech actを表すものとして、同じレベルで扱っているようである。

Sweetserの分析では、(2－36)、(2－37)のようなものは、Grice(1975)やLakoff(1973)で述べているような、聞き手に「選択の余地」を残すための、

2.3 節の連接における本論の提案とその分析

儀礼的なものである。(2-38) も儀礼的な部分はあるものの、「前にお願いしていなかった」ということが、「頼む」ということの前提となっている。一方、(2-39) は、Austin(1961) がそもそも問題にした例であり、Austin 自身もはっきりした答えを出していない。Sweetser は、(2-39) の読みはいわば 'I hereby *offer* you some biscuits on the sideboard, if you want them.' というものであり、条件節が発話行為そのものを引き出すのだとしている。(2-40) も (2-39) と同様のタイプで、従属節は主節の質問自体を引き起こすための条件となっている。

Sweetser 自身は、このように、例文の間に違いがあるということは述べている。しかし、「丁寧さを表す」といった語用論的な違いと、本論で言う「隠れた発話モダリティ」にかかわる違いを区別せずに述べている。したがって、(2-36)、(2-37) などについては、「言う」、「聞く」といった遂行発話動詞が文面に表われていることにも言及はなく、条件節がやはり主節の発話自体を引き起こすのだということは述べていない。また、(2-38) のタイプでは他の例よりも従属節と主節の間に事態間のつながりが強く感じられる一方、その他の例では接続表現が主節のモダリティにかかっているということについては、明確に述べていない。

本論の分類では、(2-36)、(2-37)、(2-39)、(2-40) はⅤ「発話行為の前提」のレベルに相当する。また、(2-38) のようなものは、Ⅲ「働きかけ」とⅤ「発話行為の前提」の中間的なものであると考えられる。(2-38) は「前にお願いしていなかった」という事態の内容が「ゲストブックにサインをする」という事態を引き起こす条件と考えれば、Ⅲ「働きかけ」の例であると言える。一方、(2-38) を「<u>ご迷惑じゃなかったらお願いしますが、お帰りになる前にゲストブックにサインをしてくださいませんか</u>」といった「発話行為の前提」としての例の連続上にあると考えれば、Ⅴ「発話行為の前提」の例であると言える。[13]

さらに、中右、Sweetser との考え方の違いは、epistemic domain の接続に関するものである。このことは、第5章の注3で述べる。

以上述べたことから、中右の三つの領域および Sweetser の三つの domains と本論の5つのレベルは、およそ次のように対応すると言える。

角田	中右	Sweetser
Ⅰ 現象	命題内容領域	content domain
Ⅱ 判断	なし	なし
Ⅲ 働きかけ	なし	なし
Ⅳ 判断の根拠	命題認識領域	epistemic domain
Ⅴ 発話行為の前提	発話行為領域	speech-act domain

　さて、Sweetser は、英語では同じ言葉、例えば therefore、since、so、although などといった接続の表現を用い、カンマを加えたり、節を並べ替えるなどの操作を行いながら、同じ接続表現を用いて三つの domains すべての接続関係を表すことができることを述べている。[14]

　これに対し、「日本語では、主節のモダリティ、および従属節と主節の連接が表す意味関係によって、使える接続表現が異なる」ということが本論の主張である。つまり、日本語の多様な接続表現の使い分けの骨子には、中右、Sweetser の述べているような領域、domains（これらを「認知領域」と呼ぶ）の違いが反映しているということを述べる。

　ただし、すでに述べたように、本論では中右、Sweetser の述べる三つの領域、domains だけではなく、日本語を分析した結果、およそ五つのレベルに分けることを提案する。そして、節の連接を五つのレベルに分けることが、日本語の姿をより明確に表すことを示す。以下に、本論の主張の内容を詳しく述べてゆく。

　なお、Ⅰ「現象描写」、Ⅱ「判断」、Ⅲ「働きかけ」の三つのレベルが、事態と事態の結びつきを中心としている点で、まとめて「事態間レベル」とし、本論の中で、Ⅳ「判断の根拠」、とⅤ「発話行為の前提」のレベルと区別することがある。

　また、本論の中で、中右の三つの「領域」、および Sweetser の三つの domains である認知領域を述べる場合、一目で違いがわかりやすいという理由で、Sweetser の言葉を使って、content domain、epistemic domain、speech-act domain などと呼ぶことがある。ただし、すでに述べたように、これらが本論のⅠからⅤに完全にあてはまるというわけではない。

2.3.3 従属節の述部の構造とモダリティの関係

　本論の考察にあたって、従属節の述部の形態、すなわちアスペクト、テンス、モダリティなどが表現できるかどうかということは重要である。なぜならば、おおまかな傾向として、従属節の独立性が高いものほど、主節との接続関係も多様になる可能性があるからである。

　また、モダリティといってもいろいろあるのだが、従属節の独立性を見るためには、目安として、「真偽判断のモダリティ」（中右 1994a：54 参照）、「意志」（南 1974：128-129 参照）などが従属節に含まれるかどうかを見るとよいと思われる。従属節に入るものの目安として見るアスペクト、テンス、モダリティとは、以下のようなものである。

　　アスペクト：〜テイル、〜テオク、〜テアルなど
　　テンス：〜ル、〜タ
　　モダリティ：ハズダ、カモシレナイ、ニチガイナイ、ダロウ、ウ、ヨウ、
　　　　　　　　マイなど

おおまかに言って、2.3.1 節で述べた五つのレベルを表現できる接続表現、すなわち、図 2-2（2.5 節参照）の右の方まで表せる接続表現ほど、従属節の述部の中で表せる要素が多い。図の左の方しか表せない接続表現ほど従属節で表せる要素が少ない。2.2.2 節で先行研究について述べたように、南（1974）は、従属節の中にどのような要素を含みうるかという観点で、従属節を三つの段階に分けている。従属節の中の要素が問題になるという点で、南（1974）の従属節の A、B、C の段階は、おおまかに本論の接続表現と五つのレベルとの対応とも相関関係がある。

　また、中右（1994a）の階層意味論モデルとの関係で言えば、文の構造と関連して、おおまかに言って、アスペクト、テンス、ポラリティ（極性：テンスまでの内容について肯定か否定かを区別する）、真偽判断のモダリティなどを含み得るかによって、文（あるいは節）のレベル、および意味が変わる。[15] 要するに、節の独立性が高いほど、2.3.1 節で述べた五つのレベルを表す可能性が高いと言える。

　2.3.1 節でも述べたことではあるが、もう一度述べると、Ⅰ、Ⅱ、Ⅲ、Ⅳ、Ⅴの五つのレベルの中で、ⅢとⅣの間に大きい境界がある。上記で述べた従属節の独立性との関係を述べると、従属節と主節、および主節のモダリティとの関係がもっとも重要な観点となる。大きく分けて、以下の三つの場合が

ある。
　Ⅰ、Ⅱ、Ⅲの場合
　　①従属節で述べている事態と主節で述べている事態の結びつきの関係を、全体としてモダリティが包み込むような形になる場合がある。
　　　（2-41）［悪いことと知りながらやった］にちがいない。
　　　（2-42）［雪が降ったためにスリップした］のかもしれない。
　　②主節のモダリティが主節だけにかかる場合もある。
　　　（2-43）2時半になると、お茶の用意をしなければならない。
　　　（2-44）太郎が来たら、会議を始めよう。
　Ⅳ、Ⅴの場合
　　従属節の内容を踏まえ、接続表現は主節のモダリティと共起するという関係になっている。ただし、その主節のモダリティは「隠れたモダリティ」である場合も多い。
　　　（2-45）道が濡れているから、雨が降ったのだろう。
　　　（2-46）家を建てるなら、山田さんに相談するといいよ。（「提案する」というような「隠れたモダリティ」があると考えてもよい。）
ただし、上記の①、②は、必ずしもある接続表現について、どちらかのタイプを選ぶ、というものではなく、あくまでも個々の接続表現とモダリティとの相互関係できまる。個々の接続表現との関係は、あとでそれぞれの説明の中で述べる。上記の三つの場合を図で示すと、図2-1のようになる。[16]
　Ⅰ、Ⅱ、Ⅲの場合は、おおまかな傾向としては従属節の中にモダリティが含まれることはない。しかしながら、Ⅳ、Ⅴの接続関係を表す接続表現では、従属節の中にモダリティが表れる場合もあるし、表れない場合もある。
　また、Ⅰ、Ⅱ、Ⅲの場合は、右端に主節の「モダリティ」を示したが、おおまかに述べると、話者の発話時の発話態度を表すような表現が特に表れなければⅠ「現象描写」と言えるし、判断にかかわる発話態度が表れればⅡ「判断」、働きかけを表すモダリティが表れればⅢ「働きかけ」のレベルということになる。
　Ⅳ、Ⅴの場合の主節のモダリティは、文面に表れる場合もあるし、2.3.1節で述べたように、隠れている場合もある。特に、Ⅴのレベルでは遂行発話動詞にあたるようなモダリティが、多くの場合隠れていると言ってよい。

(図2-1)従属節、主節、モダリティと接続表現の関係

 Ⅰ、Ⅱ、Ⅲの場合：
 ①［従属節に表れている事態－接続表現 主節に表れている事態］モダリティ

 ②従属節に表れている事態－接続表現 主節に表れている事態－モダリティ

 Ⅳ、Ⅴの場合[17]：
    従属節   主節
［［事態の内容］モダリティ[18]］－接続表現 ［事態の内容］モダリティ
                  ↑

2.4 本書で扱う接続表現について

　本書の中では、原因・理由、逆接、条件を表す接続表現を扱う。実は本書であげていないものの中にも多くの接続表現があるのだが、代表的なものとして、以下のものを扱う。
　　原因・理由：タメ(ニ)、ノデ、カラ
　　逆接：ナガラ、ニモカカワラズ、ノニ、ガ・ケレド
　　条件：ト、バ、タラ、ナラ
　また、統語的、意味的な観点から、本論ではテ形は扱わなかった。まず、テは、アスペクトを含むが、テンスを含まない。したがって、テ節に動詞を含む場合は、テ節の内容が主節で描かれる内容より時間的に前に起こったことか、あるいは同時に起こっていることしか表せない。[19] テ形は、時間の前後関係を表すために、従属節と主節の内容の意味関係によって、原因・理由を表すように見える場合がある。しかしながら、その意味の違いは単なる継起的な事柄を述べている場合と連続的である。例えば、
　　(2-47) 春になって、花子はきれいになった。
といった場合、「春が来た」ことと「花子がきれいになった」ことの間に、因果関係があるともとれるし、因果関係はないとも解釈できる。つまり「春になった」ことが原因で「きれいになった」のか、「時の移り代わりにしたがって、たまたま花子も変わって来た」ということを言っているのかあいまいである。

一方、南(1974：121-124)は、テ形の中にも、いくつかの異なった用法があり、また用法の違いによって、従属節としての文らしさのレベルでも違いがあることを示している。南のテの用法の違いを見ると、テは副詞(A類のテ1：手ヲツナイデ歩ク、髪ヲフリミダシテトビカカルなど)に近いものから独立した文に近いものまで(C類のテ4：タブンA社ハ今秋新機種ヲ発表スル予定デアリマシテ、B社モ当然ナンラカノ対抗策ヲトルモノト思ワレマス)、広いレベルの内容を表せることがわかる。

　副詞に近いようなテの用法では、あまりにも節としての独立性が低く、そのために主節のモダリティにすべて吸収されてしまう。一方、もっとも独立性が高いタイプは、完全な文の中止形とでもいうようなものである。

　このように、テは一部に原因・理由を表すように見える用法はあるものの、テの表す全体の機能から見れば、原因・理由を表す接続表現として扱うのは無理があると考えた。

　また、テを含む表現にテモがある。本論では、テモは詳しく考察しない。テモは逆接と条件の両方の意味があると考えられるからである。

2.5　従属節と主節の連接における制限

　さて、本論では上記に述べた仮説、すなわち「日本語の多様な接続表現の使い分けには、2.3.1節で導入した五つのレベルの違いが反映している」ということを検証するために、例文をもとに分析を試みた。その結果、原因・理由を表す接続表現においても、逆接を表す接続表現においても、条件を表す接続表現においても、日本語では五つのレベルの違いにより、使える接続表現が異なることがわかった。また、従属節が動的であるか非未来動であるかの違いにより、さらに細かい意味の違いが表せることがわかった。その結果は、図2-2、表2-1のように表せる。[20]　なお、図2-2、表2-1に表れている階層を「節連接とモダリティの階層」と呼ぶ。

　図の中で、実線のところは従属節の述語が動詞のル形でも成立することを表す。[21]　点線のところは、そのレベルの中でも特に限られた場合にしか成立しないことを表す。

2.5　従属節と主節の連接における制限

(図 2-2)　節連接とモダリティの階層(その1)
　　　　Ⅰ現象描写　　Ⅱ判断　　　Ⅲ働きかけ　　Ⅳ判断の根拠　　Ⅴ発話行為の前提

原因・理由
――――――――――――――― タメ(ニ)
――――――――――――――――――(丁寧)―――――(丁寧・地の文)――(丁寧)―― ノデ
――――――――――――――――――――――――――――――――――――――― カラ

逆接
――――――――――――――――――――― ナガラ　　　　　　　　――(形容動詞)
―――――――――――――――ニモカカワラズ
　　　　　　　　　　　　　　　　　　(禁止・
　　　　　　　　　　　　　　　　　　否定依頼) ノニ
――――――――――――――――――――――――――――――――――――― ガ・ケレド

条件
――――――――――――――――――(警告)―――――(見るトなど)――(言うトなど) ト
―――――――――――――――――(非未来動)―――(見れバなど　(言えバなど
　　　　　　　　　　　　　　　　　　　　　　　／非未来動)　／非未来動) バ
　　　　　　　　　　　　　　　　　　　　　　　(見タラなど　(言っタラなど
―――――――――――――――――――――――　／非未来動)　／非未来動)タラ
―――――――――――――――――――――――――――――――――――――― ナラ

　また、次の表 2-1 は、上記の図 2-2 を+、-で表したものである。△については、上記の説明と 2.6 節以下の説明を参照されたい。

(表 2-1)　節連接とモダリティの階層(その2)

		Ⅰ	Ⅱ	Ⅲ	Ⅳ	Ⅴ
原因・理由	タメ(ニ)	+	△	-	-	-
	ノデ	+	+	△	△	△
	カラ	+	+	+	+	+
逆接	ナガラ	+	+	△	-	△
	ニモカカワラズ	+	+	-	-	-
	ノニ	+	+	△	-	-
	ガ・ケレド	+	+	+	+	+
条件	ト	+	△	△	△	△
	バ	+	+	△	△	△
	タラ	+	+	+	△	△
	ナラ	-	△	△	+	+

27

以下、順番に説明する。なお、本論は、個々の接続表現の用法の違いを細かく検討するためのものではない。したがって、先行研究については、本論の趣旨と関係のありそうなものに限って述べることにする。

また、小説などから引用した例文については、今後略した題名、あるいは作家名を例文末の( )内に示す。例文の出典は巻末にあげる。

2.6 原因・理由を表す接続表現

図2-2に表れているように、カラは全ての用法に用いることができるが、タメ(ニ)、ノデは制限がある。なお、原因・理由を表すタメとタメニは形が異なるが、観察したところ、本論で提案する五つのレベルに関しては特に違いが見出せないので、一緒に扱う。

2.6.1 タメ(ニ)

タメ(ニ)はⅠ「現象描写」のレベル、Ⅱ「判断」のレベルで用いることはできる。しかしながら、Ⅲ「働きかけ」、Ⅳ「判断の根拠」、Ⅴ「発話行為の前提」のレベルでは用いることはできない。タメ(ニ)節にアスペクト、テンスなどは入るが、モダリティは入らない。モダリティとの関係においては、2.3.3節で示した図2-1の①のように、事態と事態の結びつきを全体としてモダリティが包む形と、②のように主節のモダリティが主節だけにかかる場合がある。なお、Ⅰ「現象描写」、Ⅱ「判断」などを表す際においても、タメ(ニ)を用いる場合は、意味の上で制約がある。タメ(ニ)を用いると、話者の気持ちを表しにくい。以下説明する。

タメ(ニ)節は、Ⅰ「現象描写」のレベルの主節とは共起する。
（2-48）雪が降った<u>ために</u>電車が止まった。
（2-49）花子は資金繰りに行き詰った<u>ために</u>借金をした。
Ⅱ「判断」のレベルの主節とも共起する。
（2-50）雪で試合が中止になった<u>ために</u>切符の払い戻しをしなければならない。
（2-51）資金繰りに行き詰っている<u>ために</u>彼は借金をするだろう。
Ⅲ「働きかけ」のレベルの主節とは共起しない。
（2-52）＊雪で試合が中止になった<u>ために</u>切符の払い戻しをしろ。
（2-53）＊資金繰りに行き詰っている<u>ために</u>借金をしましょう。

このように、タメ(ニ)節は、主節との共起関係において、命題の内部の因果関係、すなわち事態間レベルの因果関係は一部表せる。しかしながら、タメ(ニ)を用いるとⅣ「判断の根拠」のレベルの連接は表せない。

　(2-54) 道が混んでいる<u>ために</u>、事故があったのだろう。

(2-54)のように言うと、「道が混んでいる」という事態が「事故」を引き起こしたという意味にはなるが、「道が混んでいる」という状況を根拠にして「事故があったのだろう」と判断する意味にはならない。

　Ⅴ「発話行為の前提」のレベルの連接も表せない。

　(2-55) ＊雪が降ったタメ(ニ)、雪かきをしてください。

　タメ(ニ)を用いると、主節で意志的なモダリティや働きかけが表せないことはすでに先行研究で述べられている。[22]

　確かに、タメ(ニ)を用いると、Ⅱ「判断」のレベルにおいても、主節では意志や願望などは表しにくい。しかしながら、文全体として、「選択の余地がなく」そうなったといった内容の場合には、以下の(2-56)のように、必ずしも意志を表すモダリティとまったく共起しないとはいえない。

　(2-56) ？父が入院した<u>ために</u>、大学をやめて働くつもりだ。

また、従属節の内容も、主節の内容も、選択の余地なくそうなった、ということを表す場合が多い。[23] タメ(ニ)は原因の他に目的の意味も表せるが、話者のコントロールの余地があるような内容が表れると、目的のタメの意味が生じるからであろうと思われる。

　ただし、従属節および主節の中で、「選択の余地がない」といっても、感情による生理現象などを述べるのは難しい。

　(2-57) ？悲しかった<u>ために</u>目に涙が溢れた。

　(2-58) ？塾に行くのが嫌な<u>ために</u>、よくお腹が痛くなった。

このように、Ⅱ「判断」のレベルの主節とは一部呼応するとはいえ、意志、願望などは表しにくいということや、従属節の中で、話者の感情を表しにくいということなどを見ると、タメ(ニ)が共起する主節はⅠ「現象描写」レベルが中心であると思われる。

2.6.2　ノデ

　ノデは、図2-2に表れているように、Ⅰ「現象描写」からⅤ「発話行為の前提」までのすべてのレベルで用いることができる。しかしながら、制限

がある。まず、Ⅲ「働きかけ」のレベルでは、丁寧体の場合に限られ、主節で「依頼」は表せるが、「命令」は表せない。また、Ⅳ「判断の根拠」のレベルは、小説の地の文（登場人物の会話の部分ではない、物語が綴られる部分）や、丁寧な文以外では表せない。またⅤ「発話行為の前提」のレベルでは、丁寧な文の場合に限られる。

　また、ノデ節には、アスペクト、テンスなどは入る。ノデ自体がノダというモダリティの中止形であると考えられる。[24] また、ノデ節の中にはダロウ、〜ウなどは入らないが、カモシレナイ、チガイナイといった真偽判断のモダリティをはじめ、判断を表すモダリティなどは入る。ノデ節の独立性はタメ（ニ）と比べると高い。（南（1974）ではB類に入っている。）事態の結びつきを表すⅠ、Ⅱ、Ⅲにおいての主節のモダリティとの関係は、2.3.3節で述べた②の場合になる。以下説明する。

　ノデ節は、Ⅰ「現象描写」レベルの主節と共起する。
　　（2-59）雪が降った<u>ので</u>、電車が止まった。
　　（2-60）川にアザラシが出没する<u>ので</u>、大勢の人が集まっている。
　ノデ節は、Ⅱ「判断」レベルの主節とも共起する。
　　（2-61）雪が降っている<u>ので</u>、今日は家で読書をするつもりだ。
　　（2-62）部屋が散らかっている<u>ので</u>、掃除をしたほうがいい。
　ノデを用いる文の中では、タメ（ニ）とは異なり、主節では、「選択の余地のある」行動も表せる。タメ（ニ）を用いると、（2-61）、（2-62）のような主節は表せない。[25]

　ノデ節は、Ⅲ「働きかけ」レベルの主節とも共起する。ただし、主節が丁寧体の場合は呼応しやすいのに対して、主節が普通体の場合は呼応しにくい。そのこととも関連して、主節で依頼は表せるが、命令は表しにくい。[26]
　　（2-63）　雪が降っている<u>ので</u>、中に入りましょう。
　　（2-64）　？雪が降っている<u>ので</u>、中に入ってくれ。
　　（2-65）　＊雪が降っている<u>ので</u>、中に入れ。
　　（2-66）　よくわからない<u>ので</u>、教えてください。　　　　（そして）
　　（2-67）　＊よく分からない<u>ので</u>教えろ。
　ノデは、以下のようにⅣ「判断の根拠」のレベルで用いることができる。[27] しかしながら、筆者の観察によると、ノデをⅣ「判断の根拠」に用いる場合は、（2-68）のように敬語を用いた丁寧度の高い文体か、（2-69）、（2-70）

にあげるように、小説でもほぼ地の文(登場人物の会話の部分ではない、物語が綴られる部分)に限られていると言ってよさそうである。[28]

(2-68) 電車も止まっておりましたので、さぞひどい嵐だったのでしょう。

(2-69) (デザートを)今し方作った様子はなかったので、朝から準備して冷蔵庫に入れておいたのだろう。　　　　　　　　　　(受)

(2-70) これから子供の数は増えるばかり、日系人医師の評判はいいので、日系人ばかりでなく白人たちも患者として来るはずだ。　(受)

しかし、小説の例を調べてみると、会話文、地の文に限らず、Ⅳ「判断の根拠」のレベルを表す場合は、カラを用いる例が圧倒的に多い。

ノデは、Ⅴ「発話行為の前提」のレベルで用いることができる。しかしながら、Ⅴ「発話行為の前提」の場合もやはり、敬語を用いるような丁寧な文体の場合に限られる。

(2-71) 今晩、お食事はどうなさいますか。花火大会がございますので。

(2-72) ＊今晩、食事はどうする？花火大会があるので。

(2-73) このようなことは二度と致しませんので、今回はどうぞお許しください。

(2-74) ＊こんなことは二度としないので、今回は許してくれ。

このように、ノデは、図2-2のⅠ「現象描写」からⅤ「発話行為の前提」に至るまで、すべてのレベルで用いることができるものの、制約がある。

ところで、上記に述べたように、ノデを用いる場合、Ⅲ「働きかけ」、Ⅴ「発話行為の前提」のレベルでは丁寧な文体の場合に限られ、Ⅳ「判断の根拠」では、丁寧な文体および地の文に限られる。「丁寧な文体」、「地の文」といったものに、どのような意味があるのだろうか。以下、考察を行う。

まず、「地の文」について述べる。金水(1989)は、感情表現の人称制限について述べている。「水が欲しい」というような言い方は一人称にしか許されないのに対し、「太郎は水が欲しかった」のように、タ形にすれば三人称についてもいえるという寺村(1971)の説に反論し、金水はタ形にしてもなおかつ人称制限が残っていると述べる。その根拠としては、「太郎は水が欲しかった」といった文は、小説や昔話の中などの特殊な文体に限られているということである。「小説や昔話などの地の文では、誰の心理状態でも自由に描写できるのであるから、そもそも人称制限というものが存在しないのでは

ないか」(p. 123)と述べている。また、「感情形容詞の主語の人称制限と、時制または「た」とはなんら直接的な関係を持たない」とし、「「た」がついて人称制限がなくなったように見えたのは、日本語の「語り」の文体が「た」を持つ形を標準とするために、「太郎は水が欲しかった」を「語り」の一部として読み取ってしまったからである」(p. 124)と述べている。

　金水の述べていることは、ノデをⅣ「判断の根拠」のレベルで「地の文」に用いることについても示唆的である。金水は語りの中での標準となるテンスとのかかわりを述べているが、テンスの他にも、物語の地の文には独特の描き方があると思われる。筆者が考えるに、小説の地の文では、登場人物の心の中を描いている場合であっても、実は登場人物が直接語っているわけではなく、作者が間接的に描写しているのである。すなわち、地の文では、一人称の気持ちを述べているように見えるにもかかわらず、実は三人称描写文のオブラートがかけられているのだと言ってもよいだろう。

　中右(1994a：46)によれば、モダリティとは「発話時点における話し手の心的態度」である。また、中右(p. 35)では、「話し手の発話時点と発話場所(話し手のいま、ここ)こそが発話の場面を特徴づける」と述べている。「発話時点における話し手の心的態度」をモダリティの典型とし、モダリティ性の強さに関わる連続体があるとすれば、「地の文」は「会話の文」に比べて、明らかにモダリティ性が弱いと言える。

　また、敬語を用いるなどの「丁寧な文体」の特徴とは何であろうか。Shibatani(1985)では、受身形を用いる場合について分析している。まず、動作主をweak focus(フォーカスを弱める)あるいはdefocusing(フォーカスをなくす)する働きがあるとする。日本語では、敬語も受身と同じ形で表すことができる。Hopper and Thompson(1980)の他動性の分析を考えると、受身、敬語は動作主性(agency)を弱めるという意味で、明らかに他動性が低い。その他にも、敬語については、より婉曲な非直接的な表現にする、ということがすでに指摘されている。

　敬語は、他動性を低めるだけではなく、ある意味でモダリティ性をも弱くしているのではないだろうか。以下の例を参照されたい。

　　　(2-75) a. ありがとうございます。
　　　　　　 b. ありがたく存じます
　　　　　　 c. 感謝申し上げます。

(2-76) a. ごめんなさい。
　　　　b. 失礼致しました。
(2-77) a. よかったですね。
　　　　b. お喜び申し上げます。

(2-75)は感謝を(2-76)は謝罪を(2-77)は祝福を表す表現として、a. より b.、b. より c. と丁寧度が高くなると思われる。すべて話者の発話時の気持ちを表すが、それぞれ a. はもっとも直接的な表現である。中右(1994a：67)も、(2-75a)、(2-76a)などを談話モダリティとして分類している。一方、敬語表現である b. や c. の例をそれぞれ見ると、丁寧度を高めるために、接頭辞の「お」や丁寧語の「致す」、「申し上げる」などを用いるというだけではなく、話者の感情を直接述べる表現を説明的に言い換える、あるいは形容詞の表現を「感謝する」「失礼した」のように動詞に変えて、より説明的に表すという操作が見られる。本論の分類で言えば、いわば、Ⅴ「発話行為の前提」の発話行為を表すレベルの文をⅠ「現象描写」にしたり、あるいは話者の感情を表すⅡ「判断」レベルの文をⅠ「現象描写」の文として表現し直すようなものである。丁寧度を高めるということは、このように、丁寧な表現[29]を挿入する一方で、話者の気持ちを直接的に表す度合いを弱めるという操作を同時に行うということになる。

　同じ内容をよりⅠ「現象描写」的に表現する、というのは、遂行発話動詞を言うか言わないかの違いと類似している。以下は Sweetser(1990：84-85)の例である。(　)内に筆者の訳を示した。

(2-78) No (you may not), because I can't take the responsibility for letting you do that.
（だめだ。私には君にそれをさせるだけの責任がとれないからだ。）
(2-79) I *tell you* no, because I can't take the responsibility for letting you do that.
（だめだ(と言っておく)。私には君にそれをさせるだけの責任がとれないからだ。）

(2-78)と(2-79)は、両方とも speech-act domain(本論ではⅤ「発話行為の前提」)の例であると言える。(2-78)と(2-79)の違いは、(2-78)の主節には tell という遂行発話動詞は含まれておらず、一方、(2-79)には tell という遂行発話動詞が含まれている点である。Sweetser によれば、実は、(2-

78)、(2-79)は両方とも speech-act domain（Ⅴ「発話行為の前提」のレベル）の解釈が成り立つにもかかわらず、(2-79)の場合はもう一つ別の解釈の可能性がある。遂行発話動詞を文面に表したために、'I tell you no' の部分が、発話時点の発話行為の内容ではなく、「私がだめだと言うのは、君にさせるだけの責任がとれないからだ」あるいは「私には君にそれをさせるだけの責任がとれないから、だめだと言っているのだ」のように、'I tell you no' の部分が事態を述べているような意味にも解釈できるという。そして、'I tell you no' の部分が事態を述べているという解釈をとると、同じ文が content domain の解釈しかできなくなってしまうということである。この例からわかることは、遂行発話動詞を明示して述べる場合、すなわちより「現象描写文」的に述べる(2-79)のような場合に限って、speech-act domain の解釈と content domain の解釈が両方可能になる場合もある、ということである。

　このように考えると、敬語を用いるような丁寧な文体に特徴的な、より婉曲に述べたり、話者の気持ちをより間接的に述べたりする操作は、モダリティ性をより弱く表現することと関係が深いと言えよう。

　以上の考察から、「地の文」と「丁寧な文体」には共通性があり、それはモダリティ性が弱いということであることがわかる。特に「丁寧な文体」では、話者が自分の気持ちを表すにあたって、「意図的に」モダリティ性を弱めるような操作を行って述べるのである。そういった発話態度は、述語の部分だけではなく、文全体に表れると思われる。接続表現にも、モダリティ性を弱めるような発話態度が表れるのは自然である。ノデの中心的な用法がⅡ「判断」までであるとすると、Ⅲ「働きかけ」、Ⅳ「判断の根拠」、Ⅴ「発話行為の前提」の用法は、より間接的に述べようとする話者の発話意図とあいまって、カラでは表せないニュアンスを表すために、ノデの使用範囲が拡張していったものではないかと推察できる。[30]

　ところで、岩崎(1995：509)は、「ニュアンスの違いこそあれノデはほぼすべてカラに言い換えが可能である」と言っている。同時に、岩崎(p. 512)は、ノデとカラを比べて今後の問題が二つ残るとして次のように述べている。「一つは丁寧体であればなぜノデで「モダリティ的態度の根拠」を表すのが可能になるのかの説明であり、いま一つは同じ「事態の原因・理由」を表すノデとカラではどういう意味の違いがあるかの問題である」（岩崎の述べる「モダリティ的態度の根拠」というのは本論のⅣ「判断の根拠」のレベルのこと

であると思われる。)

　岩崎の一つ目の問題「丁寧体であればなぜノデで「モダリティ的態度の根拠」を表すのが可能になるのか」という点について筆者なりに答えるとすれば、「丁寧体」であるからノデを用いることが可能になったのではなく、逆に「丁寧体」にするために、あるいは「丁寧な度合い」を増すために、ノデの用法が拡張していったのではないかということである。なお、岩崎があげている二つ目の問題については、第5章で述べる。

　以上述べたように、ノデはⅡ「判断」のレベルまでは特に制限なく用いることができるが、Ⅲ「働きかけ」、Ⅳ「判断の根拠」、Ⅴ「発話行為の前提」のレベルでは制限がある。

2.6.3　カラ

　カラは、図2-2に表れているように、Ⅰ「現象描写」からⅤ「発話行為の前提」まで、すべてのレベルで用いることができる。カラ節にはアスペクト、テンス、モダリティも入り、南(1974)でもC類に入っているように、独立性が高い。事態と事態を結びつけるⅠ、Ⅱ、Ⅲのレベルにおいても、従属節、主節、モダリティの関係は2.3.3節の図2-1の②のタイプになると思われる。

　　カラ節は、Ⅰ「現象描写」のレベルの主節と共起する。
　　(2-80) うちはたくさんの人が集まるから、いつも賑わっている。
　　(2-81) 雨が降ったから、遠足が中止になった。
　　カラ節は、Ⅱ「判断」のレベルの主節とも共起する。
　　(2-82) 雪が降ったから雪かきをしなければならない。
　　(2-83) 仕事が一段落したから少しのんびりしたい。
　　カラ節は、Ⅲ「働きかけ」のレベルの主節とも共起する。
　　(2-84) 雨がやんだから、帰りましょう。
　　(2-85) 太郎が泣いているから、慰めてあげなさい。
　　カラは、Ⅳ「判断の根拠」のレベルの節の連接を表すことができる。[31]
　　(2-86) 道が混んでいるから、事故でもあったのかもしれない。
　　(2-87) お時さんは、お店に前の日からお休みを申し出ていたそうですから、覚悟の心中だったのでしょうね。　　　　　　　　　(点)
　　カラは、Ⅴ「発話行為の前提」のレベルの節の連接を表すことができる。

(2-88) 眼鏡はテレビの上にあるわよ。いつも探してる<u>から</u>（言うケド）。
(2-89) 悪いことはいわない<u>から</u>、まず会ってみるだけ会ったらどうだ。
(そして)

　以上、原因・理由を表す接続表現について、五つのレベルによる連接の違いについて考察した。カラは図2-2に示したすべてのレベルで使えるのに対し、ノデ、タメ（ニ）にはそれぞれ制約がある。また、そういった制約は、「話者の気持ちや意図を直接的に表せるかどうか」といった側面に関係が深いということもわかった。「話者の気持ちや意図を直接的に表せるかどうか」という問題自体も、とりもなおさず、モダリティの問題である。
　図2-2、表2-1に示したように、ⅠからⅤまでのレベルの違いにより、日本語では、用いることのできる接続表現そのものが異なっている。

2.7　逆接を表す接続表現

　ここでは、ナガラ、ニモカカワラズ、ノニ、ガ・ケレドを比較する。ガ、ケレド、ケレドモ、ケドなどは形が異なるにもかかわらず、ケドはガの口語的な表現であるとみなされる場合が多い。ガ、ケレド、ケレドモ、ケドには何らかの違いがあることは確かであり、用法によっても振る舞いが異なると思われる。しかし、本論ではその違いを述べることが目的ではないので、これらをまとめてガ・ケレドというように扱う。
　おおまかに言って、逆接という概念は、そこに何らかの「ぶつかり合う」感じが存在する場合であると考えられる。「逆接」というと、これまで、従属節と主節の命題に描かれている事態と事態の内容が話者の期待や常識と合致しないような場合を主にさしていたようである。[32] しかし、事態と事態のぶつかり合いとは、いわば命題部分のぶつかり合いを表すものである。本論では「逆接」として、単に事態と事態の結びつきが話者の期待や常識と合致しない場合だけではなく、従属節と主節がモダリティのレベルでぶつかり合う場合、推論を否定する場合なども含めて「逆接」と考えている。図2-2に示したように、ガ・ケレドはⅠからⅤまでのすべてのレベルで用いることができる。一方、ナガラ、ニモカカワラズ、ノニの場合はそれぞれ制限がある。

2.7.1　ナガラ

　逆接のナガラは、従属節と主節で同時に成立している事柄を表すようである。これは、ナガラが動詞の連用形にしか接続せず、ナガラ節の中でアスペクトを表すことはできるが、テンスを表すことはできないこととも関係していると思われる。ナガラは従属節の独立性が低く、主節との結びつきが強い。2.3.3節で述べたモダリティとの関係は、「事態間レベル」では、図2−1の①のタイプになると思われる。ナガラ節はⅠ「現象描写」およびⅡ「判断」のレベルの主節と共起する。しかしながら、Ⅲ「働きかけ」の場合は制限がある。また、Ⅳ「判断の根拠」を表すことはできない。しかしながら、従属節の述語が形容(動)詞で儀礼的な前置きを表すような場合、Ⅴ「発話行為の前提」を表すことができる。以下説明する。

　ナガラは、Ⅰ「現象描写」のレベルで使える。

　　(2−90)　東京まで行き<u>ながら</u>、彼女に会わなかった。
　　(2−91)　娘のことが気になってい<u>ながら</u>、かまってやれない。
　　(2−92)　太郎は妻子があり<u>ながら</u>浮気をしている。

　ナガラ節は、Ⅱ「判断」のレベルの主節とも共起できると思われる。

　　(2−93)　悪いことと知り<u>ながら</u>悪事に手を染めるべきではない。
　　(2−94)　妻子があり<u>ながら</u>浮気をしてはいけない。

　Ⅲ「働きかけ」のレベルでは、一部共起する場合もあるが、制限がある。以下のように、従属節に動詞を用いる場合は、儀礼的な前置きのような内容の場合に限られているようである。しかも主節に遂行発話動詞がないと、「働きかけ」を表しにくい。以下の(2−97)はナガラ節が儀礼的な前置きを表し、しかも主節に遂行発話動詞がある。しかし、(2−97)のような場合は、ナガラ節が主節で表す依頼の「前置き」となっている点で、限りなくⅤ「発話行為の前提」のレベルの用法に近づいている。(2−95)はナガラ節が儀礼的な前置きではなく、(2−96)は主節で遂行発話動詞を明示していない。

　　(2−95)　？パリまで行き<u>ながら</u>、毎日電話しないでください。
　　(2−96)　＊ご迷惑とは存じ<u>ながら</u>、相談に乗ってやってください。
　　(2−97)　ご迷惑とは存じ<u>ながら</u>、相談に乗ってやってくださるようお願いします。

　また、Ⅲ「働きかけ」のレベルでは、禁止や否定依頼なら表せるようである。

　　(2−98)　人の気持ちがわかっていな<u>がら</u>、じらすな。

(2-99) ここまで来ながら、帰るなんて言わないでください。

逆接のナガラはⅣ「判断の根拠」を表すことは難しい。

(2-100) 東京まで行きながら、彼に会わなかったのかもしれない。

(2-100)のように言っても、Ⅱ「判断」のレベルの文と区別がつかない。

Ⅴ「発話行為の前提」のレベルは、従属節の述語が形容(動)詞を伴って、儀礼的な前置きをするような場合に限られるようである。[33]

(2-101) ご迷惑ながら、ひとつ相談に乗ってやってくださいませんか。

(2-102) ご窮屈ながら、ちょっと辛抱してください。

(2-103) 遺憾ながら、何とも致し方ありません。

(2-101)では、「迷惑だろう」という相手を察する気持ちと、なおかつ相手に「依頼する」発話行為を逆接のナガラで結びつけている。(2-102)も同様に、「窮屈だろう」と思いながら、「依頼する」、(2-103)の場合は「遺憾である」という気持ちがあっても「何もできない」ということしか言えないということを表している。したがって、(2-101)から(2-103)のような文は、Ⅴ「発話行為の前提」のレベルと考えられる。

以上のように、ナガラはⅠ「現象描写」、Ⅱ「判断」のレベルは表せる。しかしその他のレベルは、限られた場合にしか表せない。ナガラ節は、儀礼的な前置きによく用いる。ナガラ節の独立性が低いために、かえって、次のニモカカワラズより、用法の広がりがあるように思われる(図2-2、表2-1)参照。

2.7.2　ニモカカワラズ

ニモカカワラズ節は、Ⅰ「現象描写」のレベルの主節とは共起するが、Ⅱ「判断」のレベルの主節とは、共起しにくい。Ⅲ「働きかけ」のレベルの主節とは共起することはできない。また、ニモカカワラズはⅣ「判断の根拠」、Ⅴ「発話行為の前提」のレベルの連接は表すことができない。ニモカカワラズ節にはアスペクト、テンスは入るが、モダリティは入らない。[34] 節の独立性は、ナガラよりは高い。2.3.3節で述べた、モダリティとの関係は図2-1の①、②のタイプになると思われる。

ニモカカワラズ節は、Ⅰ「現象描写」のレベルの主節とは共起する。

(2-104) 再三注意したにもかかわらず、太郎はまた遅刻した。

(2-105) 借金をしていたにもかかわらず、私は契約書にサインをした。

(2-106) もうすぐ小学校に入学するにもかかわらず、太郎はいまだに自分で歯を磨けない。

Ⅱ 「判断」のレベルの主節とは共起しにくい。

(2-107) ?再三注意したにもかかわらず、遅刻してはいけない。

(2-108) ?借金をしているにもかかわらず、さらに借金を重ねるべきではない。

また、ニモカカワラズを用いると、Ⅱ「判断」のレベルを表す場合においても、主節では、(2-109)のように、話者自身(一人称)の意思は表しにくい。(2-110)のように、願望も不自然である。

(2-109) ＊借金をしているにもかかわらず、さらに借金しよう。

(2-110) ?用事があるにもかかわらず、会社を休みたい。

Ⅲ 「働きかけ」のレベルの主節とは共起しない。(2-111)、(2-112)のように従属節の述語が非未来動であってもやはり不自然である。

(2-111) ＊再三注意したにもかかわらず、遅刻しないでくれ。

(2-112) ＊病気であるにもかかわらず無理しないでください。

ニモカカワラズは、Ⅳ「判断の根拠」のレベルでは用いることができない。

(2-113) 彼女は恐喝されていたにもかかわらず、その後任務を遂行したのだろうか。

上の(2-113)のような例は、Ⅱ「判断」のレベルの文としか解釈できない。

Ⅴ「発話行為の前提」のレベルの節の連接も表すことができない。従属節の述語が非未来動であっても表すことができない。

(2-114) ＊ご迷惑にもかかわらず、相談に乗ってくださいませんか。

このように、ニモカカワラズ節は、命題の中の事態と事態の内容が、話者の期待や常識と相容れないことを表すことはできるものの、モダリティのレベルのぶつかり合いは表すことができない。

また、ニモカカワラズを用いる場合は、従属節の内容について言えば、非未来動で表す内容であっても、あるいは動詞のル形を用いる場合でも、それはすでに存在している状況として述べている。これは、ニモカカワラズ節に真偽判断のモダリティが入りにくいことと関係があると思われる。

(2-115) ＊お客さんがもうすぐ入ってくるかもしれないにもかかわらず、まだ準備ができていない。

(2-116) お客さんがもうすぐ入ってくるにもかかわらず、まだ準備が

　　　　できていない。
　　（2-117）お客さんがもうすぐ入ってくる可能性があるにもかかわらず、
　　　　まだ準備ができていない。

（2-115）のように、ニモカカワラズ節の内容を真偽判断のモダリティを用いて現実に存在しない状況を述べる事はできない。（2-116）のように述べる場合は、動詞のル形を用いていても、お客さんが入る時間があらかじめ決まっているというような前提があることが含意されている。（2-117）の場合には、従属節の内容は事態としてはまだ存在しないことを述べているようであるが、状況あるいは命題内容として、「可能性が存在する」ということを述べている点に（2-115）との違いがある。

　また、ニモカカワラズを用いる場合、主節の内容も、すでに存在している事態については述べやすい。例えば、Ⅱ「判断」レベルの文においても、将来のまだ存在しない事態は述べにくいのに対し、すでに存在する事態については述べやすいという傾向がある。

　　（2-118）再三注意したにもかかわらず、太郎はまた遅刻したのだろう。
　　（2-119）？再三注意したにもかかわらず、太郎はまた遅刻するかもしれない。
　　（2-120）？準備が遅れているにもかかわらず、時間通りに開演しなければならない。

（2-118）のように、従属節も主節もすでに存在する事態を述べている場合はニモカカワラズを用いやすい。（2-119）、（2-120）は、従属節の内容はすでに存在していて、主節で述べる命題内容としての状況がまだ存在していない場合である。このような場合は、テモや、ガ・ケレドなどを用いる方が自然である。

　　（2-121）再三注意していても、太郎はまた遅刻するかもしれない。
　　（2-122）再三注意したが、太郎はまた遅刻するかもしれない。
　　（2-123）準備が遅れていても、時間通りに開演しなければならない。
　　（2-124）準備が遅れているが（／けれど）、時間通りに開演しなければならない。

テモは、仮定や未確定の事柄を表す場合により適している。また、ガ・ケレドを用いると、従属節のテンスも含め表せる。また、あとで述べるように、ガ・ケレドを用いると、従属節から生じる推論を否定できる。したがって、

(2-122)や(2-124)のようにガ・ケレドを用いると、(2-119)、(2-120)よりも、自然な文になると思われる。従属節、主節の内容が確定した事態を表すというのは、次のノニにも共通している。[35]

2.7.3 ノニ

ノニ節はⅠ「現象描写」、Ⅱ「判断」の主節と共起する。また、Ⅲ「働きかけ」の主節と共起する場合は、禁止や否定の依頼を表す場合に限られる。ノニは、Ⅳ「判断の根拠」やⅤ「発話行為の前提」のレベルでは用いることができない。ノニ節には、アスペクト、テンスが入り、ノニ自体がノダの活用形と思われる。[36] モダリティも入り、対比のハも入り、独立性が高い。(南(1974)でもB類に入っている。)しかしながら、ノニには、意味的特長として、特に事態と事態、あるいは話者の期待や予測と現実事態とのギャップを表すということがあり、それが、節の独立性が高くてもⅣやⅤのレベルでは用いることができないことにつながっていると思われる。2.3.3節で述べた、モダリティとの関係は、①、②があると思われる。

ノニ節は、Ⅰ「現象描写」のレベルの主節と共起する。

(2-125) 太郎はよく勉強した<u>のに</u>、試験に落ちた。

(2-126) 何度も言っている<u>のに</u>、ちっとも言うことをきかない。

Ⅱ「判断」のレベルの主節とも共起する。しかしながら、(2-129)のように、Ⅱ「判断」を表す主節でも、話者自身(一人称)の意志を表すものとは共起しない。[37]

(2-127) 年収が減る<u>のに</u>、贅沢をするべきではない。

(2-128) 一郎が勉強している<u>のに</u>、じゃましてはいけない。

(2-129) ＊雨が降っている<u>のに</u>、試合を続行するつもりだ。

Ⅲ「働きかけ」のレベルの主節と共起するのは、禁止や否定の依頼など、否定的な意味のある場合に限られる。[38]

(2-130) 仕事をしている<u>のに</u>、大きな声で話さないでください。

(2-131) 勉強している<u>のに</u>、邪魔するな。[39]

(2-132) ＊仕事をしている<u>のに</u>、静かにしてください。

Ⅳ「判断の根拠」のレベルの連接を表すことはできない。

(2-133) 太郎は一生懸命勉強した<u>のに</u>、試験に落ちたのだろう。

(2-133)のように言っても、Ⅱ「判断」のレベルの文と何ら変わりがない。

第 2 章　節の連接とモダリティ

　一見 V「発話行為の前提」のレベルの連接を表すような用い方ができる。[40] 以下のような場合である。主節には挨拶や感動、意外、不満な気持などを表す表現が現れることが多い。

(2-134)　わざわざ来てくれた<u>のに</u>、どうもすみません。
(2-135)　雨が降っている<u>のに</u>、どうもありがとう。
(2-136)　（物音がしたので、様子を見に行って）誰もいない<u>のに</u>、不思議ねえ。
(2-137)　足が痛い<u>のに</u>、そんなに遠くまで歩けませんよ。

（前田 1995c: 115 より）[41]

しかしながら、この場合は省略があると考えたほうがいい。例えば、(2-134)、(2-135)などの場合は、それぞれ「～ノニ娘が留守で」、「～ノニ来てくれて」などのように「～テ」節が省略されていると考えられる。また、(2-136)の場合は、「物音がした」という現実が存在しているので、「～ノニ物音がするなんて」といった内容が省略されていると考えられる。(2-137)のような場合も、「～ノニ歩けと言われても」のようなものが省略されているのであろう。[42]

　したがって、例えば(2-134)の場合は、あくまでも現実の事態である「わざわざ来てくれた」ことと「留守にしていた」ことがぶつかり合っていると考えられるので、主節の発話行為自体との関係を表すというわけではない。いわば、「わざわざ来てくれたのに、娘は留守です。どうもすみません」といった関係になる。したがって、V「発話行為の前提」の例とは言えない。

　しかしながら、このような用法はニモカカワラズではまったく表せない。

(2-138)　＊わざわざ来てくれた<u>にもかかわらず</u>、どうもすみません。
(2-139)　＊誰もいない<u>にもかかわらず</u>、不思議ですね。

ノニは、命題内の事態間のぶつかり合いを表せるという点では、ニモカカワラズと共通するが、ニモカカワラズの場合はすでに述べたように、主節が「働きかけ」や「発話行為」の形になるものが一切表せないという点でノニと異なっている。

　また、ニモカカワラズは従属節と主節を倒置する用法が見られないが、ノニは倒置の用法がある。

(2-140)　　また失敗した。あんなに準備した<u>のに</u>。
(2-141)　？また失敗した。あんなに準備した<u>にもかかわらず</u>。

また、ニモカカワラズ節は、単独には現れないのに対し、ノニ節は単独でも現れる。
　　（2-142）　あんなこと、言わなければよかった<u>のに</u>。
　　（2-143）＊あんなこと、言わなければよかった<u>にもかかわらず</u>。
　すでに述べたように、ニモカカワラズもノニも、すでに存在している、あるいは存在することが前提となっているような事態についてしか述べられない。[43]　そういった類似点があるにもかかわらず、以上のような違いがある。ニモカカワラズとノニの違いは、ノニがニモカカワラズよりも話者の気持ちを直接表せるという点であろう。

2.7.4　ガ・ケレド

　ガ・ケレドは、Ⅰ「現象描写」、Ⅱ「判断」、Ⅲ「働きかけ」、Ⅳ「判断の根拠」、Ⅴ「発話行為の前提」のすべてのレベルで使える。ガ・ケレドにはアスペクト、テンス、モダリティなどが入り、また、堤題のハなども入り、節の独立性が高い。2.3.3節で述べたモダリティとの関係について言えば、図1の②のタイプになると思われる。（南(1974)でもＣ類に入っている。）しかしながら、制限もある。以下説明する。
　ガ・ケレド節は、Ⅰ「現象描写」レベルの主節と共起する。
　　（2-144）　太郎は怪我をしていた<u>が・けれど</u>［にもかかわらず／のに］
　　　　　　　来て私を助けてくれた。
　　（2-145）　花子は明日試験を受ける<u>が・けれど</u>［にもかかわらず／のに］ほとんど勉強していない。
（2-144）、（2-145）のような、Ⅰ「現象描写」レベルのガ・ケレドは、ニモカカワラズ、ノニなどとも入れ替えが可能である。
　しかしながら、ニモカカワラズ、ノニの場合、すでに前後して成立している二つの事態、あるいは同時に成立している二つの事態が話者の予測や期待と相容れないという場合を表すのに対し、ガ・ケレドにはそのような制約がない。ガ・ケレドは、時間に沿って変化したり、結果の出ていないこと、また思考の移り変わりなども表せる。例えば、以下のようにすでに起きた事柄を述べる場合においても、「結果はどうなるかわからない」という話者の気持ちや、思考の移り変わりが表れる。
　　（2-146）　クルミもつられてにこっと笑った<u>が</u>、これからどうなるんだ

　　　　　ろうと、ちょっと不安になった。　　　　　　　　　　（そして）
　（2－147）両親に会社をやめていたことを話した<u>が</u>、結婚もしたことだ
　　　　　しと、彼らは特に何も言わなかった。　　　　　　　（なんだか）
　（2－148）見たいものがないのは、会社の品揃えのせいじゃないのかと
　　　　　いいたくなった<u>が</u>、それはぐっとこらえた。　　　　（それでも）
以上の、(2－146)、(2－147)には「結果がどうなるかわからない」といった話者の気持ちが表れているし、(2－148)には思考の移り変わりが表れている。こういった例は、ニモカカワラズ、ノニでは表しにくい。

　なお、思考の上での移り変わり、ぶつかり合いというものは、Sweetserの言葉で述べれば、epistemic domainの内容であるとも考えられる。したがって、このようなガ・ケレドの働きは、「事態間レベル」を表すというよりも、Ⅳ「判断の根拠」のレベルのものだとする考え方もあるだろう。[44] しかしながら、本論では、実際に起きた出来事を述べているという点からⅠ「現象描写」のレベルと考える。

　ガ・ケレド節は、Ⅱ「判断」レベルの主節とも共起する。
　（2－149）私は怪我をしている<u>が</u>、花子を助けに行かなければならない。
　（2－150）太郎はしばらく禁煙している<u>が</u>、また吸い始めるだろう。
　ガ・ケレド節は、Ⅲ「働きかけ」レベルの主節とも共起する。
　（2－151）雨が降っている<u>けど</u>、外で遊ぼうか。
　（2－152）注意された<u>けど</u>、行ってみようよ。
　ところで、ニモカカワラズ、ノニなどが、前後してあるいは同時に成立している事態について述べるのに対し、ガ・ケレドはそのような制約がないとすでに述べた。例えば以下のようなものは、ニモカカワラズ、ノニ、ガ・ケレドいずれを用いても表現できる。
　（2－153）彼は、昔はよく入院した［が／にもかかわらず／のに］、今は
　　　　　元気にしている。
しかしながら、以下のように事態の順番が現実の時間軸に沿っていない（iconicではない）場合には、ガ・ケレドは用いることができる一方、ニモカカワラズ、ノニを用いることはできない。
　（2－154）彼は、今は元気にしている［が／＊にもかかわらず／＊のに］、
　　　　　昔はよく入院した。
(2－154)のようなものは、事態と事態の関係を表しているというよりも、Ⅳ

「判断の根拠」のレベルの連接を表していると思われる。すなわち、こういった例は、「推論の否定」を介していると考えられるからである。推論の否定とは、簡単に述べれば「AならBと思うかもしれないが、Bではない」という関係である。以下、Ⅳ「判断の根拠」のレベルについて述べる。

以下のようにガ・ケレドは、Ⅳ「判断の根拠」のレベルの連接を表すことができる。

(2-155) 太郎は毎日ゲームセンターに行く<u>が</u>、遊んでいるわけではない。

(2-156) 彼女はいつも明るく振舞っている<u>が</u>、悩みがないわけではない。

(2-155)、(2-156)の例には、推論の否定が含まれている。ワケデハナイは従属節の内容を根拠として、人が抱くであろう、推論を否定する表現である。[45] 実際に、こういった例は、以下のように、ニモカカワラズ、ノニでは言いかえられない。

(2-157) ＊太郎は毎日ゲームセンターに行く［にもかかわらず／のに］、遊んでいるわけではない。

(2-158) ＊彼女はいつも明るく振舞っている［にもかかわらず／のに］、悩みがないわけではない。

また、「判断の根拠」というよりも、「疑問、推察の根拠」とでも言った方がよりふさわしいと思われるが、Ⅳ「判断の根拠」と同じレベルの用法として、以下のようなものもある。

(2-159) 彼ずいぶん嬉しそう<u>だけど</u>、何かいいことでもあったのだろうか。

(2-160) 人が集まっている<u>が</u>、有名人でも来ているのかもしれない。

(2-159)、(2-160)のような例は、話者がある事態を認識するに及び、そのことに関して、主節で疑問や推察を述べるものである。[46] したがって、従属節と主節は、事態と事態の結びつきを表しているのではない。

ガ・ケレドは、Ⅴ「発話行為の前提」のレベルの連接を表すことができる。場合によっては(2-162)のように疑問や驚きを表すことがある。[47]

(2-161) お仕事がたくさんおありでしょう<u>けど</u>、たまにはゆっくりなさってくださいよ。

(2-162) ちっとも反省していないよう<u>だけど</u>、あなたって、なんてひどい人なの。

(2-161)の場合は、「お仕事がたくさんあるだろう(と思う)」というケド節

の内容と、それでもあえて「勧誘する」、あるいは「たしなめる」といった発話行為自体がぶつかり合っていると考えられる。(2-162)の場合は、「反省していない」という現実について、話者としては呆れ、非難せざるを得ない、という関係を表している。

　また、ガ・ケレドにはいわゆる対比を表す用法というものがある。しかしながら、ある種のものはニモカカワラズやノニでも表せる。

　　(2-163) 兄は優秀［だが／なのにもかかわらず／なのに］弟はなまくらだ。

(2-163)のような例では、「兄が優秀なら弟も当然優秀だろう」という話者の思いが前提となっている。このような前程がある場合は、ニモカカワラズ、ノニを用いることができる。しかしながら、ガ・ケレドはそういった前提とは無関係に用いることができる。

　　(2-164) この店はプリンがおいしい［が、＊にもかかわらず、＊のに］あの店はコーヒーがおいしい。

(2-164)には、例えば「この店のプリンがおいしければ、当然あの店もプリンがおいしいはずだ」といったような前提はないと言える。また(2-163)の例では、互いにぶつかり合う事態を表すという点で、事態レベルでの対比がある。しかしながら、(2-164)の対比は、事態としてぶつかり合うのではなく、Ⅳ「判断の根拠」、あるいはⅤ「発話行為の前提」のレベルの節の連接であると思われる。[48]

　なお、ガ・ケレドについては、いわゆる「前置きのガ」や「終助詞的なガ」と呼ばれるようなものがある。[49]「前置き」や「終助詞的」な用法というものも、本論のⅣ、Ⅴのレベルと同じで、モダリティのレベルでの「ぶつかり合い」をガ・ケレドで表しているものであると思われる。そして、しばしば、話者が判断や発話を行うことへの「ためらい」や「疑問」として表れることもある。

　以上述べたように、逆接を表す接続表現についても図2-2に示した認知領域、および主節のモダリティによって、接続表現を使い分けている。このグループにおいても、ガ・ケレドはⅠからⅤまで、全てのレベルで使えるのに対し、逆接のナガラ、ニモカカワラズ、ノニなどは、制限がある。

2.8 条件を表す接続表現

ここではト、バ、タラ、ナラについて考察する。図2-2に表れているように、ナラは特別で、もっぱら、Ⅳ「判断の根拠」、Ⅴ「発話行為の前提」のレベルの連接を表すと思われる。Ⅱ「判断」、Ⅲ「働きかけ」のレベルの接続関係は、表すことができないわけではないが、今日ではバ、タラなどで言い換える方が自然である。ト、バ、タラは、主に事態と事態を結ぶレベルの接続を表す場合に用いるが、それぞれレベルに違いがあり、ある制限のもとでⅣ「判断の根拠」およびⅤ「発話行為の前提」のレベル、あるいはそれに近いレベルで用いることができる。以下説明する。

なお、条件を表す接続表現の場合は、2.3.3節で述べたモダリティとの関係で①の場合はないと思われる。

2.8.1 ト

ト節はⅠ「現象描写」、Ⅱ「判断」レベルの主節とは共起できる。Ⅲ「働きかけ」については、命令、依頼などは表せないが、警告は表せる。一方、～テミルト、考エルト、見ルトといったように、認識、思考に関わる述語を用いる場合に、Ⅳ「判断の根拠」に近い内容を表すことができる。また、「する」、「なる」などを用いる定型的な表現の中でトを用いる場合には、Ⅳ「判断の根拠」に近いレベルを表す場合もある。また、言ウト、述ベルトなど、遂行発話動詞を用いる前置き的な表現の場合に限り、Ⅴ「発話行為の前提」を表すことができる。以下、詳しく述べる。

トは、Ⅰ「現象描写」のレベルで用いることができる。

(2-165) 見舞い品をさし出す<u>と</u>、彼女は床の上でていねいなおじぎをした。　　　　　　　　　　　　　　　　　　　　　　　　　(点)

(2-166) 春になる<u>と</u>花が咲く。

ト節は、Ⅱ「判断」のレベルの主節とも共起する。

(2-167) このまま不景気が続く<u>と</u>、日本の産業に大きな痛手となるだろう。

(2-168) もたもたしている<u>と</u>、電車に乗り遅れてしまうかもしれない。

しかしながら、Ⅱ「判断」の中でも、願望、意志などは表すことはできない。

(2-169) ＊秋になる<u>と</u>、柿が食べたい。

(2-170) ＊大学を卒業する<u>と</u>、就職するつもりだ。

ト節は、Ⅲ「働きかけ」のレベルで、依頼、命令などを表す主節とは共起しない。

(2－171) ＊彼が来ると、これを渡してください。
(2－172) ＊分かると、もう泣くな。

また、Ⅲ「働きかけ」を表すモダリティに「警告」がある。以下の(2－173)、(2－174)のように、主節で「話者がこれからどうするか」を述べる場合は、タラやバではなく、トを用いる場合が多いようである。そうでない場合は、(2－175)のようにタラも用いる。

(2－173) 動［く<u>と</u>／？けば／？いたら］撃つぞ。
(2－174) 警察に電話［する<u>と</u>／？すれば／？したら］娘を殺すぞ。
(2－175) 落ち［る<u>と</u>／？れば／たら］けがするよ。

このように、「警告」を表す場合に、タラ、バではなく、特にトを用いるのは、推測や仮定ではなく、実際にそのことが起こるというトの表すニュアンスに関係していると思われる。[50] (2－173)、(2－174)のような場合に、タラを用いると、「もし仮に」といった含みが生じて「現実性」が薄れ、脅迫する言葉の威力が弱まると思われる。また、トを用いると反実仮想も表すことはできない。トは「現実性」との関係が深いと言える。

トは「考える」、「見る」、「比べる」、「～てみる」など、思考、認識や、判断の基準を表す動詞を従属節の述語とする場合に、Ⅳ「判断の根拠」のレベルと似たような連接を表すことができる。また、「する」、「なる」などを含む定型的な表現の中でトを用いる場合にも、Ⅳ「判断の根拠」のレベルの連接を表すことができる。[51] まず、前者の例を見る。

(2－176) 実際に会ってみ<u>ると</u>、彼女はとても感じがいい。
(2－177) お姉さんと比べ<u>ると</u>、花子は勝気な性格である。
(2－178) 考えてみ<u>ると</u>、彼の意見ももっともだ。

こういった例は、以下のようなトの用法との連続体として考えられる。

(2－179) 窓を開ける<u>と</u>、太郎が立っていた。
(2－180) まっすぐ行く<u>と</u>、交番がある。
(2－181) ぐるりと見渡す<u>と</u>、小さい喫茶店があった。　　　　（点）
(2－182) ・・・電話が鳴った。出てみ<u>ると</u>アクセサリー店の店長からだった。　　　　　　　　　　　　　　　　（でもちょっと）

(2－179)から(2－182)では、主節の中で実際の事態を述べている。一方(2

−176)から(2−178)では、主節に話者の判断が表れている。このような違いがあるが、以下に述べるような共通点があるので、連続体とみなすことができる。

(2−179)から(2−182)の例は、主節に「～が見える」、「(～という)ことがわかる」、「(～という)ことに気がつく」といったような隠れた動詞(ちょうど英語の 'find' で表せるような内容である)があると考えることができる。そう考えれば、「まっすぐ行くと～が見える」、「ぐるりと見渡すと、～があることに気がついた」、「(電話に)出てみると、～からであることがわかった」といった関係になっていると思われる。(こういった側面が、先行研究の中でトを「観察」と結び付けて考察することにつながっていると思われる。)

さて、(2−176)から(2−178)などの例でも、主節に「(～という)ことがわかる」、「(～という)ことに気がつく」といった隠れた部分があるとすれば、「実際に会ってみると、彼女はとても感じがいいということがわかった」、「・・・比べると、花子は勝気な性格であることがわかる」と言っていることになる。このように、主節に「(～という)ことがわかる」、「(～という)ことに気がつく」といった隠れた動詞があると考えるとわかりやすい。

ただし、「～が見える」、「(～という)ことがわかる」、「(～という)ことに気がつく」といったような内容は、「～と思う」、「結論する」といった思考や判断を述べる動詞ではない。むしろ思考よりも前の段階の直接的な認識を表しているように思われる。[52] しかしながら、「～が見える」、「(～という)ことがわかる」、「(～という)ことに気がつく」といった～隠れた動詞が存在すると考えると、命題部分ではなく、その隠れた部分に結びつくという点で、Ⅳ「判断の根拠」レベルの節のつながりに類似した接続関係、あるいはそれに連続した接続関係があると言える。[53]

次に「する」、「なる」などを含む定型的な表現の中でトを用いる場合を考察する。以下のように、ト節の述語が「～する」、「～なる」などを含む定型表現(～トナルト、～トスルト、～トモナルトなど)を含むような場合は、主節の「～と結論する」、「～と言える」といった隠れた思考判断動詞と従属節が結びつくような関係になる。

(2−183) 明日、雨が降る<u>となると</u>、予定していた計画は変更せざるを得ない。

(2-184) 学長ともなると、研究や教育以外のことに多くの時間を割かなければならない。

(2-185) うまく動かないとすると、私の計算は間違っているのだ。

しかしながら、上記に示したような特別な場合を除いて、トはⅣ「判断の根拠」を表すことはできないと思われる。[54]

ト節は、「言う」、「述べる」などの遂行発話動詞を用いる場合に限って、Ⅴ「発話行為の前提」のレベルを表すことができる。以下のような場合である。

(2-186) はっきり言うと、君のしていることは間違っているよ。

(2-187) 私の考えを述べると、その実験結果にはいくつか疑問がある。

(2-186)、(2-187)の場合、「言う」、「述べる」などの遂行発話動詞が、主節の「断言する」といったような隠れた遂行発話動詞と呼応していると考えられる。したがって、Ⅴ「発話行為の前提」の例と考えられる。

また、先にⅣ「判断の根拠」的な用法として述べた場合と関連があるのだが、「見る」などの認識を表す動詞をト節の述語として用いたり、従属節で同様の状況を描く場合に（例えば、以下の(2-188)の「かけ寄ると」は「近くに行って見る」ということを表している）、Ⅴ「発話行為の前提」と似ている例がある。

(2-188) そちらの方に目をやると、なんと大きな男がこちらに向かって歩いてくるではないか。

(2-189) 秋冬の新作バッグをチェックしていると、店の奥に「60%」の張り紙が。「ナニッ！」と駆け寄ると、ファッション誌に掲載されていたタイプのカーディガンなど売れ筋商品が並んでいるではないか。 （台）

このような驚きを表す「なんと」、「〜ではないか」などを伴う文の中では、過去形の文脈の中であっても、多くの場合に主節のテンスは現在形を用いる。こういった文は、小説でいえば、地の文にも会話の文にも現れる。多くの場合に主節の述語に現在形を用いるということから、この部分は話者の発話時の驚きを表す発話行為であるとも考えられる。

以上、述べたことを考え合わせると、トの中心的な用法は、Ⅰ「現象描写」であり、Ⅱ「判断」からは、特別な場合に限られている。特別な場合とは、特にトの現実性や、話者の現場での知覚、発見および観察といった側面

を強調している場合であると思われる。

2.8.2 バ

　バ節は、Ⅰ「現象描写」、Ⅱ「判断」を表す主節とは共起する。また、Ⅲ「働きかけ」の場合は、従属節の述語が「非未来動」の場合のみ成り立つ。また、Ⅳ「判断の根拠」については、考エテミレバ、考エレバ、比べレバなど、思考、認識や判断の基準にかかわるような述語を用いる場合、また「する」「なる」などを用いた定型的な表現（〜トスレバ、〜トナレバなど）などを用いる場合に、従属節と主節がⅣ「判断の根拠」のレベルの接続関係を結ぶ。また、従属節の述語が非未来動の場合に限って、やや言いにくいがⅣ「判断の根拠」のレベルの連接を表せる。Ⅴ「発話行為の前提」のレベルについては、言エバ、述べレバなどのように、遂行発話動詞を用いる場合に、成立する。また、従属節の述語が非未来動の場合に限って、遂行発話動詞を用いなくてもⅤ「発話行為の前提」の連接を表せる。また、言エバ、思エバなどを用いて、思い出しを表すことができる。「思い出し」を表す場合もⅤ「発話行為の前提」のレベルの節の連接であると考えられる。以下、説明する。

　バ節は、Ⅰ「現象描写」のレベルの主節と共起する。

　　（2-190）花が咲け<u>ば</u>実がなる。

　　（2-191）努力すれ<u>ば</u>報われる。

　バ節は、Ⅱ「判断」のレベルの主節とも共起する。

　　（2-192）彼に聞け<u>ば</u>教えてくれるだろう。

　　（2-193）もし太郎が行け<u>ば</u>、私も行くつもりだ。

　　（2-194）もしこのボタンを押せ<u>ば</u>、ドアが開いた。

（2-194）は、反実仮想の意味を表している。「ボタンを押す」ということが成立すれば「ドアが開く」という事態が成立したであろうという判断を表しているので、Ⅱ「判断」のレベルと言える。

　Ⅲ「働きかけ」のレベルについては、バ節の述語が「非未来動」（2.3.1節参照）の場合のみ、「働きかけ」を表す主節と共起する。

　　（2-195）　問題が<u>あれば</u>、いつでも連絡してください。　（非未来動）

　　（2-196）＊問題を<u>発見すれば</u>、いつでも連絡してください。　（動的）

　バは限られた条件の場合に、Ⅳ「判断の根拠」のレベルの連接を表すことができる。まず、トについてと同じように、「考える」、「〜てみる」、「比べ

51

第 2 章 節の連接とモダリティ

る」といった思考、認識、判断の基準にかかわる動詞を従属節の述語に用いる場合、また従属節の述語が「する」、「なる」などを含む定型的な表現の場合である。

また、バは、従属節の述語が「非未来動」の場合に限って、Ⅳ「判断の根拠」のレベルの連接を表すことができる。

まず、従属節の述語に思考、認識、判断の基準などにかかわる動詞をとる場合とは、以下のような場合である。

（2-197）考えてみれば、彼がそんなことを言うはずがない。
（2-198）客観的に考えれば、いかにも薄弱な根拠でしかなかった。（点）
（2-199）日本語と英語を比べれば、漢字がないだけ英語の方が簡単だ。
（2-200）戦争中のことを思えば、現在の状況などなんでもない。

また、「する」、「なる」などを用いる定型的な表現を従属節の述語とする場合とは、以下のような場合である。

（2-201）ワールドカップを日本で開催するとなれば、日本もそれなりの実力をつけておかなければならない。
（2-202）この男女が同一人とすれば、彼らは、国鉄香椎駅から西鉄香椎駅まで来るのに、十一分も要したことになる。（点）

こういった例では、バは主節の判断のモダリティと呼応していると考えられる。バは、（2-197）、（2-202）などに表れている「はずがない」、「ことになる」などという判断を表すモダリティのほか、（2-198）、（2-199）、（2-200）、（2-201）などは「～と言える」、「～と結論する」といった判断を表す動詞が主節に隠れていると考えれば、それに呼応していると考えられる。トの場合と異なるのは、トでは主節で「～が見える」、「(～という)ことがわかる」、「(～という)ことに気がつく」といった内容を表すのが主であるのに対し、バを用いると、主節では「～が見える」といったような感覚的な認識を示す内容ではなく、話者の判断を表すのが主であるということである。

また、バ節の述語が「非未来動」の場合に限って、やや言いにくいものの、Ⅳ「判断の根拠」を表すことができるように思われる。

（2-203）？花子がもし（こんど会ったとき）指輪をはめていれば、彼と結婚したのだろう。
（2-204）＊花子がもし指輪をはめれば、彼と結婚したのだろう。[55]

バ節の述語が、言エバ、述ベレバなどのように、遂行発話動詞を用いる場

合に、以下のように、Ⅴ「発話行為の前提」のレベルの接続関係を表すことができる。

（2-205）はっきり言えば、あなたのやり方にはもうこれ以上ついていけないのよ。

（2-206）私の意見を述べれば、今回は決定を見送ったほうがいいと思います。

また、従属節の述語が遂行発話動詞でない場合は、「非未来動」の場合に限って、Ⅴ「発話行為の前提」のレベルの連接を表すことができる。

（2-207）　ご面倒でなければ、鍵を閉めていってください。（非未来動）
（2-208）＊出掛ければ鍵を閉めていってください。　　　　（動的）
（2-209）　クッキーが欲しければ、棚の中にあるわよ。　（非未来動）
（2-210）＊クッキーを欲すれば、棚の中にあるわよ。　　　（動的）

また、以下のような思い出しを表す用法も、「発話行為の前提」に準じるものである。バ節は主節で思い出したことを述べるきっかけとなっている。いわば「〜ということを思い出す」という隠れた動詞の部分に呼応する。この用法は、トやタラでは表すことができない。

（2-211）そうい［えば／＊うと／＊ったら］彼女は今年二十歳になる。
（2-212）思［えば／＊うと／＊ったら］昔そんなことがあったなあ。
（2-213）アメリカに行くと言［えば／＊うと／＊ったら］、山田さんもこんど転勤らしいね。

以上述べたように、バはⅠ「現象描写」、Ⅱ「判断」の主節とは共起する。Ⅲ「働きかけ」、Ⅳ「判断の根拠」、Ⅴ「発話行為の前提」のレベルでは、バ節と主節の連接は、いずれも、特別な場合にのみ成立する。Ⅱ「判断」の根拠までは特に制限なく述べられるのにⅢ「働きかけ」からは制限があるということや、トやタラでは表せない「思い出し」も表せること、「〜てみる」、「考える」などを用いる類似の表現を用いる場合も、トの場合よりも話者の「判断」が表せることなど考え合わせると、バは、話者の思考、判断と特に結びつきが強いように思われる。

2.8.3　タラ

　タラ節は、Ⅰ「現象描写」、Ⅱ「判断」、Ⅲ「働きかけ」のレベルを表す主節とは共起する。Ⅳ「判断の根拠」のレベルでは、トやバの場合と同じよ

第2章　節の連接とモダリティ

うに、見タラ、〜テミタラ、考エタラ、比ベタラなど、思考、認識や判断の基準を表す動詞を述語に用いる場合や、「する」、「なる」を用いるような定型的な表現(〜トシタラ、〜トナッタラなど)を従属節にとる場合に成立する。また、タラ節の述語が「非未来動」の場合に、上記のような特別な述語でなくても、Ⅳ「判断の根拠」およびⅤ「発話行為の前提」のレベルの節の連接を表すことができる。また、Ⅴ「発話行為の前提」については、従属節の述語に「言う」、「来る」などを用いた定型的な表現(〜トイッタラ、〜トキタラなど)を用いる場合に、主節で驚き、不満などを表す。以下、説明する。

タラ節は、Ⅰ「現象描写」のレベルの主節と共起する。
(2-214) 太郎がこのボタンを押したら切符が出た。
(2-215) 雨が降ったら、運動会は延期になる。

Ⅱ「判断」のレベルの主節とも共起する。
(2-216) 会社に勤めているのが当たり前と思っている両親に、会社をやめてフリーランスになるなどといったら、びっくり仰天してしまうに違いないのだ。　　　　　　　　　　　　(なんだか)
(2-217) 彼女に聞いたら教えてくれるかもしれない。
(2-218) 卒業したら、故郷に帰るつもりです。

Ⅲ「働きかけ」のレベルの主節とも共起する。
(2-219) 画面に、はい、いいえ、という表示が出たら、自分のしたいほうをクリックしてください。　　　　　　　　　　(だから)
(2-220) 呼んだらすぐに来い。

Ⅳ「判断の根拠」のレベル、あるいは類似のレベル(前セクションのトやバについて示したことを参照)としては、以下のような場合がある。タラは、トと同じように、行動主体の発見を主節で表す用法がある。
(2-221) よく見[たら、ると]小さい紙が落ちていた。

これは、トについて述べたように、主節に英語の find のような隠れた動詞があると考えると、従属節と主節の隠れた find が呼応しているような場合である。

しかしながら、よく見ると、トでは言い換えられないような場合もある。トの場合は、主節の中で現実を単にありのまま描写するのに対し、タラを用いると目に見える現象を表せるだけではなく、従属節の行動主体の期待、期待はずれ、驚きなどが表せる。[56](以下の例文では、[ ]内の二つの語形

2.8 条件を表す接続表現

(2-222) もっと同情してくれるのかと思［ったら／＊うと］彼の反応はそれだけだった。 (とりあえず)
(2-223) 「今ごろ何だ」と怒られるかと思［ったら／＊うと］「どう、体の具合は」といたわってくれた。 (なんだか)
(2-224) クルミはびっくりして、箱に本を入れようと思［ったら／＊うと］薄紙がべりっと破れてしまった。 (そして)
(2-225) 「よろしくお願いしまーす」
という声が聞こえたかと思［うと／ったら］みなすぐにちりぢりになり、それぞれの仕事に戻っていった。 (なんだか)
(2-226) 部屋に戻ろうと［したら／すると］そこにジュンコが立っていた。 (けっきょく)

(2-222)から(2-224)のように、主節で話者の驚きや期待はずれなどを表す場合にはタラを用い、トでは表せないのに対し、(2-225)、(2-226)に表れているように、単に行動主体が見たままの状況を主節で表すような場合には、トもタラも用いることができる。[57] このように、類似の用法を見ても、トに比べるとタラが話者の気持ちを表しやすいと言える。

ちなみに、「こんなことを言ったら、どうなるだろう」というように、主節に疑問詞を用いる場合は、タラは用いることができる一方、トやバを用いることはできない。すでに述べたように、疑問と驚きは密接な関係があるようである（注47参照）。ちょうど過去の出来事について、タラを用いて話者の驚きや期待はずれを表す用法は、未来の事柄について疑問詞を用いて表す用法と、発話時点を軸に対称関係にあると思われる。

上記の行動主体の発見を表す用法の連続として、以下のように、タラ節に思考、認識や判断の基準を表す述語を用いる場合に、Ⅳ「判断の根拠」のレベルの節の連接を表すことができる。

(2-227) 考えたら、悪いのは私の方だ。
(2-226) あんな生活と比べたら、一人でいるほうがましだ。

また、～トシタラ、～トナッタラといったような定型的な表現を従属節に用いる場合にも、Ⅳ「判断の根拠」のレベルの節の連接を表せる。

(2-229) 彼が自分を天才だと思っているとしたら、それは大きな間違いだ。

(2-230) 試合に出場するとなったら、徹底的に練習しなければならない。

　また、タラを用いると、従属節の述語が「非未来動」の場合にのみ、やや言いにくいが、以下（2-231）のように、Ⅳ「判断の根拠」を表すことができると思われる。[58]

(2-231) ？もし傷が治っていたら、山田先生の治療がよかったのだ。
(2-232) ＊もし傷が治ったら、山田先生の治療がよかったのだ。[59]

　Ⅴ「発話行為の前提」に関しては、タラ節の述語が「非未来動」の場合に表すことができる。

(2-233)　　クッキーが欲しかったら、棚の中にあるわよ。（非未来動）
(2-234) ＊クッキーを食べたら、棚の中にあるわよ。（動的）
(2-235)　　興味があったら、昨日の朝刊に出てるわよ。（非未来動）
(2-236) ＊興味を持ったら、昨日の朝刊に出てるわよ。（動的）

　しかしながら、タラ節の述語が動的な動詞である場合でも、以下のように、タラをンダッタラのように言い換えると「発話行為の前提」を表せる。[60]

(2-237) クッキーを食べるんだったら、棚の中にあるわよ。

　タラの場合は、ト、バの場合に見られる「はっきり言うと」、「率直に言えば」のような表現はない。しかし、～ト言ッタラ、～トキタラなどの定型的な表現を従属節にとる場合に、主節で驚き、不満などが表れる。[61]

(2-238) あいつの言い分ときたら、まったく、ひどいもんだ。

　以上述べたように、タラはⅢ「働きかけ」の主節までは共起する。しかしながら、Ⅳ「判断の根拠」、Ⅴ「発話行為の前提」レベルの接続は、限られた場合に限る。ト、バと比べると、Ⅲ「働きかけ」レベルの用法を見ても、上記で述べた「行動主体の発見」の用法や定型的な表現を用いる場合においても、タラを用いると話者の気持ちを表現しやすい。

2.8.4　ナラ

　ナラを用いると、Ⅰ「現象描写」は表さず、Ⅱ「判断」、Ⅲ「働きかけ」のレベルは表しにくい。バやタラで言い換えるほうが自然である。[62]　Ⅳ「判断の根拠」、Ⅴ「発話行為の前提」のレベルの節の連接は表せる。[63]　ナラはⅣ「判断の根拠」、Ⅴ「発話行為の前提」のレベル専用の接続表現であると言える。以下、説明する。

ナラ節の述語に動詞を用いると、以下のように一見、Ⅰ「現象描写」、Ⅱ「判断」、Ⅲ「働きかけ」レベルの連接を表すことができるように見える。しかし、ト、バ、タラを用いる場合とは異なっている。

　（2-239）花が咲くなら実がなる。
　（2-240）太郎がアメリカに転勤するなら、家族も一緒に行くにちがいない。
　（2-241）外に出るなら、オーバーを着なさい。

ト、バ、タラ、などを用いると、従属節の内容の事態が、主節の内容としての事態を引き起こすという関係になっている。

　（2-242）花が咲くと、実がなる。
　（2-243）太郎がタイに転勤すれば、家族も一緒に行くにちがいない。
　（2-244）外に出たらオーバーを着なさい。

しかしながら、ナラを用いると、（2-239）、（2-240）、（2-241）に表れているように、ナラ節の内容としての事態が主節の事態を引き起こす、ということを述べているのではない。例えば、（2-239）の場合は、「花が咲く」という事態が「実がなる」という事態を引き起こすという関係ではなく、「花が咲く」ということが本当だったら「実がなる」ということが言える、という関係になっている。（2-240）の場合も、「太郎がタイに転勤する」という事態が「家族も一緒に行く」という事態を引き起こすということを言っているのではなく、「太郎がタイに転勤する」ということが本当だったら、「家族も一緒に行くに違いない」という判断を述べることができる、と言っている。また、（2-241）の例では、「外に出る」ことと「オーバーを着る」ことも、「外に出たら、オーバーを着なさい」のように、「外に出る」という事態が「オーバーを着る」という事態の条件となっているわけではない。（2-241）で述べているのは、「オーバーを着なさい」という発話行為自体が、「外に出る」ということが前提となる状況において、妥当性を持つという関係になっているのである。このように、（2-239）、（2-240）、（2-241）では、従属節の内容を前提として、主節では話者の意見、判断、命令などを述べている。

このような従属節と主節の結びつきは、これまで述べてきたこととの関連から言えば、Ⅳ「判断の根拠」あるいは、Ⅴ「発話行為の前提」レベルのものと言える。このように考えると、ナラを用いて、「事態間レベル」の接続

関係を表すことはできない。[64]

　実際、Sweetser も、英語に関して述べる中で、条件の結びつきについて、興味深い指摘をしている。Sweetser は、条件を表す節の結びつきに関して、特に epistemic domain、speech-act domain（2.3.2 節で述べたように、それぞれ本論のⅣ「判断の根拠」、Ⅴ「発話行為の前提」にほぼ対応する）の場合を以下のように述べている。

　Sweetser（p. 128）は、条件節の接続について、epistemic domain の条件接続には、以下のような関係があると述べる。（　）内は筆者の訳である。

> 'If I *know* that X is true, then I *conclude* that Y.'
> （私に X が真実であるという知識があるとき、Y という結論を導く。）
> Knowledge of the truth of the hypothetical premise expressed in the protasis would be a sufficient condition for concluding the truth of the proposition expressed in the apodosis.
> （従属節で述べられている仮定的前提の内容が真であると知っていれば、それは主節の命題の真実性を結論付けるための十分条件になる。）
> 'If I know [protasis], then I conclude [apodosis].'
> （Protasis の内容を知っているという条件で、こう結論（主節で述べる内容）する。）

また、speech-act domain の接続に関しては、以下のように述べている。(p. 129)

> 'If X is the case, then I present myself as carrying out the speech act represented in the apodosis.'
> （X という状況があるなら、私は後件（条件文の帰結節）で表す発話行為を実行する。）
> 'If [protasis], then let us consider that I perform this speech act.'
> （Protasis が成立する、という条件で、この発話行為（主節そのもの）を行う。）

このような結びつきになっている場合には、epistemic domain あるいは speech-act domain であると述べている。

2.8 条件を表す接続表現

さらに、Sweetser(p. 128)は、'given conditional'について述べている。'given conditional' とは Sweetser は、'Already being accepted as certain in the mind of speaker and addressee'(p. 126)「話者と聞き手の両方で確認されたこと」を条件として述べる場合であるとしている。

そして、'English "given" conditionals are all epistemic or speech-act conditionals.'(p. 128)(英語の 'given' conditionals は、すべて epistemic または speech-act の条件文である)と述べ、以下のような例をあげている。(2-245)と(2-246)は epistemic domain の例であり、(2-247)と(2-248)は speech-act domain の例である。

(2-245) Well, if (as you say) he had lasagna for lunch, he won't want spaghetti for dinner.
(もしあなたの言うとおり彼がお昼にラザニアを食べたのなら、夕飯にスパゲッティはほしくないでしょうね。)

(2-246) If (as they just announced) they're looking for an apartment, they're planning a wedding before long.
(もし彼らが今言ったようにアパートを探しているなら、近いうちに結婚するつもりなのね。)

(2-247) If (as we both know) you were at the party, how's Harry these days?
(パーティーに出ていたのなら(聞くけど)、ハリーは最近どうしてるの。)

(2-248) If you're so smart (as you seem to think), what was the date of Charlemagne's coronation?
(あなた、そんなに頭がいいなら、シャルマーニュの戴冠は何年でしたっけ。)

また、Sweetser は、'content-domain conditionals always remain at least somewhat hypothetical'(content-domain の条件文はどこか仮定的(hypothetical)である)とも述べている。さらに、'a non-given if-clause is necessary in order for a conditional to have a content reading.'('given conditional'ではない if-clause(条件節)は、条件文となるためには content domain の解釈をすることが必要である。)と述べている。

そして、「少なくとも、英語の 'given' 条件文の解釈は speech-act または

epistemic domain にしかない」と述べている。しかも、なぜそうなるか、という理由として、以下のように述べている。

> Why should this be so? My answer is: because we have social reasons to present our own speech acts and conclusions as conditional even when we know or strongly believe the precondition to be true, while we normally have equally strong social reasons not to present real-world events as conditional unless the precondition really is hypothetical (and the resulting event thus still in doubt).
> （自分の発話行為や判断を提示するためには、条件内容が真実であると確信している場合でも、条件文として提示しなければならない社会的な理由がある。一方、それと同じくらいの強い社会的な理由で、現実に起こっていることについて、それが「仮説」（また、結果として生じた事態が未だ不確か）ではない限り、それを条件文では表さないのである。）65

Sweetserの述べていることから察するに、ここで「仮定」(hypothetical)というのは「現実であるか、あるいは現実になるかどうかがわからないとする」ことを表し、「前提」(premise)というのは、「現実であること、あるいは現実になるということを(仮に)真とみなす」ことを表していると思われる。Sweetserが述べていることを要約すれば、条件文の中でも、従属節の内容を「前提」として主節を述べる場合は、epistemic domain か speech-act domain での接続関係しかあり得ない、ということである。すると、日本語のナラはちょうどepistemic domain と、speech-act domain を表す接続表現であると言える。

Sweetser の content domain、epistemic domain、speech-act domain の違いは、ちょうど本論のⅠ「現象描写」、Ⅳ「判断の根拠」、Ⅴ「発話行為の前提」にほぼ対応するとすでに述べた。すると、条件節（従属節）を前提として主節を述べるという関係は epistemic domain であるか、speech-act domain のどちらかである、ということになる。ナラの意味は、(2−245)から(2−248)の例の訳文にも表れているように、従属節の内容を仮定として扱うのではなく、つねに前提とするものである。したがって、ナラは注62で述べた用法を除けば、まさに epistemic domain、speech-act domain、すなわちⅣ「判断の根拠」、

Ⅴ「発話行為の前提」の接続関係を専用に表すものと考えられるのである。

実際に、ナラを用いて、現実に起こったこと、あるいは現実として、習慣的に起こると決まっているような事柄について、事態と事態の結びつきとしては述べることができない。

　　（2-249）　？太郎が来たナラ、花子が行った。
　　（2-250）　＊3時になるナラお茶を飲む。

例えば、（2-249）のように言えば、反実仮想の例（注62参照）としてしか成り立たず、実際に起こった事柄を述べているわけではない。（2-250）は、「3時になるといつもお茶を飲む」というような習慣を表わすものではない。つまり、ナラ節で述べる条件文は、現実の事態を述べることができず、やはりSweetserの言うcontent domainの連接が表せないことになる。

以上述べたことにも表れているように、ナラはⅣ「判断の根拠」のレベルの連接を表すことができる。

　　（2-251）　太郎が毎日喜んで通っているなら、よい塾にちがいない。
　　（2-252）　山田さんが発表するなら、私も学会に行きたい。

（2-251）、（2-252）の例に表れているように、従属節の内容を前提として、主節で判断を述べている。

また、Ⅴ「発話行為の前提」の連接を表すことができる。

　　（2-253）　買い物に行くなら、ついでに牛乳も買ってきて。
　　（2-254）　お昼ご飯を作るなら、冷蔵庫の中に材料があるわよ。

（2-253）、（2-254）の例では、従属節の内容を前提として、主節の発話行為を行っている。

ナラは条件を表す節の連接の中でも、Ⅳ「判断の根拠」とⅤ「発話行為の前提」、すなわち、従属節の内容が主節のモダリティ部分と呼応するという接続関係のために、特に存在する接続表現であると言える。日本語の多様な接続表現の存在意義の一つは、このように、日本語では五つのレベルによって使える接続表現が変わり、使い分けをしていることにある、ということが本論の分析により明解になる。そして、ナラのようにⅣ「判断の根拠」、Ⅴ「発話行為の前提」専用の接続表現が存在することは、本論の主張を強く裏付けている。

2.8.5. 仮定か前提かによる細かい使い分け
2.8.5.1　従属節の述語が動詞の場合

ところで、上記に述べたSweetserの引用をもう一度考えてみると、面白いことがわかる。Sweetserが上記に述べていることを表にまとめると、以下のようになる。

（表2－2）

	content	epistemic	speech-act
前提	−	＋	＋
仮定	＋	？	？

上記の表に示したように、Sweetser は、英語について、epistemic domain および speech-act domain の中に、仮定性を表すものがまったくないかどうかを明確には述べていない。しかしながら、上記に述べた内容、特に 'a non-given if-clause is necessary in order for a conditional to have a content reading.'（条件文がcontent-domain の解釈をとる場合には 'given conditional' ではない if-clause（条件節）が必要である）と述べていて、また 'content-domain conditionals always remain at least somewhat hypothetical.'（content-domain の条件文はどこか仮定的(hypothetical)である）とも述べている。すると、上記に引用した内容を見る限り、「前提ではない場合、すなわち仮定性を含む条件節は、epistemic domain および speech-act domain の条件文ではない」と言っているように解釈できる。

実は、日本語ではタラ、バなどをナラのかわりに用いることによって、Ⅳ「判断の根拠」やⅤ「発話行為の前提」のレベルでも、「仮定性」を表すことができると思われる。本論で、すでに従属節の述語が非未来動の場合に限って、タラ、バを用いてもⅣ「判断の根拠」やⅤ「発話行為の前提」の連接を表せることを述べた。バ、タラ、ナラを用いた場合のⅣ「判断の根拠」の例を以下に比較してみる。（2－255）、（2－256）はやや言いにくいが、まったく言えないわけでもないと思われる。

　　（2－255）？もし（こんど会ったとき）、彼女が指輪をしていたら、彼女は彼と結婚したのだろう。
　　（2－256）？もし（こんど会ったとき）彼女が指輪をしていれば、彼女

は彼と結婚したのだろう。

(2-257) もし彼女が指輪を<u>している</u>なら、彼女は彼と結婚したのだろう。

上記のように、Ⅳ「判断の根拠」（Sweetser の epistemic domain とほぼ同じ）の文を比べてみると、(2-255)、(2-256)の場合、条件節の内容は前提（現実である、あるいは現実となるということを真としている）ではなく、仮定（現実である、あるいは現実となるということはわからない）を表している。一方、(2-257)は「彼女が指輪をしている」ということを真とするという前提を表している。

つまり日本語では、タラ、バをナラのかわりに用いることにより、epistemic domain の連接の場合も条件節の内容が仮定であるか前提であるかを表示することができるのである。

また、Ⅴ「発話行為の前提」（Sweetser の speech-act domain とほぼ同じ）においても、従属節の述語が非未来動（動詞より形容詞の場合が言いやすい）の場合は、バ、タラを用いることができる。以下の例を比較されたい。

(2-258) ［欲しけ／何か食べたけ／？お腹が空いてい／＊食べ］<u>れ</u><u>ば</u>、棚の中にビスケットがあるわよ。

(2-259) ［欲しかっ／何か食べたかっ／？お腹が空いてい／＊食べ］<u>た</u><u>ら</u>、棚の中にビスケットがあるわよ。

(2-260) ［欲しい／何か食べたい／お腹が空いている／食べる］<u>なら</u>、棚の中にビスケットがあるわよ。

(2-261) ＊これからお昼ご飯を作っ<u>たら</u>、冷蔵庫の中にうどんがあるわよ。

(2-262) ＊これからお昼ご飯を作<u>れば</u>、冷蔵庫の中にうどんがあるわよ。

(2-263) これからお昼ご飯を作る<u>なら</u>、冷蔵庫の中にうどんがあるわよ。

バ、タラを用いた(2-258)、(2-259)の例では従属節の内容は「仮定」を表している。一方、ナラを用いた(2-260)、(2-263)の例では従属節の内容は「前提」を表している。

このように、日本語では、Ⅳ「判断の根拠」、Ⅴ「発話行為の前提」においても、バ、タラを用いるか、ナラを用いるかによって、従属節の内容が「仮定」であるか、「前提」であるかを表現し分けることができる。

一方、英語の場合は、Sweetser が(2-245)から(2-248)の例で（　）を用

いて説明しなければ表せなかったように、従属節の内容が「仮定」であるか「前提」であるかを表現し分けるような特別な表現方法はないようである。以下、(2-245)と(2-246)を再度あげる。

(2-245) Well, if (as you say) he had lasagna for lunch, he won't want spaghetti for dinner.
（もしあなたの言うとおり彼がお昼にラザニアを食べたのなら、夕飯にスパゲッティはほしくないでしょうね。）

(2-246) If (as they just announced) they're looking for an apartment, they're planning a wedding before long.
（もし彼らが今言ったようにアパートを探しているなら、近いうちに結婚するつもりなのね。）

すなわち、日本語では、Sweetser が述べている英語の場合よりもさらにきめ細かく、接続表現によって、従属節の内容の意味の違いを表せるということになる。

以上のように、従属節の述語が「非未来動」である場合に限って、日本語では epistemic-domain の中でも、speech-act domain の中でも、ナラを用いるかわりに、バ、タラを用いることによって、条件節の内容が前提であるか、仮定であるかを表すことができる。

2.8.5.2 従属節の述語が形容動詞、名詞、形容詞の場合

また、細かく述べると、ナラ節の述語に形容動詞、名詞を用いる場合は、以下のように従属節の内容を仮定（現実であるかどうかわからないこと）として表せる。形容動詞、名詞を述語に用いると、タラ、バを用いる場合に、ダッタラ、デアレバという形になる。つまり、ナラ、ダッタラ、デアレバが同様の意味を表すと考えると、ナラはダッタラ、デアレバのように仮定を表すと言える。[66] 以下のような場合である。しかしながら、形容詞を用いると、「形容詞＋ナラ」の形では、仮定的な内容は表せない。バの形を用いなければならない。

(2-264) もしそこが便利［なら／だったら／であれば］引っ越してもいい。

(2-265) こんど来るお手伝いさん、優しい人［なら／だったら／（？であれば）］いいなあ。

(2-266) もし、彼がいい人［なら／だったら／であれば］会ってみてもいい。

(2-267) もし彼が言っていることが本当［なら／だったら／であれば］もうすぐ大地震が起こるだろう。

(2-264)から(2-267)の従属節の内容は、文脈によっては「前提」にも「仮定」にもなりうると思われる。

また、形容詞を用いた場合の例は以下のようになる。

(2-268) ？もしその映画が面白いなら観に行きたい。

(2-269) 　その映画が面白いなら観に行きたい。

(2-270) 　その映画が面白ければ観に行きたい。

ナラを用いると、(2-268)のように「もし」というような「仮定」を表す表現はやや使いにくいと思われる。(2-269)の場合は、「その映画が面白い」ということが真であることを前提として、(2-270)の場合は「その映画が面白い」ということを仮定として、それぞれナラとバで言い表せると思われる。

以上に述べたように、ト、バ、タラ、ナラは五つのレベルに関して、使えるレベルに違いがある。また、その違いを明らかにするために、「動的」に対し「非未来動」という分類は有効のようである。

以上、図2-2で表した内容を順番に説明した。図2-2、および表2-1に示したように、五つのレベルの違いに応じて、日本語には接続表現を使い分けるシステムがある。また、ナラなどの例外はあるが、一般にⅠからⅤ（図の右方向）に向かうに従って、制限が強くなり、そのレベルの連接を表せる接続表現が少なくなるようである。また、同じレベルで複数の接続表現が使える場合でも、接続表現の違いによって、表す内容に違いがあることも一部示した。

2.9　従属節の述部の形態

述語の形態で全てが推測できるわけではないが、従属節の述部の形態の可能性は節の連接を考える上で、大まかな基準となる。ナラ、カラ、ガ・ケレドなど、本論でⅠからⅤの全てのレベルの連接を表せる接続表現は直前に動詞のル形、タ形ともに接続可能である。しかし例えば、ト、バ、タラなどは、直前に動詞のル形、タ形のどちらか、あるいはどちらとも接続しない。このことは、ナラ、カラ、ガ・ケレド節は、主節とは独立したテンスを表せる一

方、ト、バ、タラ、テモ節などは、つねにテンスは主節に依存することを表す。

　例えば、中右(1994a)の階層意味論モデルでは、おおまかに言って、テンス、真偽判断のモダリティなどを含み得るかによって、文(あるいは節)のレベルが変わる。アスペクトだけ入り、テンスも真偽判断も入らない節はPROP^2(拡大命題)、アスペクトとテンスは入るが、その命題が肯定か否定かの区別(ポラリティ)を表せない節はPROP^3(中立命題)、アスペクもとテンスも入り、その命題が肯定か否定かの区別(ポラリティ)も表わせるが、真偽判断が入らない節はPROP^4(全体命題)、そこにSモダリティ(命題態度)が加わった場合がその上のM(S)^1(構文意味)のレベル、さらにDモダリティ(発話態度)が加わった場合がもっとも上位のM(S)^2「発話意味」のレベルである。

　本論で扱った接続表現について、中右のモデルに当てはめると、ナラ、カラ、ガ・ケレド節には、テンスも真偽判断のモダリティも入るので、もっとも文らしさのレベルが高いということになる。ナラ、カラ、ガ・ケレド節は文らしさのレベルが高いゆえに、本論で述べたように、主節との共起関係において、もっとも広範なモダリティのレベルを表せると考えられる。このように、従属節の述部の形態の可能性、従属節にどのようなモダリティが入るかといった点は、従属節の性質を考える上でも、重要な観点となる。

　ちなみに、本論で扱った接続表現について、アスペクト、テンス、ポラリティ、真偽判断のモダリティなどが従属節の述部に現れるかどうかについて、以下表2-3にまとめる。テンス、アスペクト、モダリティの定義などについてもさまざまな考え方があると思われるが、本論で触れた部分もあるので、ここでは詳細は述べず、おおまかな傾向として、表を提示するにとどめる。表2-3と、すでにあげた表2-1を比べると、表2-3で＋の多いものほど、表2-1においても高いレベル(より右の方)まで表すことができる傾向にあると言える。

(表2-3) 従属節内で表せるもの

		アスペクト	テンス	ポラリティ	モダリティ
原因・理由	タメ(ニ)	+	△	△	−
	ノデ	+	+	+	△
	カラ	+	+	+	+
逆接	ナガラ	+	−	−	−
	ニモカカワラズ	+	+	+	−
	ノニ	+	+	+	△
	ガ・ケレド	+	+	+	+
条件	ト	+	△	△	−
	バ	+	−	−	△
	タラ	+	△	△	△
	ナラ	+	+	+	△

2.10 まとめ

　これまで、日本語において、接続表現に関する論考は数多あった。また、接続表現と主節のモダリティとの関係についても多くの論考があった。しかしながら、個別的な指摘は多かったものの、接続表現全体を見渡す論考は少なかったと思う。本論では、主節の表すモダリティ、および接続関係が表す認知領域の違いによって、五つのレベルを設定し、日本語では、そのレベルの違いによって使える接続表現自体が変わり、さらにそれが条件、原因・理由、逆接などの異なる接続表現のグループを通じて、システマティックに見られる現象であることを述べた。

第 3 章　ノダの思考プロセス

3.1　ねらい

　この章では、ノダというモダリティについて述べる。これまで、ノダというモダリティは一つの文、あるいは前後の文とのかかわりについて考察されてきた。しかしながら、本論では、ノダを「1. 認識→ 2. 疑問→ 3. 推察→ 4. 答え」という人間の思考のプロセスに沿って出現するものであると捉える。特に「2. 疑問」の持ち方は第 2 章で述べた「五つのレベル」の違いとも関係が深い。

　第 2 章では、五つのレベルを提示したが、第 3 章の議論では、五つに分けるほどの細かい違いは見られない。おおまかに、Ⅰ「現象描写」、Ⅳ「判断の根拠」のレベル、Ⅴ「発話行為の前提」の三つのレベルに関係が深いと考えられる。

　「2. 疑問」の持ち方との関係を述べれば、現象そのものを把握するレベルはⅠ「現象描写」に対応する。また、ある現象について「そのことが一体どういう意味があるのか」、あるいは「なぜ」その事態が発生したのかを問うレベルは、Ⅳ「判断の根拠」のレベルに対応する。また、他人あるいは話者自身の発話や思考に関して、「なぜそんなことを<u>言うのか</u>」あるいは「なぜそのように<u>思うのか</u>」という問いは、Ⅴ「発話行為の前提」のレベルに対応する。こういった疑問のあり方の違いがノダの解釈にかかわっている。

　これまで、ノダについては多くの研究がある。そして、ノダは「説明」を表すものとする意見も多い。[1] しかしながら、そういった論考の積み重ねにもかかわらず、ノダの正体については、未だに解明されていない点が多い。特に、さまざまな用法が何を意味しているのか、あるいはノダのさまざまな用法に一貫した法則性は何であるか、という点に関しては、統一の見解はなく、未解決のままであった。

　本論は、ノダのさまざまな用法の背景にある原理を究明することを目的とする。いわば、さまざまな角度から部分的にとらえられてきた多くの現象を

手がかりに、それらを結ぶノダの原理を描きだすことを目的とする。本論ではノダを人間の認知、思考のプロセスの段階を示す印であると考える。

　本論は、ノダの分析に関するこれまでのさまざまな意見を統一的に説明することを提案するものである。本論で主張することは、以下の点である。

(a) ノダの様々な用法の背景には、人間の「思考プロセス」がある。その「思考プロセス」とは、以下のようなものである。
「1. 認識→2. 疑問→3. 推察→4. 答え」

(b) この「思考プロセス」とは、必ずしもすべて文や発話に表れるとは限らない。しかし、ノダ文が出現する際には、「思考プロセス」を想定することができる。

(c) 「1. 認識→2. 疑問→3. 推察→4. 答え」というプロセスは、何回も連鎖することができる。

(d) 「1. 認識→2. 疑問→3. 推察→4. 答え」というプロセスにおける「2. 疑問」のあり方によって、その「思考プロセス」にはレベルの違いもある。また、その「2. 疑問」のあり方は、第2章で述べた命題とモダリティとの関係に深く関わっている。

(e) ノダ文が出現するにはプロトタイプの条件があり、そのプロトタイプに近いほどノダ文が出る。一方、プロトタイプから離れるほどノダ文は出にくい。

(f) 本論の考え方を用いると、ノダ文の出現に関し、単文から談話レベルまで統一的に分析することができる。

　また、本稿では、ノダの用法を考察するには、その先行する文脈を充分に示す必要があることを示す。残念ながら、先行研究の多くがあげている例文では、先行する文脈の提示が不十分であった。先行研究における考察の弱点は、考察した先行文脈が短かすぎたということであろう。

　先行研究ではノダとンダをしばしば同じものとして扱っている。しかしながら、これらの一部でしか表せない用法もあり、まったく同じであるとは言い切れない。[2] また、丁寧体と普通体によって、用法も異なる、という報告もある。(例えば、岡部:1994参照。)本論は、言語学の研究方法として、形式の違いがあれば、意味の違いがあると考えるのが作業仮説としては当然であるという立場をとる。しかしながら、本論で提案するモデルに関しては、ノダ、ンダの違いおよび文体における違いがあるかどうか注意深く観察して

みたが、現在のところ違いが見つかっていない。したがって、以下ではノダとンダおよび丁寧体と普通体を区別せずに論ずることにする。

なお、本論ではノダッタのようにノダのダが過去形になる形は扱っていないが、本論の考察を応用することができると思われる。

本章の構成は以下の通りである。3.2 節では先行研究についておおまかに述べる。3.3 節と 3.4 節では、筆者の考える認知、思考のプロセスを説明する。ノダは、人間が認識し、疑問を持ち、推測し、判断する、あるいは結論づけるという基本的な思考のプロセスを言語として表す場合に用いると考えられる。本論ではこのプロセスを「ノダの思考プロセス」と呼ぶ。また「ノダの思考プロセス」が一巡する場合、およびそれが連鎖する場合の両方を「ノダのサイクル」と呼ぶ。また、ここでは、ノダのバリエーションとして、ノカ、ノダロウなどの形をとる場合も含めて、「ノダの思考プロセス」および「ノダのサイクル」を述べる。そして、第 3.5 節では、「ノダの思考プロセス」および「ノダのサイクル」を応用することによって、先行研究では説明することができなかったいくつかの問題を統一的に分析する。3.5.1 節、3.5.2 節では、ノダの用法の分類に関する先行研究の例として益岡(2001)、奥田(1990)をあげ、そういった用法の分類が、本論の「ノダの思考プロセス」、「ノダのサイクル」によってどのように説明できるかを示す。3.5.3 節、3.5.4 節、3.5.5 節では、先行研究の中であまり明確な説明がなかった事柄について考察する。3.5.3 節では、ノダを単独で用いる場合、3.5.4 節では、3人称の感情を述べる場合、3.5.5 節では、談話の中で、ノダが突然出てくるように見える現象について、それぞれ述べる。3.5.6 節では、ノダが従属節に現れる場合として、ノダカラという形について述べる。3.5.7 節では、ノダのサイクルの考え方の有効性を日本語教育の教科書の一例を用いて説明する。3.6 節では、談話の中に「ノダの思考プロセス」のメタファーがあることを示す。この視点は、先行研究ではまったく見落とされていた。3.7 節では名詞述語文の場合を、3.8 節ではノダを使いにくい場合を述べる。3.9 節では、本論の一般言語学的意義を述べる。3.10 節は、まとめである。

3.2 先行研究

これまで、ノダについては多くの研究があり、さまざまな分析がある。[3]ノダの働きについては、「既定の事柄を表す」(三上 1953、佐治 1991、野田

1997など)という見方がある。また「説明を表す」(金田一1955、Alfonso 1966、Kuno 1973、寺村1984、奥田1990、菊地2000など)という捉え方も広く見られる。「背景の事情を表す」という意見(田野村1990、1993など)や、「既成命題に言語主体の主観的態度を加えて表現する手段」(メイナード1997)といった意見もある。また、説明と判断の両方を表す(益岡2001b)という考え方もある。認知語用論の観点からノダを分析しようとする試みもある(名嶋2002)。

しかしながら、いずれの場合にも、ノダを「思考のプロセス」という観点から位置づけたものはない。本論では、ノダを「認知、思考のプロセスおよびサイクルを表す印」としてとらえ、「既定の事柄を表す」とか、「説明を表す」といった意見も、そのプロセス、サイクルの一面を表しているにすぎないということを述べる。

これまでにも、本論が述べる「思考プロセス」の考え方に、方向的には近いことを述べた先行研究もいくらかはある。

三尾(1948：84)は、ノダ文が、現象について疑問を持ち、判断を下す場合に表れることを示している。(注18参照。)しかしながら、本論のような「思考プロセス」というものを提案したわけではない。

例えば、益岡(1991：140)は、ノダを「説明」を表すという立場から、「「被説明項」と「説明項」が直接につながると見るのではなく、両項が「課題の設定」と呼ぶものを介して、間接的に関係づけられる」ということを述べている。益岡の、「課題設定と文脈」による考え方、すなわちノダ文が何らかの「課題設定」によって出現する、という考え方は本論とも方向的には近いものと考えられる。また、益岡は、その「課題設定」が文脈に表れる場合(「明示的文脈に基づく課題設定」)と表れない場合(「非明示的文脈に基づく課題設定」)があるということを述べている。そのことも、本論の主張と一部重なるものである。

しかしながら、益岡は、本論でこれから述べるような「思考プロセス」という枠組みを提示しているわけではない。またその「思考プロセス」においても段階的な違いがある、といったことも述べてはいない。また、益岡のその後の研究(益岡：2001bなど)をみても、「課題設定」、「明示的文脈に基づく課題設定」や「非明示的文脈に基づく課題設定」といったことについて、それ以上の発展はなく、ノダとのかかわりにおいてもそれらとの関係は特に

明記されていない。

　また、菊地(2000:29)は、ノダの基本的な用法を「①話し手と聞き手とが、ある知識・状況を共有していて、②それに関連することで、話し手・聞き手のうち一方だけが知っている付加的な情報があるという場合に、その一方だけが知っている付加的な情報を他方に提示するときの言い方が「のだ(んです)」（その提示を求めるときの言い方が「のか(んですか)」）である」と定義し、話者同士の共通の認識とそれについてのお互いの情報のやりとりに注目している。菊地の主張を、何らかの「認識」を出発点にして、話者同士があるプロセスに沿って情報交換をする、というように解釈すれば、一部本論の主張にも共通な部分がある。しかしながら、菊地の考察も、菊地が定義したような状況の場合にノダ文が現れるということを指摘したものの、なぜそのような場合にノダ文が現れるのかという点については、一切考察がない。やはり、本論のような「思考プロセス」の原理を追及したものではない。

　こういった先行研究との違いは、本論の関連する箇所で改めて指摘する。

3.3　ノダの思考プロセス

　本論で述べる、ノダの「思考プロセス」とはどのようなものであるか、本3.3節では以下のことを述べる。

(a) ノダの様々な用法の背景には、人間の「思考プロセス」がある。その「思考プロセス」とは、以下のようなものである。
「1. 認識→ 2. 疑問→ 3. 推察→ 4. 答え」

(b) この「思考プロセス」とは、必ずしもすべて文や発話に表れるとは限らない。しかし、ノダ文が出現する際には、「思考プロセス」を想定することができる。

(c) 「1. 認識→ 2. 疑問→ 3. 推察→ 4. 答え」というプロセスは、何回も連鎖することができる。また、疑問のあり方によって、その「思考プロセス」にはレベルの違いもある。

(d) 「1. 認識→ 2. 疑問→ 3. 推察→ 4. 答え」というプロセスの「2. 疑問」のあり方によって、その「思考プロセス」にはレベルの違いもある。また、その「2. 疑問」のあり方は、第2章で述べた命題とモダリティとの関係に深く関わっている。

(e) ノダ文が出現するにはプロトタイプの条件があり、そのプロトタイ

プに近いほどノダ文が出る。一方、プロトタイプから離れるほどノダ文は出にくい。

　ここでは、ノダの「思考プロセス」とはどのようなものか、簡単に説明する。ノダが出現する例として、以下の例文を参照されたい。

　　(3−1)　A: 昨日、練習休んだね。［1. 認識］
　　　　　　　どうしたの？［2. 疑問］
　　　　　　　また、さぼったの？［3. 推察］
　　　　　　B: お腹が痛かった<u>ん</u>だよ。［4. 答え］
　　(3−2)　あれ、外でみんなの声がする。［1. 認識］
　　　　　　日曜日の朝なのに、どうしてだろう。［2. 疑問］
　　　　　　何かあるのかな。［3. 推察］
　　　　　　あっ、今日は町内会でゴミ拾いをする<u>ん</u>だった。［4. 答え］

上記の例(3−1)と(3−2)には、共通のプロセスがある。つまり、1. 何かを認識し、2. 認識した事柄について疑問をもち、3. その疑問の答えを推察し、4. 答えを出す、というプロセスである。「1. 認識→ 2. 疑問→ 3. 推察→ 4. 答え」という思考のプロセスが表れている。(3−1)は会話の例であり、(3−2)は独話の例である。会話、独話という違いにかかわらず、四つのプロセスが表れている。このように、四つのプロセスが言葉として表れる場合もある。だが、プロセスの一部が言語化されない場合もある。以下の例を参照されたい。

　　(3−3)　あれ、何の音だろう。ああ、雨が降っているんだ。
　　(3−4)　弁護士：あなたは、ずっとご主人に暴行されていたのに、それ
　　　　　　　　　　を誰にも言わなかった。どうしてなの？
　　　　　　女性：恥ずかしかったんです。　　　　　　（ドラマ：一年半）

(3−3)では、話者が音に気が付き、その音の正体について「何の音だろう」と考える。その後で、雨が降っていることに気が付く。(3−4)では、弁護士は依頼人のとった行動を指摘し、それについて「なぜか」という疑問を問いかける。その疑問に対して、依頼人の女性は、「恥ずかしかったのだ」という答えを与える。

　1. から 4. のプロセスは、(3−3)と(3−4)の中で以下のようになっている。文面に表れていないプロセスを補うと以下のようになる。

　　(3−3)'　(何らかの音)［1. 認識］→あれ、何の音だろう。［2. 疑問→ 3.

3.3 ノダの思考プロセス

　　　　　察]→ああ雨が降っているんだ。[4.答え]。
　(3-4)' 弁護士：あなたは、ずっとご主人に暴行されていたのに、それ
　　　　　　　　を誰にも言わなかった [1.認識]。どうしてなの？ [2.
　　　　　　　　疑問→3.推察]
　　　　　女性：恥ずかしかったんです [4.答え]。

これらの例では、「2.疑問」と「3.推察」のプロセスは、一緒になってしまっている。思考のプロセスとしては分かれていると考えられるが、このように、「2.疑問」と「3.推察」のプロセスは文としては一緒になることも多い。
　このように、(3-1)から、(3-4)を見ると、ノダという形が、「1.認識→2.疑問→3.推察→4.答え」に沿って出現することがわかる。(3-1)から(3-4)では、「何だろう」、「どうして」といった疑問が言葉に表れていた。しかしながら、こういった疑問が文面に表れない場合もある。以下の例を見る。

　(3-5) 通商産業省の基本方針に掲げる新エネルギー利用等の導入目標
　　　　では、2010年度に合計で1910万klを目指しており、現在の約3
　　　　倍程度の供給を行おうとしているが、それでも一次エネルギー総供給
　　　　のわずか3.1％に過ぎない。日本ではそれほど一次エネルギーに依
　　　　存していて、日常多くのエネルギーを消費しているのである。(日経)

(3-5)の場合は、はじめの文とノダ文の間に、「これは何を意味するか」といった疑問が存在すると考えると、その疑問に対する答えをノダ文で述べていることがわかる。文面に表れないプロセスを補うと、以下のようになる。

　(3-5)' 通商産業省の基本方針に掲げる新エネルギー利用等の導入目標
　　　　では、2010年度に合計で1910万klを目指しており、現在の約3
　　　　倍程度の供給を行おうとしているが、それでも一次エネルギー総供
　　　　給のわずか3.1％に過ぎない [1.認識]。→ [これは何を意味するか
　　　　2.疑問→3.推察] →日本ではそれほど一次エネルギーに依存して
　　　　いて、日常多くのエネルギーを消費しているのである。[4.答え]

以上、(3-1)では会話、(3-2)、(3-3)では独話、(3-4)ではドラマの会話、(3-5)では論文調の雑誌記事を扱っているが、独話、会話、論説といった違いがあるにもかかわらず、ノダの出現には共通のプロセスが関与している。すでに述べたように、「1.認識→2.疑問→3.推察→4.答え」というプロセスである。このプロセスは、人間の自然な思考のプロセスと言える。
　なお、この「1.認識→2.疑問→3.推察→4.答え」というプロセスは、(3

75

−1)から(3−5)の例のように、瞬間的な思考ややり取りの中だけに表れるとは限らない。長い時間をかけてプロセスが進展することもある。本章3.6節でも、談話の構成にこの思考のプロセスが表れる場合を示すが、そこにあげる例よりもさらに長いものもある。例えば、いわゆる推理小説の進行には、まさに1.から4.の思考のプロセスが見られる。小説のはじめのほうで事件が起きる。その後、主人公の探偵や刑事などがずっと事件について、「誰が」、「どのように」、「なぜ」といった疑問を持ち続け、推察、推理を巡らし、問題をひとつひとつ解決して行って最後に事件の全貌と犯人を突き止める。実際に、主人公などが事件のからくりをひとつひとつ解明したり、事件の全貌を解明したときに、答えをノダ文で述べることが多い。事件が発生して疑問を持ち始めたときから、答えを出す時点までに、どんなに長い年月を要したとしても、1.から4.の思考のプロセスであることには変わりがない。(例えば、松本清張『点と線』の13章(最終章)などを参照されたい。一部は第4章の例(4−4)に示す。)

また、すでに述べたように、(3−3)、(3−4)のような例の場合には、「2. 疑問」、「3. 推察」のプロセスがほぼ一つのもののように表れることも多い。しかしながら、上記に述べた推理小説の例のように、時間的に長いプロセスのある場合などは、一つの疑問に関してさまざまな推察、推理を行うわけで、その推察のプロセスを経て答えに至ると考えられる。したがって、「思考プロセス」としては、「2. 疑問」、「3. 推察」を理論的モデルとして分けておく。やはり「2. 疑問」、「3. 推察」のプロセスを分けて考えておいたほうが、文法現象を見る上で都合がよいと思われる。

3.4 ノダのサイクルの実現

以上、簡単に思考プロセスを見た。しかし、実は「1. 認識」のプロセスにおいて、何を認識したかという対象の違いにより、ノダ文との関係が多少異なる。ここでは、上記の考察に基づき、「1. 認識→2. 疑問→3. 推察→4. 答え」というプロセスを三つのモデルに関して、見ることにする。まず、何らかの物体を認識した場合のモデル、何らかの現象を認識した場合のモデル、何らかの言語を認識した場合のモデルという三つのモデルについて考察する。

また、「1. 認識→2. 疑問→3. 推察→4. 答え」という思考プロセスをひとサイクルとすると、このサイクルは何度も連鎖することができる。また、そ

3.4 ノダのサイクルの実現

のサイクルには、レベルの違いがある。ここでは、サイクルのレベルを以下の三つに分ける。なお、そういったレベルの違いを表すために、プロセスの番号を(i)、(ii)などのように、ローマ数字を用いて表すことにする。

(a) 一次的レベル：物体、現象などの正体あるいは言語内容などを、言葉として正確に言い表すレベル。　　　　　((i)から(iv))
(b) 二次的レベル：現象、言語内容を認識して、そのことについて「なぜそういう状況になったか／これはどういうことか」といった疑問について答えを求めるレベル。言語の認識のモデルの場合は、「なぜそんなことを言うのか」という疑問になることもある。　　((v)から(viii))
(c) 三次的レベル：二次的レベルで得た答えについて、さらに「そのことは何を意味するか」といった疑問から、さらなる判断、答えを述べるレベル。言語の認識のモデルの場合は、「なぜそんなことを言うのか」という疑問になることもある。　　((ix)から(xii))

以下、三つのモデルについて、一次的レベルの思考プロセスが一巡して、二次的レベルの思考プロセスに連鎖する場合について考える。

3.4.1 物体の認識

まず、もっとも簡単な、何らかの物体を認識して、それが何であるか判断するプロセスを考える。(3-6)は例としてあげる。

〔1〕物体の認識　(その1)：一次的レベル
　　(i) 物体がある。　　　　　　　　　　　　　　(物体、現実認識)
　　(ii) これは何だろう？／これは何か？　　　　　(疑問)
　　(iii) …か(な)？／…だろうか？　　　　　　　(推察)
　　(iv) …だ。　　　　　　　　　　　　　　　　(答え)

(3-6)：(i) 何かある。
　　　(ii) これは何だろう。
　　　(iii) くだものだろうか。
　　　(iv) りんごだ。

〔1〕の(その1)は、何らかの物体を見て、「これは何か」という疑問をもち、その正体を推察し、判断するというプロセスである。〔1〕の(i)から(iv)が、一

77

次的レベルの「(i)認識→(ii)疑問→(iii)推察→(iv)答え」のプロセスを表しているとすると、〔1〕物体の認識の場合、ノダが登場するのは、次のサイクルからである。次の二次的レベルとは、ある内容、命題全体に対して、その事実が一体「何を意味するか」といった推察を行うサイクルである。「何を意味するか」あるいは「なぜ、どうして(何の目的で、どのような理由で)」という問いは、そのレベルの代表とも言える。

また、ここで重要なことは、「何を意味するか」という疑問から推察すればノダ文は「帰結」を表すことがあり、「なぜ、どうして」という疑問から推察すれば、ノダ文は「背景の事情」を表すことがある。この点についてはのちに詳述する。

以下、〔1〕の続きとして、二次的レベルの「思考プロセス」(v)から(viii)を示す。例として、(3-7)、(3-8)をあげる。

　　〔1〕の続き：物体の認識(その2)：二次的レベル
　　　　(v)…という現実がある。　　　　　　　　(現象、現実認識)
　　　　(vi)これは何を意味するか？／
　　　　　　どうしてこの現実があるのだろうか？　　(疑問)
　　　　(vii)…のか(な)？／…のだろうか？　　　　(推察)
　　　　(viii)…のだ。　　　　　　　　　　　　　　(答え)

(3-7)　(v)これはりんごだ。
　　　　(vi)このことは何を意味するか。
　　　　(vii)さっき見た木はリンゴの木だったのだろうか。[4]
　　　　(viii)ここでは、りんごが育つのだ。

(3-8)　(v)(ここに)りんごがある。
　　　　(vi)なぜりんごが(ここに)あるのだろうか。
　　　　(vii)誰かが落として行ったのだろうか。
　　　　(viii)太郎が落として行ったのだ。

〔1〕(その1)は、何らかの物体を見て、その正体を推察し、判断するというサイクルであった。〔1〕の続き(その2)は、(3-7)、(3-8)のように、「これはりんごだ」あるいは「りんごがある」といった認識からサイクルが始まる。言い換えれば、(v)のプロセスでは「これはりんごだ／りんごがある」という新たな命題認識からサイクルが出発すると言える。この二次的レベルのサイクルは「これはりんごだ」、「りんごがある」という事態から、「この事

実が何を意味するか」、「なぜここにりんごがあるのか」という疑問から推察をめぐらし、答えを述べるというプロセスを表している。

また、(3-7)を見ると、「この事実が何を意味するか」といった疑問から推察すれば、ノダ文は「背景の事情」というよりも、「帰結」を表す場合があり、(3-8)のように「なぜここにりんごがあるのか」といった疑問から推察すれば、ノダ文は「背景の事情」を表す場合があることがわかる。

3.4.2 現象の認識

次に、単なる物体ではなく、何らかの現象を認識した場合を示す。この場合も、上記の〔1〕(その1)と〔1〕の続き(その2)に示したような二つのレベルについて考えてみる。まず、一次的レベルでは、何らかの物理的、感覚的な気づきがあり、気づきを起こさせた現象の正体を推察し、答えを出す((i)から(iv))。二次的レベルでは、そのような状況が「何を意味するのか」あるいは「なぜそのような状況になったのか」といった命題全体に対する疑問、推察に対して答えを求める((v)から(viii))。例を(3-9)に示す。

〔2〕現象の認識

一次的レベル　(i)何らかの物理的、感覚的な気づきがある。

　　　　　　　　　　　　　　　　　　　　　　　(現象、現実認識)

　　　　　　(ii)何だろう？　　　　　　　　　　　　(疑問)

　　　　　　(iii)・・・のか(な)？／・・・のだろうか？　(推察)

　　　　　　(iv)現象の正体を判断する。　　　　　　(答え)

二次的レベル　(v)判断した状況を認識する。　(現象、現実認識)

　　　　　　(vi)これは何を意味するのか？／

　　　　　　　なぜこんなことがあるのだろう？　　(疑問)

　　　　　　(vii)・・・のか(な)？／・・・のだろうか？　(推察)

　　　　　　(viii)・・・こういうことなのだ。　　　　(答え)

(3-9)　一次的レベル　(i)(何かいつもと違う。)つめたい。

　　　　　　　　　　(ii)何だろう。

　　　　　　　　　　(iii)濡れているのか。

　　　　　　　　　　(iv)地面が濡れているのだ。

　　　　　二次的レベル　(v)地面が濡れている。

　　　　　　　　　　(vi)これは何を意味するか。／

　　　　　　　　なぜ地面が濡れているのだろうか。
　　　　　　(vii)誰かが水をまいたのだろうか。
　　　　　　(viii)夕べ、雨が降ったのだ。
〔2〕現象の認識が〔1〕物体の認識と異なるのは、(3-9)に表れているように、(iii)のプロセスで「ノ」が現れることである。つまり、これが物体を認識した場合と現象を認識して言語化する場合との違いである。実は現象を認識する場合は、〔1〕の場合と比べると、例えば、(3-9)であれば対象となる物体が「地面」であるということを認識した上で、(i)のプロセスが始まるという関係にある。したがって、現象の認識の場合は〔1〕で示したような思考プロセスをすでに前提としていると言える。このことが、「ノ」がどのプロセスで出現するかにかかわっていると思われる。

　さらに、〔2〕は、認識した現象についての「原因」、「背景」だけではなく、実際に目の前で起こっていること、これから起こることを予測する場合にも当てはまる。以下に例をあげる。

　　(3-10)　一次的レベル　(i)誰かが何かをしている。　　（現象、現実認識）
　　　　　　　　　　　　　(ii)何だろう。　　　　　　　　（疑問）
　　　　　　　　　　　　　(iii)子供がドアを叩いているのか。　（推察）
　　　　　　　　　　　　　(iv)子供がドアを開けようとしているのだ。（答え）
　　　　　　二次的レベル　(v)子供がドアを開けようとしている。
　　　　　　　　　　　　　　　　　　　　　　　　　　　　（現象、現実認識）
　　　　　　　　　　　　　(vi)これは何を意味するか。／
　　　　　　　　　　　　　なぜドアを開けようとしているのだろうか。
　　　　　　　　　　　　　　　　　　　　　　　　　　　　（疑問）
　　　　　　　　　　　　　(vii)ドアをおもちゃにしているのだろうか。（推察）
　　　　　　　　　　　　　(viii)この子は外に出ようとしているのだ。／
　　　　　　　　　　　　　この子は外に出たいのだ。　　　（答え）

〔2〕は何らかの現象を見て、その「原因」、「背景」あるいは、「今後の成り行き」を推察し、答えを述べるまでのプロセスである。このサイクルの前提には、例えば「子供」、「ドア」などというものの正体を判断する〔1〕の(i)から(iv)のような思考プロセスも話者の頭の中ではすでに経ていると考えられる。

3.4.3 言語の認識

　次に、何らかの言語を認識した場合を示す。実は、何らかの「言語」を認識する場合は、そもそも、ある音なり、声なり、記号なりを見て、「言語なのだ」と気づく段階がある。この段階は、文字であればちょうど〔1〕の物体の正体を認識する(i)から(iv)のプロセスであるし、音の連続のような現象であれば、〔2〕の現象を認識する(i)から(iv)のプロセスと同じであると考えられる。以下、〔3〕として述べるのは、すでに「言語である」ということはわかってからの段階である。

　さて、この場合、〔2〕と同様に二つのレベルのサイクルについて考えてみる。まず、一次的レベルでは、言っている内容を正しく判断しようとする。また、二次的レベルでは、言語内容そのものは理解した上で、その内容に関する推察と判断を行う。また、この内容に関する推察と判断を行うレベルでは、さらに二つの方向性が考えられる。一つ((vi)-1)は、言語内容に関して、「これは何を意味するか」、「なぜこのようなことになったか」といった疑問から推察し、答えを求める方向である。また、もう一つ((vi)-2)は、そのような言葉を発すること、すなわち発話行為自体に対して「なぜこんなことを言うのか」という疑問から推察し、答えを求める方向である。[5] こういった、疑問のあり方の違いがどのような意味を持つかについては、この節の終わりで説明する。また、これらの二つの方向の境界は、どちらとも分かち難い場合もある。

　〔3〕言語の認識
　一次的レベル　(i)言語を認識する。　　　　　　　　　　　　（言語認識）
　　　　　　　　(ii)何と言っているのだろう。　　　　　　　　（疑問）
　　　　　　　　(iii)・・・と言っているのか(な)？／
　　　　　　　　　　・・・と言っているのだろうか？　　　　（推察）
　　　　　　　　(iv)・・・と言っているのだ。　　　　　　　　（答え）
　二次的レベル　(v)言語内容を認識する。　　　　　　　　（言語内容認識）
　　　　　　　　(vi)-1　このことは何を意味するのか？／
　　　　　　　　　　　どうしてこんなことになったのだろう？　（疑問）
　　　　　　　　　　　　　　　（言語内容自体に関する問い）
　　　　　　　　(vi)-2　どうしてこんなことを言うのだろう？　（疑問）
　　　　　　　　　　　（そのようなことを「言う」こと自体に対する問い）

　　　　　　　(vii)・・・のか(な)？／・・・のだろうか？　　　　　　(推察)
　　　　　　　(viii)・・・なのだ。　　　　　　　　　　　　　　　　　(答え)
言語の認識では、よく聞き取れない場合、あるいは慣れていない言語を見聞きしたような場合に、ノダのサイクルの(i)から(iv)の段階が適合する。例をあげる。
　　(3-11)　一次的レベル　(i) Votre passporte, s'il vous plaît.　（言語認識）
　　　　　　　　　　　　　(ii)何て言っているのだろう。　　　　　　（疑問）
　　　　　　　　　　　　　(iii)（相手の身振りなどから）何かが見たいと
　　　　　　　　　　　　　　 言っているのだろうか。　　　　　　　　（推察）
　　　　　　　　　　　　　(iv)パスポートを見せろと言っているのだ。（答え）
例に表れているように、言語を認識する〔3〕の場合が〔1〕と〔2〕と異なるところは、(ii)のプロセスですでに「ノ」が現れることである。これは、上記に述べたように、「何かを言語として言っている」ということが、話者の判断で答えが出ている段階であるからと言える。

　話者の慣れた言語では、言語内容が即座に判断できるので、(v)のプロセスから始まることが多い。(v)からのサイクルでは、言語内容を認識して、その内容に関する疑問から、あるいは発話行為自体に対する疑問から、推察、判断を行う。以下、(v)以下の二つの方向性の例を示す。(vi)から(viii)のプロセスでは、話者Bが心の中で思考するプロセスを〔　〕で示してある。
　　(3-12)　二次的レベル　(v) A:「財布がなくなった！」（言語内容認識）
　　　　　　　　　　　　　(vi)-1.B:［何を意味するか。／なぜ財布がなく
　　　　　　　　　　　　　　　　なったのか。］　　　　　　　　　　（疑問）
　　　　　　　　　　　　　(vii)［スリにあったのだろうか。］　　　　（推察）
　　　　　　　　　　　　　(viii)［さっき、あの人にぶつかった人はスリだっ
　　　　　　　　　　　　　　　 たのだ。］　　　　　　　　　　　　（答え）
　　　　　　　　　　　　　B:「さっきの男にすられたんだ」　　　　（答え）
　　(3-13)　二次的レベル　(v) A:「君は、昔からの友達だよね。」
　　　　　　　　　　　　　　　　　　　　　　　　　　　（言語内容認識）
　　　　　　　　　　　　　(vi)-2.B:［どうしてこんなことを言うのだろ
　　　　　　　　　　　　　　　　う。］　　　　　　　　　　　　　　（疑問）
　　　　　　　　　　　　　(vii)［何か特別なことがあるのだろうか。］（推察）
　　　　　　　　　　　　　(viii)［きっと何か頼み事があるのだ。］　　（答え）
　　　　　　　　　　　　　B:「何か頼み事があるんだね。」　　　　　（答え）

〔1〕から〔3〕において、物体の認識、現象の認識、言語の認識、と分けて考えた。〔1〕、〔2〕に対して、〔3〕が異なっているのは、言語はそれ自体にすでに意味があるということである。しかしながら、すでに述べたように、言語としての意味を考える前に、人間は目に見える文字、あるいは音などが言語であるかどうか、という物理的な判断を必ず通してから意味の側面を考えているものと思われる。それにもかかわらず、〔1〕の一次的レベル、〔2〕の一次的レベルのような物理的な判断の過程は人間の頭の中で無意識のうちに行われるため、すなわちはじめのサイクルは言語化されないことが多いため、〔1〕、〔2〕、〔3〕が異なるもののように見える。しかしながら、上記で述べたように、〔1〕、〔2〕、〔3〕は認識、推察を行う場合の対象物の違いであって、人間の「1. 認識→2. 疑問→3. 推察→4. 答え」という思考のプロセス自体は一貫している。

〔1〕から〔3〕に示したように、ノダの形は、話者が認識し、疑問を持ち、推察し、判断するという思考プロセスに沿って、疑問を持ったり、推察したり、判断した答えを述べる場合に用いる。また、〔1〕から〔3〕の中でのノダの現れ方を見ると、ノダは、「1. 認識→2. 疑問→3. 推察→4. 答え」のプロセスをたどったという印であると言える。ということは、ノダは人間の思考のプロセスあるいはサイクルを表す印であると言える。

また、このように考えると、命題とモダリティの関係もわかる。上記〔1〕、〔2〕、〔3〕で示した(i)から(iv)のプロセスは、認識した対象の正体、あるいはそれが何であるかということを言葉で言い表す段階である。(i)から(iv)のプロセスでは現実、現象を言葉で描写していることになる。このことを別の言葉で言い換えれば、ノダ文に含まれる文は「命題」の内容を表していることになる。したがって、このサイクルのレベルは、命題の部分について、疑問、推察を行い、現実、現象を正しく把握しようとするレベルといえる。一方、(v)から(viii)のプロセスは、ある命題の内容に対して、そのことが何を意味するか、あるいはなぜそのようなことになったのかというような命題の内容「全体」に対する推察を行い、それに対して判断を述べる段階である。[6] また、言語の内容だけではなく、発話行為自体に対して、「なぜこのようなことを言うか」といった疑問から推察する場合もある。両者を比べると、同じノダ文であっても、サイクルの一次的、二次的なレベルの違いによって、現実、現象を描写するレベルであるか、それとも、その現実が「何を意味する

か／どうしてそんなことになったか」「なぜそんなことを言うか」という疑問についての判断内容を述べるかの違いがある。

　実は、こうした疑問の持ち方の違いは、第2章で述べた五つのレベルの一部とも対応する。すなわち、現象そのものを把握するレベルはⅠ「現象描写」に対応する。また、ある現象について「これはいったいどういうことか」、あるいは「なぜ」その事態が発生したのかを問うレベルはⅣ「判断の根拠」に対応する。[7] また、他人あるいは話者自身の発話や思考に関して、「なぜこんなことを言うのか」あるいは「なぜそのように思うのか」という問いは、Ⅴ「発話行為の前提」に対応すると言える。

　また、ある事態内容について、「これはいったいどういうことか」と問う場合は、その事態に関連する状況や事態を推察する場合である。一方、他人の発言に対し、「なぜこんなことを言うのか」と問う場合は、発言をした人の意図や感情、あるいはその意図や感情を持つような状況を推察するという側面が強い。[8]

　なお、命題の部分部分を補って、事柄を正確に把握しようとするレベルの疑問のあり方と、事態を把握した上で、命題全体について、「それは何を意味するか」といった疑問を比べてみると、すでに上記のモデルに示したように、命題全体に対する疑問は、命題部分を補うタイプの疑問よりも後に出現するものである。それは経験的にも、「どうして、〜したのか」、「この事態は何を意味するか」といった疑問は「〜した」、あるいは「この事態」の内容を把握した上で生じ得る疑問だからである。

　先行研究の中には、すでに示したように、「課題を設定すること」のあとにノダ文が現われる、あるいは、「何らかの疑問」により情報を補うという見方はあった。しかし、本論のように思考のプロセスのサイクルのレベルを段階的にとらえているものはない。

3.4.4　判断内容に基づくさらなる判断

　さて、これまで、ノダの思考プロセスについて、二つのレベルがあることを示した。すなわちノダのサイクル(ⅰ)から(ⅳ)のプロセスと(ⅴ)から(ⅷ)のプロセスである。しかしながら、ノダのサイクルには次のレベル、すなわち判断に基づいてさらなる疑問、推察から答えを述べるという、いわば(ⅸ)から(ⅻ)のプロセスをたどるレベルもある。この(ⅸ)から(ⅻ)のプロセスは、〔1〕物体の

認識、〔2〕現象の認識、〔3〕言語の認識いずれの場合にも、(v)から(viii)のプロセスのあとのサイクルとして成立する。以下のようなものである。

　　〔4〕判断内容に基づくさらなる判断
　　　　(ix)判断の内容　　　　　　　　　　　　　　　（判断内容認識）
　　　　(x)このことから何が言えるか。／
　　　　　どうしてこのような判断をするか。
　　　　　どうしてこのようなことを言うか。(会話の場合)（疑問）
　　　　(xi)・・・のか(な)？／・・・のだろうか？　　　　　（推察）
　　　　(xii)・・・のだ。　　　　　　　　　　　　　　　　（答え）

〔4〕に示した段階は、〔1〕、〔2〕、〔3〕の(v)から(viii)とは異なっている。〔1〕、〔2〕、〔3〕の(v)から(viii)は、「すでに認識した現実」について疑問、推察を行い、答えを求めるプロセスである。一方、〔4〕の(ix)から(xii)のプロセスは、「判断の内容」をもとに、さらなる疑問、推察、判断を行う段階、あるいは前の判断を統合する段階である。以下に例をあげる。

(3-14)　少年が顔を上げて言った単語をそのまま口にすると、周囲の連中がそうだそうだとはやしたてた。先刻の女性が再び身振りを加えて、説明する。どうやらその亀が村の中にいる<u>のだ</u>と、舞子は理解した。病院の近くの浜にウミガメが産卵をしに来ることは聞かされていた。だから部屋の鍵には亀のデザインが使われているのだ。(受)

(3-14)の例文には、ノダのサイクルの三つのレベルに対応する、三つの層が表れている。以下のようなものである。

(3-14)'　少年が顔を上げて言った単語をそのまま口にすると、周囲の連中がそうだそうだとはやしたてた。先刻の女性が再び身振りを加えて、説明する。　　　　　　「現象描写レベル（一次的レベル）」
　　　　どうやらその亀が村の中にいる<u>のだ</u>と、舞子は理解した。
　　　　　　　　　　　　「現象に基づく判断レベル（二次的レベル）」
　　　　病院の近くの浜にウミガメが産卵をしに来ることは聞かされていた。だから部屋の鍵には亀のデザインが使われている<u>のだ</u>。
　　　　　　　　　　　　　　「さらなる判断レベル（三次的レベル）」

(3-14)'には、「現象描写レベル」、「現象に基づく判断レベル」、「さらなる判断レベル」の三つの層が表れている。「現実描写レベル」とは、ちょうど〔2〕現象の認識、〔3〕言語の認識の一次的レベルのサイクル((i)から(iv))に対

応し、ここで述べている内容は、一次的レベルの思考プロセスを通して得た答えの内容を描写していると考えられる。[9]「現象に基づく判断レベル」とは、ちょうど〔1〕物体の認識から〔3〕言語の認識までの二次的レベルのサイクル((v)から(viii))に対応し、ここで述べている内容は、二次的レベルの思考プロセスを通して得た答えの内容を表している。三つ目の「さらなる判断レベル」とは、二次的レベルのサイクルで得た判断結果について、さらに三次的レベルの思考プロセスをたどって得た答えを述べるものである。文面に表れていない思考プロセスを〔　〕の中に補って考えると以下のようになる。

(3-14)"少年が顔を上げて言った単語をそのまま口にすると、周囲の連中がそうだそうだとはやしたてた。先刻の女性が再び身振りを加えて、説明する〔(iv)答え＝(v)認識〕。→〔これはいったい、どういうことなのだろうか？　(vi)疑問→(vii)推察〕→どうやらその亀が村の中にいる<u>のだ</u>〔(viii)答え〕と、舞子は理解した〔(ix)認識〕。→〔このことは何を意味するか？　(x)疑問→(xi)推察〕→病院の近くの浜にウミガメが産卵をしに来ることは聞かされていた。だから部屋の鍵には亀のデザインが使われている<u>のだ</u>。〔(xii)答え〕

上記の例では、まずはじめのサイクル(「現実描写レベル」)では、少年と女性がどのような行動をしているかということを命題内容として示している。二番目のサイクル(「現象に基づく判断レベル」)では、はじめのサイクルの答えとして表れている内容について、「これはいったいどういうことなのだろうか」といった疑問から、答えを述べている。三番目のサイクルでは、二番目のサイクルで表れている答えについて、さらに「これは何を意味するか、どういうことか」といった疑問から、その答えを述べている。このように、思考のプロセスは、現実を正しく把握することにはじまって、次に「それは何を意味するか」、「どうしてその事態が起こったか」、「どうしてそのようなことを言うか」といったような疑問から答えを求める。そして、その答えについて、さらに疑問、推察を重ねていけば、思考プロセスは次々と連鎖することができる。[10]

さて、上記の例文にはノダが二層になって現れている。すでに述べたように、はじめのノダは「舞子」が目前の情景を見て判断した答えを示している。二番目のノダは、最初のノダに表れている判断をもとに、「舞子」がさらに推察、判断を行った答えを表している。この例文では「村に亀がいる」とい

うことから、「鍵のデザインの謎」が解明するプロセスを示している。この例ではたまたまノダが二つ現れているからわかりやすいが、それでも、はじめのノダは引用の内容となっている。ノダ文で終わっている文は最後の文だけである。[11]実は、この例のように、最後のレベルのサイクルの終わりだけに、ノダがつく場合が多い。

このことは〔1〕、〔2〕、〔3〕で見た(i)から(ⅷ)のサイクルにおいても成り立つ。〔1〕のつづきの部分で、筆者は(ⅴ)に関して「「これはりんごだ」あるいは「りんごがある」という認識からサイクルが始まる」と述べた。つまり、(ⅴ)の認識のプロセスの前提には、(i)から(ⅳ)のようなプロセスがあるのだが、その部分はノダ文としては文や言葉に表れるとは限らないということである。なぜ、途中の部分にノダが現れないか、ということについては、あとで3.8節でも考察する。

このように、ノダの思考プロセスには、内容によって(i)から(ⅳ)、(ⅴ)から(ⅷ)、(ⅸ)から(ⅻ)のようなレベルがある。しかし、文や言葉として述べる場合は、どのレベルから始めてもよい。一つだけのサイクルを述べてもよいし、複数のサイクルの経過を述べてもよい。ただし、いくつかのレベルが重なる場合は、途中のサイクルにノダは出ない場合が多い。しかし、最後の締めくくりにはノダが現れる。[12]

そして、興味深いことに、例文を見ていると、チガイナイ、ハズダ、カモシレナイなどがノダに前接する場合、すなわちチガイナイノダ、ハズナノダ、カモシレナイノダなどの形は、判断内容に基づく「さらなる判断」を述べるレベル、すなわち、(ⅸ)から始まるサイクルで登場することが多い。ラシイノダ、ヨウナノダなどは、(ⅴ)から(ⅷ)のサイクルに登場する場合もある(第2章注6とも関連があると思われる)が、やはり、(ⅸ)から(ⅻ)のレベルに現れることもある。以下に例をあげる。(3-14)' と同様のレベルの違いとレベルの切れ目を示すために、[ ]、|は、それぞれ筆者がつけ加えた。[13]

(3-15) 時計を見た。文字盤の砂を、ズボンで拭きとると、まだ二時十分だ。［現象描写レベル］｜さっき見たときも、同じくたしか二時十分だった。急に速度感に対する自信が失われてくる。［現象に基づく判断レベル］｜かたつむりの眼で見れば、太陽だって、野球のボールのような速さでうつる<u>かもしれないのだ</u>。［さらなる判断レベル］

(安部公房)

(3−16) とつぜん小さく叫ぶと彼女はクルリと背をむけ、そのまま店をでていった。気のついたときはタクシーにさらわれて消えてしまっていた。［現象描写レベル］｜つくづく彼女の出身階級の暗さを私は思わせられた。［現象に基づく判断レベル］｜やっとはいあがりかけた足をひっぱるようなことを私はしたらしいのだ。［さらなる判断レベル］
(開高健)

(3−17) 彼はウィスキーをひとくちすすってグラスをおくと、父親のような微笑を眼に浮かべてぼくをみた。まるで牛が反芻するようにたっぷり自信と時間をかけて美徳が消化されるのを楽しむ、といった様子であった。［現象描写レベル］｜どうやらぼくは鼻であしらわれたらしい。［現象に基づく判断レベル］｜あらかじめ彼は用意して待っていたにちがいないのだ。［さらなる判断レベル］彼はすっかり安心して微動もしない。彼のかかげる大義名分はどこかに嘘があるからこそこんなみごとさをもっているのにちがいないのだ。［さらなる判断レベル］
(開高健)

(3−18) いろいろとお話をきいていると、人間というものは過失を犯さずには、生きて行けないものだということをつくづく思うようになった。［現象描写レベル］｜よいことだと知りながら、それを実行するということは、何とむずかしいことなのだろう。［現象描写に基づく判断レベル］｜したいと思うことをし、していけないと思うことをやめればそれでいいはずなのだ。［さらなる判断レベル］ところがそうはいかない。全く君のいうとおり、人間て不自由なものだね。［さらなる判断レベル］
(三浦綾子)

(3−19) 電話機のとなりには財布とナイフとおみやげにもらってきた帽子の箱が置いてあった。［現象描写レベル］｜今日のうちにそれを開けて中身をたしかめてみた方がいいのではないだろうかと私はふと思った。［現象に基づく判断レベル］｜冷蔵庫に入れなくてはならないものかもしれないし、生きものかもしれないし、あるいはすごく大事なものかもしれないのだ。［さらなる判断レベル］しかし私はそうするには余りにも疲れはてていた。
(村上春樹)

(3−15)から(3−19)の例では、「現象描写レベル」、「現象に基づく判断レベル」、判断内容に基づく「さらなる判断レベル」の層が表れている。「現象描

写レベル」、「現象に基づく判断レベル」の終わりは、ノダ文としては表れていない。しかしながら、最後はノダ文で終わっている。しかも最後の層である、判断内容に基づく「さらなる判断レベル」において、チガイナイノダ、カモシレナイノダ、ハズナノダ、ラシイノダという形が出ていて、その前の層には出ていない。[14] また、これらの例の中に、どのように思考プロセスが表れているかは、例(3-14)″に準じて、一応(3-15)についてだけ、以下に思考プロセスを補って示す。

 (3-15)' 時計を見た。文字盤の砂を、ズボンで拭きとると、まだ二時十分だ［(iv)答え＝(v)認識］。→［これはいったい、どういうことなのだろうか？(vi)疑問］→さっき見たときも、同じくたしか二時十分だった。私の時間の感覚は狂ってしまったのだろうか［(vii)推察］。→急に速度感に対する自信が失われてくる［(viii)答え＝(ix)認識］。→［どうしてそんなふうに思うのか？(x)疑問→ (xi) 推察］→かたつむりの眼で見れば、太陽だって、野球のボールのような速さでうつる<u>かもしれないのだ</u>［(xii) 答え］。   （安部公房）

 以上、ノダの思考プロセスおよびそのサイクルについて、認識の対象による違いと、レベルの違いについて述べた。

 また、上記には(i)から(iv)、(v)から(viii)、(ix)から(xii)のように、ノダのサイクルが上のレベルが移行しながら連鎖する場合について考えたが、実は、同じレベルでプロセスが繰り返すことがある。これは、(i)から(iv)のプロセスの特徴である。以下のような場合である。

 (3-20) A: こんど懇親会があるんですよ。
    B: へえ、いつあるんですか？
    A: 5月の中頃なんです。
    B: どこでするんですか？
    A: 日比谷の松本楼です。
    B: 何人くらい集まるんですか。

(3-20)では、前に述べた事柄あるいは出来事について、より詳しく事態を把握しようとするようなタイプの疑問が表れている。ある命題について、その内容をより詳しく把握するために、不足している部分部分を補う形で、疑問が重なっている。これは、ノダの思考プロセス(i)から(iv)の場合の例である。このように、ノダの思考プロセスは、同じレベルで何度も連鎖することもある。

このように、「1. 認識→2. 疑問→3. 推察→4. 答え」という思考のプロセスは、レベルの違いがあり、また、文や発話に表れる場合も、いろいろな表れ方をする。思考プロセスは、連鎖する性質を持っている。もちろん、連鎖せずに一つだけのサイクルとして文に表れることもある。また、連鎖しても同じレベルで連鎖することもある。連鎖して別のレベルに移行することもある。また、つねに上のレベルへと連鎖するかというとそうではなく、注10で示したように、例えば(viii)や(xii)の「答え」から、(i)から(iv)のレベルに戻ることもあり得る。

3.4.5 ノダのサイクルのまとめ

以上、ノダのサイクルがどのようなものであるかについて概要を述べた。図に表すと次のようになる。

(図3-1)ノダのサイクル(その1)

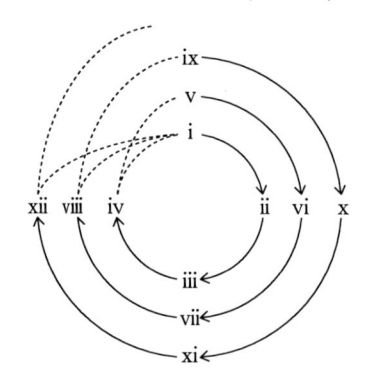

(図3-2)ノダのサイクル(その2)

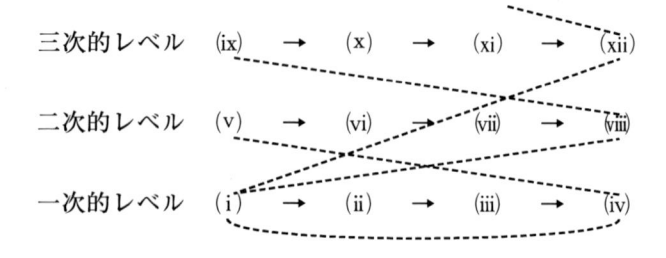

すでに述べたように、ノダのサイクルとは、「1. 認識→ 2. 疑問→ 3. 推察→ 4. 答え」という思考のプロセスが一巡する場合、およびそれが連鎖する場合の両方を表している。図3−1、図3−2の(i)、(v)、(ix)は認識のプロセス、(ii)、(vi)、(x)は疑問のプロセス、(iii)、(vii)、(xi)は推察のプロセス、(iv)、(viii)、(xii)は答えのプロセスを表す。語形としてノダの出現に関して言えば、(ii)、(vi)、(x)の疑問のプロセスでは、（ノ）ダロウカ、（ノ）カといった形で「ノ」が出現する。および(iii)、(vii)、(xi)の推察のプロセスでは、（ノ）ダロウカ、（ノ）カの他、（ノ）ダロウ、（ノ）カモシレナイといった形で「ノ」が出現する。そして、ノダという断定の形が現れるのは(iv)、(viii)、(xii)のプロセスである。[15]

このように考えると、ノカ、ノダロウカ、ノカモシレナイなどに現れる「ノ」自体は、話者が何らかを認識し、その意味内容を判断した部分について、「判断処理済」ということを表す場合に現れるものと考えられる。「カ」、「ダロウカ」、「ダ」などの部分は、認識した意味内容の認め方にかかわる部分であると言える。したがってノダは、認識し、判断した意味内容を断定していることになる。

また、すでに述べたように、(i)、(v)、(ix)などから文を始める場合、それ以前の判断が必ずしも文面に表れるとは限らない。例えば「花が咲いている」という現象を認識するとすれば、その前に、「花」を認識し、「咲いている」という状態を判断するといったレベルの判断が無意識のうちにも存在する。つまり、ノダのサイクルは人間の意識にのぼる以前の段階も含め、重層的に存在するものであると考えられる。

(i)から(viii)、(v)から(xii)といったように、サイクルをつなげて表現する場合は、はじめの文はノダ文ではなく、現象を描写する文、あるいは判断内容を述べる文などとして表れることが多い。そして、図3−1で示したように、例えば(iv)と(v)について言えば、前者は推察による結論であり、後者は認識の対象という関係にあるものの、含んでいる内容自体は同じなのである。同じことが(viii)と(ix)についても言える。(xii)のあとにさらなるサイクルが続くとすれば、(xii)と(xiii)においても、同様に考えられる。

また、サイクルがいくつも連鎖する場合は、レベル1の「(i)認識→(ii)疑問→(iii)推察→(iv)答え」で、サイクルがいくつも回る可能性がある。一方、さらに「(v)認識→(vi)疑問→(vii)推察→(viii)答え」の上位のレベルにつながっていき、そのレベルからさらに上位のレベルに連鎖してサイクルがいくつも回る可能

性もある。同時に、注10で示したように、(v)から(viii)以上のレベルの文に関しても、その文の内容自体について命題内容をより詳しく知るための疑問が生じる可能性がある。したがって、(v)から(viii)、(ix)から(xii)の「答え」から(i)から(iv)の「(i)認識」に戻ることも可能である。[16] 図3−1、図3−2の点線部分は、そういった連結の可能性を表している。

　以上のことをふまえ、(iv)と(v)、(viii)と(ix)などを図のように点線で結んだ。このように考えると、二次元の紙上では表しにくいが、サイクル同士のつながりが表せる。そして、同時に、サイクルの連鎖をスパイラル(螺旋)として描くことができる。したがって、あえて二次元の紙面で表すと、ノダのサイクルは図3−1のようになる。筆者が、「ノダのサイクル」と命名したのは、図3−1に表したような関係があるからなのである。

　また、同じ関係を図3−2のように階段状に表すこともできる。このように表せるので、「サイクル」(プロセスを循環する)と呼ぶ必然性がないとも思われるかもしれない。しかしながら、「思考を巡らす」「考えが堂々巡りをする」、「頭の回転が早い」といった表現にも表れているように、思考はしばしば廻るものとしてのメタファーで表すことが多い。したがって、あえて本論では「ノダのサイクル」と呼んでいる。

　なお、以上では、何らかの判断を踏まえて連鎖する思考の順番に沿って、ノダのサイクルのレベルを示した。しかしながら、もう一つ、文法現象としてとらえる場合には、疑問のタイプを分けておいた方が、好都合な場合もある。それは、第4章で述べる、ワケダとの関係の上にも示すことができる。実は、ノダのサイクルは「(ⅱ)疑問」として表れる内容に注目すれば、大きく分けて三つのタイプに分けられる。この三つのタイプは、物体の認識、現象の認識、言語の認識の三つのモデルの説明の中で、すでに述べたものである。三つのタイプとは以下のようなものである。

1. 現実、現象を認識し、現実あるいは命題をより正しく把握するための疑問のタイプ。(命題の部分にかかる疑問のタイプ。)
2. 現実事態、あるいは命題(言語内容)、を把握した上で、その内容全体に対する「なぜこのような事態になったか」「このことは何を意味するか」といったような疑問のタイプ。判断内容に基づく「さらなる判断」が表れる場合も、「このことは何を意味するか」、「どうしてこんなことになったのか」といった疑問が続いてさらなる判断につな

がっていく場合は、疑問のタイプは同じである。（命題全体をふまえた上での疑問）
3. 言語内容を認識し、それについて「なぜこのようなことを言うのか」という疑問のタイプ。2.と同様、判断内容に基づく「さらなる判断」の場合も、この疑問のタイプになることがある。（命題全体をふまえた上で、発話行為のモダリティにかかる疑問）

これらの三つの疑問のタイプを考慮すると、「ノダのサイクル」は、疑問のタイプに基づいて、おおまかに言って次のような三つの種類に分けることができる。

サイクル1：現実事態を把握するタイプ（ノダのサイクル(i)から(iv)に対応）

サイクル2：現実事態、言語内容に関し、「このことがいったい何を意味するか」、「なぜこのような事態になったか」といった疑問に基づいて答えを求めるタイプ。ノダのサイクル(v)から(viii)、および判断内容に基づくさらなる判断を求めるレベル（ノダのサイクル(ix)から(xii)以上）に対応。

サイクル3：言語内容について、「なぜこのようなことを言うか」という疑問から答えを求めるタイプ。サイクル2と同様に、ノダのサイクル(v)から(viii)以上に対応。ただし、話者の自問自答の中でノダが出てくるような場合には、「なぜこのようなことを言うか」ではなく、「なぜこのように思うか」という疑問になることがある。

「サイクル1」から「サイクル3」は、あくまでも、疑問のタイプに基づいた分類である。また、「一次的レベル」から「三次的レベル」は、思考の順序に基づくレベルである。両者は重なる部分もあるが、別の観点でノダの思考プロセスについて分類したものである。本論では今後、上記のような意味で、「サイクル1〜3」、「一次的〜三次的レベル」という言葉を用いる。

3.4.6　プロトタイプ

以上、ノダの思考プロセスおよびサイクルの概要を示した。ここで、ノダの思考プロセスおよびサイクルが、文や発話に表れる場合のプロトタイプについて一言述べておく。

ノダがもっとも現れやすいのは、話者なり、書き手なりがその時、その場、すなわち発話時現在の論の流れから、「答え」を述べるときである。一度過去の出来事として客観化したような判断、答えを述べるような場合、すなわちノダの思考プロセスが発話時点で巡っていないような場合には、ノダ文が現れにくい。このことについては3.8節でも述べる。

3.4.7　小説の中などで：参加者の重層性

　ところで、ノダ文の出現に関して、参加者の点から見てみたい。すでに述べたノダの思考プロセスのモデルがどのように適用するかは、参加者の違い、すなわち独話であるか、対話であるか、あるいは小説のような場合であるかという点にも影響を受ける。すでにあげた例を再び示す。

　(3-3)　あれ、何の音だろう。ああ、雨が降っているんだ。
　(3-4)　弁護士：あなたは、ずっとご主人に暴行されていたのに、それ
　　　　　　　　を誰にも言わなかった。どうしてなの？
　　　　　女性：恥ずかしかったんです。　　　　　（ドラマ：一年半）
　(3-5)　通商産業省の基本方針に掲げる新エネルギー利用等の導入目標
　　　　では、2010年度に合計で1910万klを目指しており、現在の約3倍
　　　　程度の供給を行おうとしているが、それでも一次エネルギー総供給
　　　　のわずか3.1％に過ぎない。日本ではそれほど一次エネルギーに依
　　　　存していて、日常多くのエネルギーを消費しているのである。（日経）

(3-3)は、特に聞き手が存在しなくても、話者自身の疑問に対して自分で答えている独話として成立する。(3-4)はドラマの中の二人の会話である。(3-5)では、書き手が自身の意見を述べるとともに読者に向けての答えも述べている。したがって、おおまかに、独話と対話（相手のある場合）との二つに分けられる。

　そして、さらに三つ目の場合として、小説のように参加者が作者、読者、登場人物のようになることがある。以下に小説の地の文を見る。小説、物語の場合は、実際には作家がすべてをコントロールしているにもかかわらず、作家対読者および登場人物の思考プロセスが重層的に表れるように見える。

　(3-21)　ジョバンニは、なにかたいへんさびしいようなかなしいような
　　　　　気がして、だまって正面の時計を見ていましたら、すうっと前の方
　　　　　で、ガラスのふえのようなものがなりました。汽車はもう、しずか

に動いていた<u>のです</u>。カムパネルラは車室の天井をあちこち見ていました。その一つのあかりに黒い甲虫がとまってそのかげが大きく天井にうつっていた<u>のです</u>。　　　　　　　　　　（銀河）

(3-21)には、二つのノダが表れている。はじめのノダについて述べれば、「ガラスのふえのようなものがなりました」ということについて、読者は「これはいったいどういうことだろう」といった疑問を持つ。（ジョバンニも、同様の疑問を持つと想定できる。）それに対して、「・・・動いていたのです」というのは、作者が読者に対して答えを与えていることになる。同時に、ジョバンニがそのことを答えとして発見したかのような効果を表現している。二番目のノダも同様に、「ジョバンニが天井のあちこちを見ていた」ということについて読者は「なぜ見ているのだろう」といった疑問を持つ。その疑問に対して、作者がノダ文で答えを述べている。このように、文面には表れないが、ノダ文の前には読者の疑問、あるいは登場人物の疑問を重ね合わせたような何らかの疑問が生じている。その疑問に対して、作者が答えを与える場合にノダを用いている。そのとき、作者自身は自らの存在を前面に出すのではなく、しばしば登場人物が発見や理由を述べるような形で答えを提示しているのである。

　また、このように考えると、小説中の人物にとっては「現象」として認識していること（上記の例で言えば、「ガラスのふえのようなものがなった」というようなこと）は、作家が読者に対して「言語内容」として認識させていることであり、読者もそれを「言語内容」として認識していると言える。したがって、小説の中では、〔2〕の「現象認識」のモデルと〔3〕の「言語認識」のモデルがだぶって反映していることになる。

　このように、小説などの中では、物語中の登場人物のやりとりだけではなく、作家がいかに読者にメッセージを与えるかという観点からも観察する必要がある。

3.5　ノダのサイクルとノダの用法——先行研究との比較

　さて、上記に「ノダのサイクル」がどのようなものであるかについて述べた。次に、これまで指摘されてきたさまざまなノダの用法に関して、先行研究との比較を行う。

　先行研究の中にはノダの用法を独話の場合と会話の場合に分けたり、ノ

第3章　ノダの思考プロセス

ダ文が説明を表すか、帰結を表すかで分類するものもある。このようなことについては、先行研究の例として、3.5.1節で益岡(2001b)、3.5.2節で奥田(1990)をあげる。3.5.3節から3.5.7節では、先行研究と比較しながら、その他個々の用法について、ノダ文がいかに出現するかを統一的に説明する。

3.5.1　先行研究の検討：益岡(2001b)の分類

　ここでは、先行研究の代表的な例との比較として、益岡(2001b)を取り上げる。同論文は、ノダの用法の分類として、もっとも最近のものであり、それ以前の先行研究をふまえていると考えられるからである。益岡は、ノダの用法を8種類に分類して説明している。益岡の分類を見ると、各用法の違いは、実は「ノダのサイクル」のどの部分を言語化するかの違いであり、それぞれ「ノダのサイクル」の一部を描いていることがわかる。また、益岡が「説明」と「判断」と用法を分類していることに、独話と対話、説明と帰結といった違いを分けていることが伺われる。益岡の分類は以下(a)から(h)に示した。(a)から(h)において、益岡がノダの用法を分類して各用法に付けた名前と共に、「：」以下には益岡の説明を要約したものを加える。また、例文は益岡のあげた例の一部である。[ ]内のプロセスは、もともとの例文では言語化されていないが、筆者が「ノダの思考プロセス」および「ノダのサイクル」に沿って付け加えた。その下に＜考察＞として、筆者のコメントを述べる。

　(a)叙述様式説明型：聞き手(読み手)の想定を訂正したり実状を説明するために用いる。
　　(3-22)　私のなかを吹き抜ける風が書いたのだ。「私」がそれを書いたのではない。
＜考察＞　例文には表れていないが、この例の前提には「誰かが何かを書いた」ということがあり、それに対して「誰が書いたのか」という疑問の答えとして(3-22)の文が成立すると解釈できる。すると、次のような思考のプロセスが想定できる。[誰かが何かを書いた(1. 認識)] → [誰が書いたのか(2. 疑問)] → [おまえ(私)が書いたのか(3. 推察)] → 「(いや、私が書いたのではない。)私の中を吹き抜ける風が書いたのだ。(4. 答え)」そして、答えの中での文の順番が入れ替わって表れている。このように考えると、例(3-

22)の場合は、現実を正しく把握するために、命題の一部を言い換えている。疑問のタイプとしては、「サイクル1」のタイプと言える。

- (b)事情説明：与えられた事態に対する事情を説明するもの。説明される事態は表現者にとって真偽判断はすでに確定している事態。
  - (3-23) しかし男は、一向に気にしない。→［これは何を意味するか／なぜ男は一向に気にしないのか（2.疑問）］→［関心がないのか（3.推察）］→彼に関心があるのは、もっぱら砂と虫だけだったのである。

＜考察＞　小説の中の人物にとっては、「男が一向に気にしない」という現象を認識して、［　］内に示したような疑問、推察から、ノダ文で表れる答えに至る。「これは何を意味するか、なぜ、男は一向に気にしないのか」といった疑問は、ノダの「サイクル2」の疑問のタイプである。

- (c)事情判断：与えられた事態に対する事情を表現者が推定するもの。推定される事態は表現者にとって既定のものではない。
  - (3-24) 女は顔をそむけ、ひきつったような表情を浮かべた。→［なぜそんな仕草をしたか（2.疑問）］→がっかりしたのだろう。

＜考察＞　上の(b)と同じで、最初の文に表れている現象を認識した後の「なぜそんな仕草をしたか／これは何を意味するか」といった「疑問」(「サイクル2」の疑問)の部分は言語化されていない。「がっかりしたのだろう」の部分は、答えを断定的には述べていない。「推察」として、答えを述べている。(注15参照。)また、(b)と同様に、作中の人物にとっては女の態度を現象として認識しているパターンであり、作家と読者にとっては、言語内容を認識する(あるいは認識させる)パターンになっている。

- (d)帰結説明：与えられた事態から何が引き出せるか、それが何を意味するかを説明する。「つまり」や「したがって」等でつなぎ得る関係。また、与えられた事態をより具体的に言い換えるという内容のものもある。
  - (3-25) 八月のある日、男が一人、行方不明になった。→［行方不明とはいったいどういうことか（2.疑問）］→［男がどこかに行って帰ってこないのだろうか（3.推察）］→休暇を利用して、汽車で半日ばかりの海岸に出掛けたきり、消息をたってしまったのだ。

第3章　ノダの思考プロセス

<考察>　益岡は、「与えられた事態から何が引き出せるか、それが何を意味するかを説明する」としているが、むしろ作家が読者に対して、言語内容を提示して、「行方不明とはいったいどういうことか」という疑問から読者に推察を行わせ、こういうことだと答えを次の文で述べるという形になっていると思われる。ここにも、「サイクル2」の疑問のタイプが表れている。

(e)帰結判断：与えられた事態から何が引き出せるか、それが何を意味するかを新たに認識したことを表すもの。

(3-26)「私は若い頃、あの席に座って司書の仕事をしていました」といった［→これは何を意味するか（1.疑問）→］から、図書館員であったのだろう。

<考察>　このタイプは、認識した内容を根拠として、結論をカラを用いて繋げたものである。ここでは、ある人が「・・・」と言ったという現象を認識して、「これは何を意味するか」という疑問から答えを導いている。疑問の部分は言語化されていないが、そのことから推察できる内容を答えとして述べているので、「図書館員であったのだろう」の部分は、断定的な言い方になっていない。カラの部分に、疑問と推察が含意されているとも考えられる。これも「サイクル2」の疑問のタイプである。

(f)実状説明：聞き手(読み手)に実状を告知するというもの。相手が知り得ないと想定される事態を相手に伝えようという意図のもとに表現されるもの。感情、意志を表出する表現とともに「のだ」を用いると、感情、意志のあり方を実状として説明することになる。

(3-27) 大衆部仏教の経典は、言行録であるように見える場合もあるが、じつは言行録ではないのである。

(3-28) ほんとに、ひとりになって考えたいんだ。

<考察>　「相手(読者、聞き手)は〜と思っているのだろうが、そうではない」ということを述べる。最後に本当の答えを提示する。言語化しない部分に、「相手は〜と思っているのだ」という話者の判断が存在すると考えればわかりやすい。この用法については、3.5.5節で詳しく述べる。疑問のタイプとしては「サイクル3」であることだけここで述べておく。

(g)実状判断：表現者が実状をどのように認識したかを表すもの。新たに認識した事柄を表すので、既定の事態ではない。
  (3-29) わかった。おまえは人間というものに期待をいだきすぎているんだ。
  (3-30) やっぱり遊園地は、うんざりするくらい人の多いほうがいいんだってことが判ったよ。
＜考察＞ 「自分はこう思っていたが、そうではなかった。こういうことは知らなかったが、初めて知った」ということを述べている。益岡の例では、どのようなことを認識して答えに至ったのかは不明であるが、(f)の実状説明を自問自答の形にしたタイプと考えられる。

(h)当為内容の説明：すべきこと（または、すべきでないこと）が何かを説明するもの。このタイプのノダは、命令、禁止の表現効果を持つことができる。
  (3-31) アイスクリームは、食後のもんだろ。これを食べてから注文するんだよ。
＜考察＞ この例では、「いつアイスクリームを注文するのか」といった疑問に対して、相手が自身の推察、答えに至る間もなく、話者が相手に自分の答えを押し付ける形と考えられる。つまり、相手は違った解釈を持つ（あるいは持っている）かもしれないが、そうではない、と暗に言っていることになるので、(f)の用法の延長上にあると考えられる。また、終助詞「よ」により、相手に答えを強要する効果が出る。命令と解釈されるのもこのためであろう。

　以上、(a)から(h)の用法については、それぞれ＜考察＞中に記したように、「ノダの思考プロセス」あるいは「ノダのサイクル」の一部のみが言語化されていると言える。(f)から(h)は、サイクルそのままではないが、やはり「ノダのサイクル」から説明がつく。すでに述べたように、ノダは、基本的に話者の答え（判断）を述べる形である。(f)から(h)の用法は、それぞれのコメントに記したように、「相手は〜と思っているのだろうが、そうではない」というような気持ちで、話者の答えを示すためにノダ文を使う用法であると思われる。そのために、(h)のような、命令、禁止という意味を持つ場合もあるの

だろう。なお、詳しくは本章3.5.5節で説明する。

　以上のように、益岡が8種類に分けた用法は、すべて「ノダの思考プロセス」および「ノダのサイクル」の特定のプロセス、およびレベルを表したものである。また、「疑問」のタイプも用法によって異なっている。すべての用法の根幹をなしているのは本論で述べている思考のプロセスおよびサイクルであると言える。(3-22)から(3-31)の例は、出典が小説で、すべて作家が書き手として一人でそのサイクルを示しているものであるが、この場合でも、作中の人物の自問自答式の思考のサイクルと、読者の疑問などを想定したサイクルとが重なり合う形で、話が展開しているのである。

　また、益岡は、「既定」の情報であるか、「新た」な情報であるかという点に注目して、「説明」と「判断」というように、用法を分けて説明している。これまで、ノダは「既定」の事柄を表すとか、「説明」を表すといった説があるが、そうともいいきれないことは、益岡の分類にも表れている。しかしながら、話し手にとっては既定のことでも、聞き手にとっては新しいことであることを忘れてはならない。「説明」と「判断」という分類は、聞き手にとって新たなことを「説明」と呼び、話し手にとって新たなことを「判断」と言っているにすぎない。本論の「1.認識→2.疑問→3.推察→4.答え」という思考プロセスをもとにして考えれば、これまで言われてきた、ノダの「説明」、「帰結」、「主張」、「発見」などを述べる用法は、すべてコインの裏表であり、原理は一つであると言える。

3.5.2　先行研究の検討：奥田(1990)の分類

　前節3.5.1節で述べたことにも関連するが、これまで、ノダの研究において指摘されてきた問題の一つは、ノダ文が前に述べたことの「説明」あるいは「背景の事情」などを明らかにするような用法がある一方、ノダ文が前に述べたことの帰結を表す場合、例えば「つまり、すなわち、だから」といった語が表れたり、そういった語を補うとわかりやすいような場合があるということである。

　ここでは、奥田(1990)を例にあげる。奥田は、多くの例をあげ、ノダの用法を細かく分類している。論文の前半では、ノダを「説明を表すもの」というところから立脚し、例にあげた文章において、主に最後から二番目の文を「説明されの文」、最後のノダ文を「説明の文」と呼んでノダの性質を説く。

3.5 ノダのサイクルとノダの用法――先行研究との比較

ところが、奥田は論文の後半では「論理が逆になる」場合について述べる。すなわち、ノダ文が前の文の説明になるのではなく、前の文が原因、理由などを表し、ノダ文がその帰結になるようないくつもの場合を指摘する。結局、奥田は自らの論文に対し「《説明の構造》をとらえていないのが、この論文の最大の欠点である」（p. 211）と述べ、「具体的な事実を提出していることのほかは、あたらしい発見がない」（p. 216）と述べて締め括っている。

しかしながら、本論で示したように、ノダ文が「帰結」を表すか「説明」を表すかの違いは、「これは何を意味するか」、「なぜこのような状況になったか」といったような疑問の持ち方の違いであると考えられる。そうして同じ思考プロセスの原理を用いて説明することができるのである。

例えば、奥田は同論文の前半に、ノダの「説明」の用法を八種類（原因、理由、動機、源泉、判断の根拠、具体化・精密化・いいかえ、思考の対照的な内容、意義づけ）に分けて論じている。しかしながら、管見では、それらの用法はすべて、「どうして」、「これは何を意味するか」、「どうしてこのようなことを言うか」といった疑問によって、集約されると思われる。紙面の関係で、八種類すべての用法について例を示すことはしないが、奥田があげている例の中から数例を以下にあげる。（下線、波線は奥田による。）

(3-32) 彼女はいそいでたちあがる。ふと目まいがした。一日の仕事が夜までつづいていて、つかれきっていたのだ。（「原因」）

(3-33) 「それはあぶない。途中でどんな災難がまっているかもしれないではないか。荒法師どもが、仲間とくんで、夜の山を上下しているのだ。」（「判断の根拠」）

(3-34) そのとき、財部総裁の頭にあたらしい考えがうかんだ。この寺田峰子の名刺をぎゃくに利用するのだ。（「思考の対照的な内容」）

上記の三つの例は、それぞれ、奥田（p. 196）が「原因」、「判断の根拠」「思考の対照的な内容」と分類した用法の例である。奥田は細かく分類しているけれども、ノダの思考プロセス、サイクルを用いると統一的に説明できる。例えば(3-32)は、奥田が下線を引いてある文と、波線を引いてある文の間に「なぜ、どうして」といった疑問（本論の「サイクル2」の疑問）のプロセスがあると考えられる。また、(3-33)の場合は下線の文と波線の文の間に、「どうしてこんなことを言うか」という疑問（本論の「サイクル3」の疑問）が、また(3-34)の場合は、下線の文のあとに、「どんな考えか／新しい考え

とは何か」という疑問（本論の「サイクル1」の疑問）があると考えればよい。このように、奥田の「説明」というのは、文の内容に関して、「どうして」、「どうしてこんなことを言うか」といった疑問、また、「考え」、「思い」など、内容を含む言葉について述べている場合には、「どのような考え／思いか」といった疑問のプロセスがあると考えれば、同じようにノダの思考プロセスで解釈できる。

　一方、奥田は逆の論理になっている、として、「原因の結果、理由の結果、発見的な判断、必然の判断、評価的な判断、一般化の判断」の、6種類の用法を指摘している。紙面の関係ですべてについて述べることはしないが、以下にそれらの用法の数例をあげる。（以下は奥田 pp. 200-201 の例。下線、波線は奥田によるが、(3-36)のみ、何らかの間違えと思われるので、筆者の判断で引いた。）[17]

　　(3-35) 子どもを味方につけるためには、ごちそうをするのが一番上策だと、景山は思った。子どもはけだものとおなじことで、たべ物によわい。だから、餌でてなずけるのだ。（「理由の結果」）
　　(3-36) あくる朝はやく食事もしないで、ホテルをでると、まっすぐにアパートへ帰ってみた。着替えもしなくてはならなかった。やはり風見が来ていたのだ。からになったウイスキーのびんのしたにかれの置き手紙があった。（「発見的な判断」）

(3-35)、(3-36)の例はそれぞれ、奥田が「理由の結果」、「発見的な判断」と分類した中の例である。(3-32)から(3-34)の例では、結果を先に述べて、あとから条件づける、というような形であったのに対し、(3-35)、(3-36)は、それらとは異なり、原因または理由を先に述べて、結果または判断をノダ文で述べているような形になっている。これが、奥田が「論理が逆」とする所以であろう。しかしながら、これらも同じようにノダの思考プロセス、サイクルを用いて説明できる。

　先に(3-36)を見る。この例では、話者が現象を認識して、そのことから判断を述べる形になっている。（益岡の(c)事情判断と同じ用法であると考えられるので、説明は省く。）例(3-36)で面白いのは、「風見が来ていた」と判断している小説中の人物は、明らかに「置き手紙を見て」そう思ったのである。つまり、「手紙がある→これは何を意味するか→風見がきていたのだ」という順番が登場人物の思考のプロセスある。ところが、先回りして、「や

はり風見がきていたのだ」という答えを先に出しているのは、すでに小説の筋を知っている作家がなし得る、作品としての表現効果、レトリックである。このようなレトリックは、3.4.7節で述べたように、小説などの中では、登場人物、作家、読者の関係が重層的に織り込まれることによる。こういった文学としてのレトリック効果も、これまでノダの解釈を困難にしていた一因かもしれない。

また、例(3-35)は以下のように、二つのノダのサイクルを考えるとより明解に分析できる。[ ]内は、ノダのサイクルに沿って、もとの文にはない文を筆者がつけ加えたものである。

(3-35)' 子どもを味方につけるためには、ごちそうをするのが一番上策だと、景山は思った。→[なぜこう思ったのか (2. 疑問)]→[子どもと食べ物とはそんなに関係が深いのか (3. 推察)]→子どもはけだものとおなじことで、たべ物によわい<u>のだ</u>。→[つまりどういうことか (2. 疑問)]→[子どももけだものも、食べ物を与えれば言いなりになるのか。(3. 推察)]→だから、(子どもは) 餌でてなずける<u>のだ</u>。

(3-35)'の中には、二つのノダのサイクルがある。しかしながら、すでに第3.4.4節および注11で述べたように、ノダは最後の文だけにつければよい。したがって、(3-35)のように言える。

奥田は、ノダの働きを「説明」ととらえるところから出発しているために、帰結として働くノダを「逆の論理」としたのであろう。しかし、ノダのサイクルを用いて説明すれば、逆の論理というよりも、疑問の持ち方の違いによるのであり、原理は同じであることがわかる。また、例(3-35)の下線、波線の引き方などにも表れているように、奥田の《説明され の文》、《説明の文》という設定自体、狭い部分しか見ていなかったことは否めない。

3.5.3 ノダを単独で用いる場合

ノダの思考プロセスは、すべてが言語化されるわけではないとすでに述べた。ノダは、前後の脈絡がないようなところでも、突然、現れることもある。野田(1997：78-84)では、「Qを先行文脈Pと関係づける必要がないのに用いられる「のだ」」を「非関係付けの「のだ」」として、「ある事態の存在に驚き、そのまま述べる文」、「ある事態を思い出して、そのまま述べる文」、「命

令の文」などをあげている。しかし、野田はこれらを「対事的「のだ」」の一種であるとし、「対事的「のだ」」の性質は不安定である」(p.84)といった説明を行ってはいるものの、明解な説明を行っていない。菊地(2000：37)も、本論でも例(3-44)として引用する例のように、「唐突に」現れるノダを菊地自身の論考の分析ではカバーしにくいと述べている。このように、単独で現れるノダについては、先行研究では明解な説明がない。

　以下に、単独で現れるノダについて、三つの場合を述べる。さらに 3.5.5 節でも考察する。

3.5.3.1 「これでいいのだ！」

　例えば、漫画のキャラクター「天才バカボン」のお父さんの口ぐせは「これでいいのだ」である。誰も「これでいいのか」と聞いていなくても、誰とも会話をしていない場合でも、一人で言っている。これは、天才バカボンのお父さんが、自分の言動、あるいは身のまわりの事柄について、自分の気持ちの中で一瞬、「これはどういうことだろうか→こんなことでよいのだろうか」といった問いかけをし、「(やはり)これでいいのだ」と納得している、と考えてもよい。また、「ノダ」の性質が、疑問に対して考えを巡らし、答えを述べる場合に用いる形であることから、ノダ文がより「断定的」に聞こえるということだとも言える。

3.5.3.2 思い出しのノダ

　ノダが単独で現れる場合、以下のように話者の思い出しを表すことがある。
　(3-37) あっ、いけない。やかんかけてあったんだ。
　(3-38) どこだっけ。そうだ、かばんの中に入れたんだ。
こういった例も、やはり、無意識のうちにも「思い出し」を喚起するような何らかのきっかけがあり、それについて「なぜこれが気にかかるのか」、「これは何を意味するのか」といった疑問、あるいは(3-38)のような「どこにあるか」といった疑問から、推察の結果、(3-37)、(3-38)のような発言に至るものと考えられる。この場合もやはり、ノダの思考プロセスで説明できる。

3.5.3.3 「現象描写文」との違い

　野田(1997:81)は、以下のような文の違いについて、「(3-39)の現象描写文は、「雨が降っている」という眼前の事態をそのまま述べているが、対事的「のだ」を用いた(3-40)では、気づく前からすでに「雨が降っている」という事態が存在していたと話し手が捉えていることが示される」と述べている。(例文の番号は、本論の中で変えてある。)[18]

　　(3-39) あ、雨が降っている。

　　(3-40) あ、雨が降っているのだ。

しかしながら、ノダの思考プロセスを応用すれば、上記のような場合の違いが明確になる。すなわち、「雨が降っている」は、目の前の状況を単に描写している述べ方である。一方、「雨が降っているのだ」は、疑問、推察の過程を経て発せられる。例えば、何かの音に気がついて、「何だろう」と疑問に思っていたところに、「雨が降っている」という事実を認識したような場合に、疑問の答えとして「雨が降っているのだ」と言うと考えられる。

3.5.4　感情表現について

　感情形容詞は感情の表出を示す表現として、一人称の主語には用いることができるが、三人称主語には用いないことは、すでに知られている。寺村(1984:346)は、「太郎は水がほしい」とは言えないのに、「太郎は水がほしいのだ」ということは言える、ことを指摘している。[19] 寺村の指摘と同じ現象を、野田(1997:65)も指摘している。しかし、特にそれについて説明はない。しかしながら、本論のノダの思考プロセスを応用すれば、「太郎は水がほしいのだ」という文は、以下のように出現すると考えられる。

　　(3-41)［太郎が何かをしている(1.(現象)認識)］→［何をしているのだろう(2.疑問)］→［何かほしいのだろうか(3.推察)］→太郎は水がほしいのだ。(4.答え)

このように、「太郎は水がほしいのだ」という文は、太郎の様子を見ている人が「太郎は水がほしい」という内容を疑問、推察の答えとして発するときの形であると言える。すなわち、「太郎は水がほしい」のように太郎の気持ちを表出したり、描写することはできないが、「太郎は水が欲しいのだ」の中では、「太郎は水がほしい」というのは太郎の感情や欲求を直接述べる文ではなく、ひとつの命題になっているのである。

逆に、発話時点の話者自身の感情は、独話ではノダ文に表れにくい。三人称の場合と比べてみる。

　（3-42）？私はその話を聞いて突然泣き出した。悲しいのだ。
　（3-43）　太郎はその話を聞いて、突然泣き出した。悲しいのだ。

発話時の自分自身の感情は、あえてノダの思考プロセスで疑問、推察の過程を経なくても、話者が無意識のうちに認識しているために、疑問、推察の対象外なのだろう。

3.5.5　談話の中で、ノダが突然出てくるように見える現象

　ノダが脈絡なく出現するとして、しばしば研究者を悩ませてきた用法がある。菊地（2000:37）は、以下のような例は、自らの分析では説明しにくいとしている。

　（3-44）〔唐突に〕ボクね、今晩デートなんです。えへへ。
　（3-45）A「ところで、君、P先生って知ってる？」
　　　　　　B「ええ、私、知ってるんです。すっごく、素敵な先生！」

菊地は、これは基本から離れ、強いて言えば〈強調〉とでも言うしかなさそうだと述べている。

　野田（1997:140）も、「応答文として「のだ」を用いる必要がないはずなのに、ムードの「のだ」が用いられている」例として以下のようなものをあげている。

　（3-46）和田　今話題の『エレファント・マン』とか、ああゆうものは
　　　　　　　　ご覧になっていますか？
　　　　　向田　見ていないんです。あれとか『ブリキの太鼓』あたりは
　　　　　　　　みたいなと思っているんですけど。
　（3-47）「薬は効いていますか」
　　　　　「それが、あんまり飲んでいないんです」

野田は、このようにノダを用いる場合について、「話し手が単に質問に答えるだけではなく、その応答文をきっかけとして、自分の話したいことを提示し、話を続けていこうとしているときである」（p. 142）と説明しているが、あまりこの用法に特徴的であるとは思えない。

　単に、（3-45）では「知っています」のかわりに「知っているんです」と言い、（3-46）では「見ていません」のかわりに「見ていないんです」と言っている、と考えれば、菊地も言っているようにノダは「強調」を表すと

いう解釈も成り立つであろう。しかしながら、(3-47)で「薬は効いているか」という疑問に対し、「効いている／いない」と答えるかわりに「飲んでいないんです」と言っているのを見れば、「強調」というような説明は不適切であると言わざるを得ない。

　だが、こういった例も、ノダのサイクルを応用すれば容易に解釈できる。すでに述べたように、ノダは、疑問、推察という過程を経ながら答えを出すときに用いるものである。話者は、相手の質問を聞いて「これは何を意味するか」あるいは、「どうしてこのような質問をするか」と考える。相手の発話行為に対して疑問を持つのであるから、「サイクル3」の疑問であると言える。例えば、菊地の(3-45)の例を見よう。Bが「知ってるんです」と答えたのは、Aがそのような質問をしたこと自体に反応しているのである。BはAの質問を聞いて、「これはどういうことか／どうしてこのような質問をするか」という疑問を持つ。Bはまず「(Aがこのような質問をするからには)、Aは自分がP先生を知らないと思っているのだ」と結論する。しかし、「そうではなくて、実は～なのだ」というふうに一歩先回りして、相手に本当の答えを与えるために、「知っているんです」とノダ文で答えていると考えられる。3.5.1節であげた益岡の(f)の用法にも共通しているのだが、「P先生を知らないと思っているのかもしれないが、実は知っているのだ」と言っているとも考えられよう。つまりこのノダが突然出現する用法では、話者は相手の様子や発言から、「相手は～と思っている(あるいは、期待している)のだ」と判断し、その上で、本当の答えをノダ文で表す、というプロセスを踏んでいる。文面には表れないものの、ノダのサイクルがひとつ前提として隠れている、と考えるとよい。

　このように、「相手は～と思っている(期待している)のだろうが、(～ではなくて)、(実は)～のだ」という論の流れは、(3-45)、(3-46)、(3-47)のすべての例に共通している。また、実際に菊地(2000:37)があげた以下の例には、そういった論の流れ自体が表れている。(例(3-27)も参照されたい。)

　(3-48) 或いは、「合意とは1905年の『保証条約』を指す」と主張するかも知れない。だがそれこそ事実誤認なのである。

　なお、「相手は～と思っている(あるいは期待している)のだろうが、(～ではなくて)、(実は)～のだ」という論の流れは、ワケデハナイという表現とのかねあいでも興味深い。[20]　ワケデハナイとの関係は、第4章4.8節で述

べる。

　さて、この「相手は〜と思っている(あるいは期待している)のだろうが、(そうではなくて)、〜のだ」といった論の流れは、菊地の例(3-44)のような場合にもつながっている。実際、会話の中で、それまでの話題と関係なく、突然一人の話者が以下のようなことを言い出すこともある。

　(3-49) 私、最近結婚したんです。
　(3-50) 実は、私、会社を辞めたんです。

こういった場合もやはり、相手の様子や発言などを通して得られる「このことを相手は知らないのだろう」というような話者の判断が前提となっていると思われる。その上で、相手に答えを与える形としてノダ文で実状を述べていることになる。したがって、この用法ではしばしば、「実は、本当は、本当に」などという言葉が現れる。この「実は、本当は、本当に」などは、推論を否定した上で本当の答えを述べるというノダの側面を表している。(例(3-27)、(3-28)なども参照されたい。)

　また、すでに3.5.1節で述べたように、益岡の分類した用法(f)の「実状説明」にも「相手は〜と思っているのだろうが、そうではない」という気持ちが表れていると筆者は分析した。益岡の例文自体は短かすぎて前後関係が不明であるものの、基本的に上記の例(3-44)から(3-47)、および(3-49)、(3-50)などと同じ用法と思われる。また、益岡の(g)「実状判断」、(h)「当為内容の説明」などの用法も、「自分は〜と思っていたがそうではない」、「相手は〜と思っているかも知れないが、そうではない」という論の流れを前提としている。(g)の「自分は〜と思っていたがそうではない」という論の流れは、「相手は〜と思っているのだろうが、そうではない」という(f)の鏡映関係であると言えるし、(h)は(f)を発展させ、話者の答えを相手に強要するという意味合いを出している。そこで、命令、禁止という意味を持つものと思われる。

　このように、ノダの思考プロセス、およびノダのサイクルを応用すれば、一見バラバラな用法が、ひとつの共通の論理でまとまっていることがわかる。

3.5.6　ノダが従属節に現れる用法——カラとノダカラ

　ここでは、ノダが従属節に現れる用法として、「PノダカラQ」の形式の文について述べる。ノダカラという形については、第5章で詳しく述べる。

3.5 ノダのサイクルとノダの用法——先行研究との比較

ここでは、第5章の5.3.2節であげる三つの場合のうちの一つを取り上げる。

田野村(1990:102)は、「「PのだからQ」という表現は、前件Pをすでに疑問の余地なく定まったことがらとして提示し、それを十分な根拠として後件Qを発言するものだと言ってよさそうである。「PのだからQ」は、「Pである以上、当然、Q」「Pであるからには、当然、Q」といった意味を表すと言ってよい」と述べる。しかし、同時に「ただ、残念ながら、「のだから」がこのような意味を表す理由は不明である」と述べている。野田(1997:182-3)は、同じ「PノダカラQ」という形について、ノダカラが用いられるのは「聞き手に十分認識させるために従属節の事態をあらためて示す」場合とし、「従属節の事態を充分認識させた(した)うえで、それを根拠とした判断を主節で述べることによって、主節の判断の必然性が、「から」の場合より強く示される」と述べている。だが、なぜそのように言えるかについては、明瞭な説明がない。

しかしながら、本論で述べたノダの思考プロセス、およびノダのサイクルを応用すれば、「PノダカラQ」の形を用いると、主節でなぜ判断が必然的な意味を帯びるか、ということも説明できる。簡単に言えば、ノダ文は、すでに述べたように、話者の疑問、推察を経て答えを示す形である。したがって、「Pノダカラ」は、Pの内容が、話者にとっては疑問を解決したあとのすでに処理済みの「確信のある」判断を述べている、という印と言える。すなわち、「Pノダカラ」によって、必然的、断定的な内容のQを述べるために、「確信のある」根拠をあげている、ということになる。判断の根拠に確信があればあるほど、主節で表す判断にも確信がこもるのは、自然な成り行きである。

また、田野村は、「PノダカラQ」の後件Qには、「単に知識を表明したり報告するものではないことが多い」(p.107)、また「Qが、話し手の判断や評価の表現である場合がある」と述べている。そして、Qが単に事実を述べるような内容であっても「Pである以上、Qであるのは当然だといった含みをもっている」と指摘し、「Pは、言わば、Qを発言するための土台として働く」と述べている。(p.108)

筆者は、基本的に田野村の考え方に賛成である。さらに言えば、管見では、PノダカラはQで述べる話者の判断や働きかけの文に、より断定的な響きを持たせるために、Pを格上げするようなものだと考える。Qで断定

的な内容を述べるためには、それなりの根拠がなければならない。例えば、Grice（1975:46）の 'maxims' にも、'Do not say that for which you lack adequate evidence.'（それを言うだけの根拠がないことは言うな（筆者訳））というものがある。しかし、逆に言えば、それなりの根拠を持たせれば、何でも言ってよいとも言える。Pノダカラを用いると、ふつうではQに断定的なことが言えないような場合においても、Qを断定的に表現することができる。筆者はノダカラのそういった効果を「ノダカラのお化粧効果」と呼ぶ。

Qで断定的なことが言えるかどうかは、以下の例のように、人称によっても違う。

(3-51)「どうだね。九州の旅の疲れは、もうなおったのかね？」
（主任が）すし屋が出しそうな大きな茶碗で茶を飲みながら言った。
「はあ、二晩寝たから、もう大丈夫です」 　　　　　　　　　（点）

(3-52)（話者が聞き手に対し）「大病を克服したのだから、もう大丈夫ですよ。・・・」 　　　　　　　　　　　　　　　　　　　　　　　（逃）

(3-53)「本人が元気なのですから、大丈夫のはずです。」 　　　　（逃）

例(3-51)、(3-52)、(3-53)は、それぞれ話者が一人称、二人称、三人称のことを述べている。[21] (3-51)は、Pの内容が、話者自身の経験に基づいていることなので、Qで「大丈夫だ」と断定するにあたり、カラを用いれば十分であり、ノダカラを使う必要がない。しかし、Pで他人のことを述べる場合は別である。基本的に、他人のことは断定しにくいので、Qで断定するためには、Pでそれなりの確信のある根拠を述べなければならない。そこで(3-52)、(3-53)では、Pにノダカラを用いていると考えられる。

しかし、もし主節Qで断定的な内容を述べないつもりなら、ノダカラを用いなくても言える。(3-52)と(3-53)は、以下のように言い換えるとノダカラを用いる必要はない。

(3-52)' 大病を克服したから、もう大丈夫でしょう。
(3-53)' 本人が元気ですから、大丈夫だと思われます。

しかしながら、(3-52)'のように言うと、(3-52)にあった、話者の確信の含みと、それによって増強される相手を激励するような効果は減退してしまう。

また、田野村(p. 104-105)は、PノダカラのPについて、「聞き手がすでに知っていることがらであることが多い」と述べ、一方、「聞き手の知らない

ことがらPをまず伝え、そのうえでQを述べるという場合には、「のだから」は適しない」と述べる。ところが、「もっとも「PのだからQ」のPが聞き手にとって未知のことがらであり得ないわけではない」とも述べている。田野村は、このように聞き手の知識に注目している。しかしながら、管見では、ノダカラの使用に関して、聞き手の知識の有無は根本的な問題ではないと思われる。例えば、以下の(3-54)、(3-55)は田野村(p. 104)が「聞き手がすでに知っていることがらであることが多い」としてあげている例である。

(3-54) もう ｜？小学生だから／小学生なんだから｜、それくらいのことは自分でしなさい。

(3-55) 君がそう ｜？言うから／言うんだから｜、間違いはあるまい。

(3-54)では、Qが命令を表している。しかし、Qがもっと弱い表現であれば、以下のようにカラを用いても言える。

(3-54)' もう ｜小学生だから／小学生なんだから｜、それくらいのことは自分でできるかもしれないわね。

また、(3-55)では、Qが「間違いはあるまい」という強い断定を表している。しかしながら、やはりQがより消極的な表現であれば、以下のようにカラを使って言える。

(3-55)' 君がそう ｜言うから／＊言うんだから｜、そう思えてきた／そう思ってしまった。

ちなみに、(3-55)のQが話者の気持ちを直接表すタイプの文であるのに対し、(3-55)'のQは、現象描写文である。(3-55)と(3-55)'を比較し、「言うから」と「言うんだから」を比べると、主節で共起するモダリティのレベルが異なるように思われる。このことについては、また5章で述べる。

以上の考察をまとめると以下のようになる。本稿ですでに述べたように、「Pノダカラ」には、Pの内容が、話者にとっては疑問を解決したあとのすでに処理済みの「確信のある」判断であるということを示す性質がある。それ故に、話者が話の内容と聞き手との関係に応じて、あまり断定的なことは述べるべきではないと思うことがある。またそうした語用論的な要因のために、Qで述べる内容との関わりにおいて、結果的にたまたま聞き手の知識との関係があるかのように見える場合もあるというだけのことであると考えられる。本質的には、話者がPを根拠として、Qの内容および発言すること自体がいかに当然であるかをアピールする度合いによって、ノダカラを用い

るかどうかが決まると思われる。
　このように、Pノダカラという形は、ノダが思考プロセスのサイクルを回した印であること、すなわち「すでに疑問を解決した処理済みの内容である」というノダが表すインパクトを利用して、「確信のある」根拠を提示しているという響きをもたせ、Qで述べる断定的な内容にふさわしい根拠を形成するという効果を実現していると考える。なお、これは従来のようにノダを「既定の事柄を表す」とか「説明を表す」と解釈している限りは説明のつかない現象である。

3.5.7　郵便局に行くんですか

　日本語教育の教科書では、ノダは説明、確認、驚きなどを表すものとして説明されることが多い。例えば、筑波ランゲージグループ（1991:124）では、ノダ文は 'Sentences ending in 〜んです are commonly used for giving or requesting an explanation or reason.'（一般に説明や理由を与えたり、求めたりする場合に用いられる（筆者訳））と説明している。そして例として、質問する男性と、質問に答える女性の絵とともに、以下のような比較を示している。(3-56)では、手紙を手に持った女性に対して質問し、一方(3-57)では、特に手紙などは持っていない女性に質問する。

　　(3-56)　男性：郵便局に行くんですか。
　　　　　　女性：ええ、友達に手紙を出すんです。
　　(3-57)　男性：郵便局に行きますか。
　　　　　　女性：ええ、いきます。or いいえ、行きません。

　そして、以下のような説明を加えている。（(　)内の訳は筆者による。）

　　（例(3-56)について）　He assumes that she is going to the post office, and wants her to confirm it.（彼は、彼女が郵便局にいくのだろうと思って、それを彼女に確かにそうだと認めてもらいたい。）

　　（例(3-57)について）　He wants to know if she is going to the post office or not.（彼は彼女が郵便局に行くかどうか知りたい。）

筆者の述べているノダのサイクルは、このような現象の説明にも、大変有効である。
　上記の（例(3-56)について）では、男性が「彼女は郵便局に行くのだ」と思ったことを確認したい、という説明をしているが、もし、女性が以下のよ

3.5 ノダのサイクルとノダの用法——先行研究との比較

うに答えたらどうであろうか。

　　（3-58）男性：郵便局に行くんですか。
　　　　　　女性：ええ、行くんです。or ええ、そうです。

もし、男性が単に「確認したい」とだけ思っているのであれば、(3-58)の
やりとりで充分なはずである。ところが実際には、(3-56)のような場合に、
(3-58)のような答えしか得られなければ、男性は何となく物足りない気持
ちがするであろう。(3-56)のやりとりは、以下のように説明できる。

　(3-56)では、男性が、女性の手の中の手紙を見て、「女性は手紙を持っ
ている」と認識する。次に、男性は「これは何を意味するか」と疑問を持
ち、「郵便局に行くのだろう」と推察する。そして彼女に「郵便局に行くん
ですか？」と話しかける。「郵便局に行くんですか？」という質問は、男性
が「彼女は郵便局に行く」というところまで答えを出していることを示し
ている。女性の方は、自分が実際に郵便局に行こうとしている場合、「郵便
局に行く」というところまで答えを出している人に対して、「郵便局に行
くかどうか」というレベルの答えをするわけには行かない。例えば、Grice
(1975:45-46)の 'maxims' には 'Make your contribution as informative as possible.'
（できるだけの情報は与えよ）、また 'Make your contribution relevant.'（相手
の言ったことに適切な関連性を持つように話せ）というものもある。（訳は
筆者による。）したがって、女性は答えるにあたり、ノダのサイクルに沿っ
て、次のレベルに進んで行くのである。次のサイクルとは、「郵便局に行く
のだ」につながる、「なぜ郵便局に行くか／これは何を意味するか」といっ
た状況全体についての疑問に対して、推察、答えへと進むさらなるサイクル
である。その答えとして、彼女は「友達に手紙を出すんです」と答えるわけ
である。[22]

　したがって、(例(3-56)について)では、「男性が確認を求めている」とい
うような説明をしているが、実際には「確認」以上のものを要求しているの
である。[23]　一方、(3-57)では、男性の質問は「郵便局に行くか、行かない
か」について答えを求めていることを示している。したがって、女性は「え
え、いきます」と答えるだけで充分である。

　なお、前にも引用したように、菊地は「①話し手と聞き手とが、ある知
識・状況を共有していて、②それに関連することで、話し手・聞き手のうち
一方だけが知っている付加的な情報があるという場合に、その一方だけが

知っている付加的な情報を他方に提示するときの言い方が「のだ(んです)」(その提示を求めるときの言い方が「のか(んですか)」)である」と定義している。菊地(2000：33)も、本論の例(3-56)と同じ例文を引用して、A と B の会話に菊地の定義した状況が成立していると述べている。しかしながら、菊地は、なぜ共通の認識が成立したら、「一方だけが知っている付加的な情報を他方に提示する」という行為につながっていくのか、という点についてはまったく説明していない。しかしながら、本論のようにノダのサイクルというものを想定すれば、なぜ例(3-56)のような場合に A と B が例にあるような会話を行うかを述べることができる。

ノダのサイクルは日本語教育の中でも、利用価値の大きいものである。日本語教育への応用に関しては、また別の機会に詳述したい。

3.5.8　先行研究との比較のまとめ

以上、3.5.1 節から 3.5.7 節では先行研究と比較しながら、ノダのさまざまな用法とノダの思考プロセス、およびノダのサイクルとの関係を述べた。先行研究では細かく分けていたノダの各用法が、ノダの思考プロセス、サイクルを応用することにより、一つの原理によって説明できることを示した。

これまで、ノダの働きについては、説明、強調、主張、発見などといったさまざまな定義付けが行われてきた。また、例えば野田(1997)は「対事的」なノダと「対人的」なノダを分けて説明したり、菊地(2000:29)は、すでに前の 3.5.7 節で引用したように、「のだ」の基本的な用法を話者と聞き手との間の情報交換の側面に見出している。野田や菊地の考え方に従えば、ノダには人間同士のコミュニケーションを促進するような働きもあることになる。

しかしながら、本論で主張したいことは、ノダは説明、強調、主張、発見などを表すために、それぞれ別の役割を担って登場するわけでもなく、また、会話の中でコミュニケーションを促進することが中心的な機能であるわけでもないということである。むしろ、すでに示したような思考のプロセス、サイクルが根幹となっていて、それがいろいろな場面で現れ、あるときは説明、強調、主張、発見を述べるような役割を果たしたり、コミュニケーションの促進作用を持つかのように見えるだけである、ということである。会話のコミュニケーションを促進するかのように働く、という点を逆に言えば、このような思考のプロセス、サイクルが人間の思考パターンの中に共有されてい

るものであるからこそ、話し手と聞き手が協力して思考のプロセス、サイクルを回すことができるということである。

筆者は、角田(2001:28)において、「ノダは、内容が話者にとって真偽判断の処理済みの事柄であるというサイン(印)である」と述べた。この「真偽判断の処理済み」ということは一般化できる。その一般化とは、上記にすでに述べたように、ノダは「1. 認識→2. 疑問→3. 推察→4. 答え」のサイクルをすでに回したというサインだということである。

さて、ノダのサイクルを前提とし、応用することにより、この思考プロセスが談話の構成にまで反映していることをも説明することができる。以下に述べる。

3.6　談話レベルの用法——ノダの思考プロセスのメタファー

ノダのサイクルは、思考のプロセスを表すだけではなく、談話の構成自体にも表れる。しかし、このことは先行研究の中では見落とされている。以下、関連する先行研究を引用する。

奥田(1990:207)は、ノダの「強調」の表現の一つとして、「場面切りかえ的な機能」があるとして、例文をあげている。例文の一つは、「私はひとりのいたましい女性を知っていた」という文ではじまり、彼女が、男性と出会い、結婚の約束をしたが、彼と生き別れになり、それでもずっと「まっていてください」という彼の言葉を信じて待ち続けたことを述べる。以下は、例文の一部である。

(3-59) 五年たち、十年たっても、彼からの便りはなかった。空襲でしんだのかもしれないと、彼女は思い、彼のために位牌さえつくった。そして、一三年目に、彼女は旭川にかい物にでたとき、ぱったりと昔の恋人にめぐりあった<u>のだ</u>。彼女はよろこびのあまり、彼の名をよんだ。かれはふりかえった。が、・・・・以下略。

野田(1997：100)は、「書き言葉では、物語の進行の中で特に意味をもつ出来事の発生を述べるときに、「のだ」が用いられることがある」として、奥田が「場面きりかえ的な機能」と呼ぶ現象と同じ現象を指摘している。以下は、野田のあげた例である。

(3-60) 頭がおかしいんじゃないのかな。新手の販売訪問だろうか。頭の半分で、僕はめまぐるしく考えた。すると、彼女はこう答えた<u>のだ</u>。

第3章　ノダの思考プロセス

　　　「あのね、あたしはサトシ君のお父さんの恋人よ。で、この子はあ
　　　たしと彼の子供」
野田も、奥田も、こういった用法を一種の「強調」としてとらえている。し
かしながら、「強調」という説明では、漠然としていて理解が深まらない。
管見では、このような用法もノダの思考プロセス、サイクルと深くかかわる
ものであると考える。
　（3-59）、（3-60）にも見られるように、こういった例に共通しているのは、
文の内容として、試行錯誤している状況、あるいは解決を求めてもなかなか
答えが出ないような状況のさなか、ノダ文によって表される予期せぬ出来事
が突然起こる、というパターンである。そのノダ文によって表される出来事
は、それまでの試行錯誤や不可解な状況を（良い方向であるか、悪い方向で
あるかは場合によるとして）払拭するような出来事なのである。
　これは、ノダの思考プロセスのメタファーであると考えられる。というの
も、ノダ文で現れる新たな出来事は、それまでの試行錯誤に対して、ある種
「答え」のように働いているからである。
　（3-59）の例文は筆者が省略し、（3-60）の例文は、野田が例文の前の部分
を省略して提示しているが、以下にあげる例文では、ノダの思考プロセスが
より鮮明に表れている。
　（3-61）「ジョバンニ、カムパネルラが川へはいったよ。」
　　　　　「どうして、いつ」
　　　　　「ザネリがね、舟の上からからすうりのあかりを水の流れる方へお
　　　　　してやろうとしたんだ。そのとき、舟がゆれたもんだから水へ落っ
　　　　　こったろう。するとカムパネルラがすぐに飛び込んだんだ。そして
　　　　　ザネリを舟のほうへおしてよこした。ザネリはカトウにつかまった。
　　　　　けれどもあとカムパネルラが見えないんだ。」
　　　　　「みんな探してるんだろう。」
　　　　　「ああすぐみんな来た。カムパネルラのお父さんも来た。けれども
　　　　　見つからないんだ。ザネリはうちへ連れられてった。」
　　　　　　ジョバンニはみんなのいるそっちの方へ行きました。そこに学生
　　　　　たち町の人たちに囲まれて青じろいとがったあごをしたカムパネル
　　　　　ラのお父さんが黒い服を着てまっすぐに立って右手に持った時計を
　　　　　じっと見つめていた<u>のです</u>。

3.6 談話レベルの用法——ノダの思考プロセスのメタファー

みんなもじっと河を見ていました。・・・（途中略）・・・けれどもにわかにカムパネルラのお父さんがきっぱり言いました。
「もうだめです。落ちてから四十五分たちましたから。」　（銀河）

（3-61）の例では、ノダ文がいくつも表れているが、本論ですでに述べたことで説明できる。ここでの問題は、下線部のノダである。この話の流れの中で、まずジョバンニがカムパネルラの事件を知ることに続き、みんなで探しているにもかかわらず、カムパネルラがみつかっていない、という状況が提示される。ジョバンニも、読者も「カムパネルラはどうなってしまったのだろう」といった疑問を抱き、不可解な状況に放り込まれる。そんなとき、カムパネルラのお父さんの出現は、その不可解な状況に終止符を打つ「答え」として働いている。

このように、ある状況を認識し、その状況の中で何らかの答えを求めて試行錯誤を経過しつつあるとき、ノダ文によって表される出来事、あるいは説明が出現し、その試行錯誤を解決するような意味を持つ、というのは、まさにノダの思考プロセスが談話の構成に拡張した姿だと言える。つまり、話の流れ、談話の構成自体が、「1. 認識→2. 疑問→3. 推察→4. 答え」というノダの思考プロセスの姿を呈しているのである。このように、ノダの思考プロセスは、単にノダ文が単文として、前後の文の意味内容との関係で出現することに関与するだけではなく、メタファーとして、談話の構成にも表れると考えられる。同時に、このような談話の構成自体がノダの思考プロセスの存在を説明することにもなる。

なお、これまでメタファーに関する研究では、語彙の意味がより抽象的な意味に拡張する例が多く報告されてきた。一方、上記に指摘したように、ノダの思考プロセスというものを想定すると、そのプロセスの構成が談話の構成にも拡張していることが認められる。このことは、談話研究の上からも、きわめて興味深い事実である。

ところで、上記のような特別な効果以外にも、ノダの思考プロセス、およびノダのサイクルは談話の中で重要な役割を果たす。ここでノダの思考プロセスおよびサイクルの談話の中での効果について、簡単に述べる。

すでに述べたように、ノダは会話であれ、小説であれ、論文であれ、さまざまな場面に出現する。ノダの談話上の大きな効果は、話し手と聞き手、あるいは書き手と読み手が発話時現在、あるいは読んでいるその時の思考プロ

セス、サイクルを共有するところにあると思われる。例えば、小説や歴史の記述、論文などでは、読者や聞き手を現実に引き込む臨場感を醸し出す。書き手、話し手にとっては、小説の筋も、歴史の事実も、論文の内容もすでにわかっていることである。それを順番通りに出来事として列挙したのでは、読者や聞き手はあくまでも傍観者にすぎない。一方、ノダの思考プロセス、サイクルを用いることによって、まず目の前の状況に読者や聞き手を放り込み、小説であれば、登場人物の思考プロセス、サイクルと読者の思考プロセス、サイクルを重ね合わせ、徐々に疑問点を推察させながら読者とともに謎を解明するという手法をとれば、読者は単なる傍観者ではなくなるのである。読者は、書き手や登場人物とともに、現実の人間の思考のプロセスを物語の中でたどることにより、より物語に現実感を見出すことになる。また、論文などの中でも、「これは何を意味するか」「どうしてこのような状況があるか」といった筆者の疑問、推察を読者や聞き手の疑問、推察に重ね合わせて、答えとして筆者の見解を述べる、といった効果を出しているのである。

　以上、ノダの思考プロセス、サイクルを用いると、単文からテキスト、談話を通じ、これまで個別的に指摘されてきたノダの用法を一つの原理で説明できることを示した。

3.7　名詞＋ダあるいは名詞＋ナノダ

　ところで、これまでの例では、名詞を述語にする文の場合について説明していなかったので、ここで名詞を述語にする文にノダが現れる場合について述べる。文が、「名詞＋ダ」で終わる場合と「名詞＋ナノダ」で終わる場合を比べる。先行研究では、名詞述語文を分けずにノダ文を分析する傾向があり、そのために、分析があいまいになっていることがある。[24]

　実は、文脈との関連や、話者の気持ちの入れ方などの要因が働くので、どのようなときに「名詞＋ダ」と「名詞＋ナノダ」を言い換えるかについては、完全には分けることはできない。しかしながら、おおまかに述べて、ノダのサイクルの(i)から(iv)のレベル、あるいは「サイクル1」の答え、すなわち「これは何か」の答えとして、名詞述語文が現れる場合は、「名詞＋ダ」の形になる。一方、ノダのサイクルの(v)から(viii)のレベルのように、「サイクル2」の答え、すなわち「これはどういうことか」といった、前のコンテキスト、および文の全体についての答えとして、名詞述語文が現れる場合は「名詞＋

ナノダ」の形になると思われる。以下に例を述べる。
  (3-62) A: これは何ですか？
       B: りんご<u>です</u>。
  (3-63) あれ、何か光った。<u>鏡だ</u>。
上記の(3-62)、(3-63)のように、「何だろう？」というタイプの疑問の答えとして、名詞述語文が出現する場合は、「名詞＋ダ」の形で出現する。[25] この場合に、答えにノダを用いると、特別の効果(3.5.5節参照)を表すか、不自然な文になるかのどちらかである。
  (3-62)' A: これは何ですか？
       B: りんご<u>なんです</u>。
  (3-63)' ? あれ、何か光った。<u>鏡なのだ</u>。
(3-62)'のように、「りんごなんです」と答えると、「<u>実は、</u>／<u>驚くなかれ、</u>りんごだ」というような、何か特別な驚くべきものを持っているような響きになる。話者自信が驚いている場合もあるし、聞き手を驚かせようとしている場合もあるだろう。(3-63)'のような場合は、ノダ文での答えは不自然である。
  一方、「名詞＋ナノダ」の形が現れる場合は、以下のようなものがある。
  (3-64) この指輪は誰にも渡さない。大好きだったおばあちゃんの<u>形見なのだ</u>。
  (3-65) 「ここだけの話でございますが、こちらの石はグレードの高い物を使っております。デザイン的にダイヤをたくさん使っていないので、このお値段になっておりますが、逆に言えば石の質で勝負の<u>指輪なんでございますよ</u>。」　　　　　　　　　（それでも）
  (3-66) 「強いですね。僕のような軟弱な人間は、とてもそうはいきません」
  「それはどうかなあ。浅見クンが軟弱だなんて、私は思わない。あなたは確かに優しいけど、優しいのと軟弱なのとは違うでしょう。あなたはただ、相手を傷つけることを恐れる<u>人なのよ</u>。」　　（秋田）
  (3-67) 彼は署を出ると、市内電車で箱崎まで行き、そこから競輪場前駅まで歩いた。この電車は、津屋崎という北海岸の港まで通じていて、西鉄香椎駅は、その<u>途中なのだ</u>。　　　　　　　　（点）
(3-64)の場合は、「この指輪を誰にも渡さない」ということについて、「な

ぜ誰にも渡さないのだろう」あるいは「なぜ、こんなことを言うのだろう」といった疑問があると考えると、「大好きだったおばあちゃんの形見なのだ」はその答えになっている。(3-65)の場合は、指輪についてあれこれ説明をして、「つまり、どういうことか」というような疑問の答えとして、「石の質で勝負の指輪なんでございますよ」というしめくくりになっている。また、(3-66)の例においても、「浅見クンが軟弱だなんて、私は思わない。あなたは確かに優しいけど、優しいのと軟弱なのとは違うでしょう」という発言内容について、「つまり、どういうことなのか」という疑問に対して「あなたはただ、相手を傷つけるのを恐れる人なのよ」と答えを出している。また、(3-67)の場合も、最初の文で述べている内容について、「なぜそのような行動をとったか」という疑問への答えを「西鉄香椎駅は、その途中なのだ」と述べている。このような疑問と答えの関係は、「サイクル2」の場合と言える。

　上記の例に表れる「名詞+ナノダ」の部分を「名詞+ダ」に言い換えると、ニュアンスが変わったり、やや不自然な文になる。

　　(3-64)' この指輪は誰にも渡さない。大好きだったおばあちゃんの形見だ。

　　(3-65)' 「ここだけの話でございますが、こちらの石はグレードの高い物を使っております。デザイン的にダイヤをたくさん使っていないので、このお値段になっておりますが、逆に言えば石の質で勝負の指輪でございますよ。」

　　(3-66)' ? 「それはどうかなあ。浅見クンが軟弱だなんて、私は思わない。あなたは確かに優しいけど、優しいのと軟弱なのとは違うでしょう。あなたはただ、相手を傷つけることを恐れる人よ。」

　　(3-67)' 彼は署を出ると、市内電車で箱崎まで行き、そこから競輪場前駅まで歩いた。この電車は、津屋崎という北海岸の港まで通じていて、西鉄香椎駅は、その途中だ。

(3-64)'、(3-65)'、(3-66)'、(3-67)'のように言い替えると、文として成り立たないとは言えないものの、ノダを用いる場合のような、前の文脈に基づく答えである、という関係は表せない。

　また、逆に、文脈によっては、「これは何か？」のタイプの質問に対しても、答えにノダ文が出る場合もある。以下のような場合である。

(3-68)「ああよかった、ようやく摑まった」
　よほど焦っていたのだろう、留美子は電話に出るなり、率直すぎる感想を発した。
「このあいだ、浅見さんが年賀状を調べていらっしゃったので、私もほかの手紙類やら父の遺品をさがしてみたのです。そしたら、写真の入っている段ボールの箱の中から、ちょっと気になるものが出てきたんです」
「ほう、何ですか？」
「写真のネガ<u>なん</u>ですけど、車ばかりが写っているんです」（秋田）

(3-68)の文脈では、「留美子」は「なぜ緊急に電話をかけたか」ということを述べるために、ノダ文を連発していると考えられる。また、「写真のネガ<u>なん</u>です」というところには、3.5.5節で述べた、「実は」ではじまるタイプの用法が表れている、と考えられる。つまり、「思いがけないものが出てきた」ということを述べようとする気持ちから、「写真のネガです」ではなく、「写真のネガ<u>なん</u>です」というふうに、ノダのサイクルをもう一回り回したレベルで答えている、と考えられる。上記の(3-62)' の例と同じである。

　また、「いったいぜんたい」などの表現と呼応して、特に「何+ナノダ」を「何+ダ」の代わりに用いることによって、謎について、いぶかしむ気持ちを強調する場合がある。[26]

　　(3-69) これは、いったいぜんたい、<u>何なの</u>（／何）だろう。

　また、以下のように、「名詞+ダ」の形に入れ替えることもできるものの、やはりいぶかしむ気持ちを強く表す場合に「名詞+ナノダ」を用いることもある。

　　(3-70)「退官された理由は<u>何なの</u>（／何）ですか」　　　　（秋田）

このように、「名詞+ダ」を用いてもよいようなところに、話者の特別の気持ちを表現するために「名詞+ナノダ」を用いることがあると思われる。

　さらに、中止形を用いる場合を比べてみると、ダの中止形よりもノダの中止形（つまりノデ）を用いる従属節の方が、「なぜ」という疑問に対する理由をはっきり表すことがわかる。[27]

　　(3-71) 祖父は気難し屋<u>で</u>、しょっちゅう小言を言っている。
　　(3-72) 祖父は気難し屋<u>なので</u>、しょっちゅう小言を言っている。
　　(3-73) 田中さんはクリスチャン<u>で</u>、毎日曜日に教会に行く。

(3-74) 田中さんはクリスチャンなので、毎日曜日に教会に行く。

(3-71)、(3-73)のようにダの中止形であるデを用いても、(3-72)、(3-74)のように、ノダの中止形と考えられるノデを用いても、従属節は主節で述べている内容の「理由」として解釈できる。その場合も、デで表すよりも、ノデで表す場合の方が、「なぜ主節で述べる事態が発生するか」という疑問（「サイクル2」の疑問）の答えであることが、より明確に表せる。なお、「サイクル3」については、名詞述語に関しては、「サイクル2」と分ける決定的な証拠がない。

　以上のように考えると、大まかに言って、「何だろう」という疑問の答え、すなわちノダのサイクルの1次的レベル、あるいは「サイクル1」の答えは、話者が特別な意味合いを込めない限り「名詞＋ダ」という形で現れ、「なぜだろう」、「どういうことだろう」といった疑問の答え、すなわち「サイクル2」の答えは「名詞＋ナノダ」の形で現れると考えられる。

3.8　ノダ文を使いにくい場合

　これまでノダの思考プロセスおよびサイクルがどのようなもので、どのように文に表れるか、ということを述べてきた。ここでは逆に、ノダの思考プロセスおよびサイクルが適用できないような場合、あるいはノダ文として現れると予測できる場合に、ノダが現れない場合について、考えてみたい。

　すでに述べたように、ノダ文は、「1. 認識→2. 疑問→3. 推察→4. 答え」という思考プロセスに沿って出現する。しかしながら、そのプロセスを逸脱するとノダが出てこない。以下の例を比べてみたい。

(3-75)（何やら探し回っている相手に対して）
　　A: あなた、[何してるの／*何している]？
　　B: 財布を[さがしているんだ／*さがしている]。
(3-76)（むこうで何かをしている人を見ながら）
　　A: あの人、[何しているのかな／*何しているかな]？
　　B: 木の[消毒をしているんだ／*消毒をしている]よ。
(3-77)（一階の台所で仕事をしている人が、二階から降りてきた人
　　　（太郎以外の人物）に向かって）
　　A: 太郎、二階で何して[た／る／?るの]？
　　B: 勉強して[た／る／?るんだ／?たんだ]よ。

122

(3-75)、(3-76)、(3-77)の例を比べてみる。(3-75)の、「何しているの？」という疑問は、話者が「相手が何かをしている」という状況を認識した上で発している。それに対する答えも「財布をさがしているんだ」とノダ文で表れている。このような場合、質問も答えも、ノダ文を用いなければ不自然となる。これはノダの思考プロセスの典型的なパターンである。(3.4節参照)同様に、(3-76)の例でも、話者は、「むこうの方で人が何かをしている」という状況を認識して、ノダ文で「何してるのかな」というふうに疑問を述べている。(相手も同じ情景を見ていることがわかっているので、どのようなことが起きているかについては説明せずに、いきなり質問している。)そして、相手もノダ文で答えを述べている。これもノダの思考プロセスが表れる典型的な例である。こういった場合も、質問も答えもノダ文で表さなければならない。

しかしながら、(3-77)の場合は、「太郎が何かしている」ということが話者の認識にのぼっていない場合、質問はノダ文では述べられない。「何しているの？」という質問をする場合は「何かをしているはずだ」ということを話者が知っている(例えば二階から物音がするとか、少し前に二階で太郎の様子を見たなど)ときである。また、このような場合、答えもノダ文では出にくい。このように、まず「認識」してそれについて疑問を持つというプロセスを経ないとノダ文を用いない。[28]

また、3.4.6節で、ノダが出現するプロトタイプとして述べたように、話者の発話時現在、すなわちモダリティが表れる典型的な環境において、答えを述べるというような場合にもっともノダが出やすいのに対して、同じような思考プロセスの内容を述べていても、過去のことを語っているような場合には、ノダが出にくいこともある。以下のような場合である。

 (3-78) 明るい灯のある駅についた。時計を見た。六分が切れている。
   ——つまり、国鉄の香椎駅と西香椎駅との間を歩くのに、六分間を
   要しない<u>ことがわかった</u>。　　　　　　　　　　　　　　　　(点)

(3-78)の例にも、ノダの思考プロセスが表れている。「ことがわかった」を除いて、「のだ」を用いると、よくあるノダ文の例になる。

 (3-78)' 明るい灯のある駅についた。時計を見た。六分が切れている。
   ——つまり、国鉄の香椎駅と西香椎駅との間を歩くのに、六分間を
   要しない<u>のだ</u>。

第3章　ノダの思考プロセス

　第2章で、現象描写的な文と、直接に話者の気持ちを述べる文の違いを述べた。(3-78)の例の場合も「ノダのサイクル」の思考プロセスが想定できる文であるにもかかわらず、ノダ文ではなくて、「〜ことがわかった」というように現象描写的な文で述べている。過去形を基準として用いる小説の文は、やはりモダリティ性が表れる典型からはずれているから、このようにノダ文ではなくて、現象描写文として表れるのであろう。

　このことは、3.4.4節で述べた、ノダのサイクルがいくつも連鎖する場合に、ノダ文が途中には出現しないことが多い、ということにも関連している。そもそも、ノダの思考プロセスの「認識→疑問→推察→答え」という性質を考えてみると、それらが何回も回った内容を表すとすれば、「過去の出来事」を述べる場合が多い。[29] したがって、ひとつひとつのサイクルの答えにあたる部分は、発話時現在の答えを述べているわけではなく、ある連続した出来事の成り行きとして語っていることになる。その点で、ノダ文が現れなくても不思議ではない。しかしながら、なおかつ最後の部分にはほぼ必ずノダが出現するというのは、やはり、ノダのサイクルが連続した結果としての判断あるいは答えである、ということの印であると考えられる。また、この最後の部分にノダ文が現れるのは、3.6節で述べた、文の流れの中で、答えとなるような節目の部分にノダが現れるという、ノダの思考プロセスのメタファーの用法にも連続していると考えられる。

　また、話者の発話時点の発話行為の中で、すなわちもっともノダが現れやすい典型的な環境では、必ずノダ文になって表れるような文が、そのプロトタイプからはずれると、ノダ文として表れない場合は、他にもある。

　例えば、「なぜ」を伴う疑問文はノダ文で表れる。田野村(1990：64)では、「「なぜ」「どうして」などの表現を伴って原因や理由を尋ねる疑問文においては、ほとんど常に「のか」が用いられるということは周知のこと」と述べている。また、例えば、益岡(1991：151)では、「「一体」や「なぜ」(「どうして」)を含む疑問語疑問文の特異なふるまい」として、以下のような場合は原則としてノダを伴って表現される、と述べている。

　　　(3-79)　　一体、誰にプレゼントをしたのですか。
　　　(3-80)　＊一体、誰にプレゼントをしましたか。
　　　(3-81)　　なぜ、花子にプレゼントをしたのですか。
　　　(3-82)　＊なぜ、花子にプレゼントをしましたか。

そして、その答えとして、「これらの疑問文がノダを必要とするのは、「一体」や「なぜ」が、課題設定の上に立って提示される問い——すなわち、説明型の疑問文——であるからにほかならない」と述べている。益岡の述べる「課題設定」とは、(3-79)、(3-81)の場合であれば、その前の文脈から生じる「太郎がプレゼントしたのは誰か」、「花子にプレゼントをしたのはなぜか」といった内容のことであると思われる。益岡の「課題設定」という考え方は、何らかの文脈や前提となる話者の認識を前提としてノダ文が現れる、という点では、本論とも共通点のあるものである。

しかしながら、「なぜ」を伴う疑問文であっても、例えば教科書の設問などではノダ文として表れないことも多い。以下のようなものである。

(3-83) <u>どうして</u>毎日手紙を書けと言われましたか。

(中級から学ぶ日本語)

(3-84) 前田さんはお父さんが九州へ行ったことを聞いて、<u>どうして</u>残念がりましたか。　　　　　　(中級から学ぶ日本語)

(3-85) 1. 最近、学校でどんなことが起こっていますか。

2. <u>なぜ</u>そのようなことが起こるといわれていますか。

(上級から学ぶ日本語)

(3-83)、(3-84)、(3-85)などは、日本語教育の教科書の中で、テキストの文章を提示したあとに、学習者がテキストの内容を正しく把握したかを確かめるための設問である。

こういった文の中ではしばしば、「なぜ」や「どうして」を伴う疑問文であってもノダ文が現れないことがある。これは、こういった文の中では、ノダの思考プロセスが発話時現在の発話行為の中に生かされていないからであると考えられる。すなわち、教科書の作者にとっても、学習者にとっても、テキストの内容はすでにわかっていることなので、発話時現在の「答え」を述べるという意味のノダ文にはならないのである。こういった場合は、発話時現在の「認識」、「疑問」に続く「答え」を求めるようなノダの思考プロセスが巡っていないとも言える。

このように、教科書の設問というようなものは、たとえ「なぜ」を用いる質問であっても、本論で述べている思考プロセスの典型からはずれるものなので、必ずしもノダ文が現れるとは限らない。話者の発話時現在の思考プロセスによるノダ文がモダリティとしての典型とすると、教科書の設問はモダ

リティ性が低い環境で現れる文であるとも言える。

　益岡(1991：152)は、「なぜ」を含む疑問文を、「どういう原因で」、「どういう理由で」といった表現を含む疑問文と比較すると、「どういう原因で」、「どういう理由で」を用いる疑問文はノダを伴わなくても成立すると述べ、以下の(3-86)、(3-87)をあげている。そして、以下のような文について、「ノダを伴わなくても成立できるのは、単純型の疑問語疑問文として用いることができるからである」と述べている。(益岡の言う「単純型の疑問語疑問文」というのは、「課題設定」がなくても成立する疑問文のことであると思われる。)

　　(3-86)　フランス革命はどういう原因で起こりましたか。
　　(3-87)　秀吉はどういう理由で家康に会いましたか。

　しかしながら、(3-86)、(3-87)の「どういう原因で」、「どういう理由で」を以下のように「なぜ」、「どうして」に言い換えても、不自然ではない。

　　(3-86)'　フランス革命はなぜ起こりましたか。
　　(3-87)'　秀吉はどうして家康に会いましたか。

益岡は、「どういう原因で」、「どういう理由で」といった表現を「なぜ」、「どうして」の代わりに用いることが、ノダなしで文が成立することの要因であるとしている。しかしながら、(3-86)'、(3-87)'を見ると、このような文は「なぜ」、「どうして」を用いても成立するのである。「どういう原因で」、「どういう理由で」という表現を用いることが、ノダなしで文が成立する要因ではない。

　何が要因かと言えば、(3-86)'、(3-87)'もやはり、歴史的な事実についての質問文だということである。つまり、質問をする側も答える側も、歴史的にすでに答えが出ているとわかっている場合の質問文である。したがって、「なぜ」、「どうして」を用いる質問文であっても、やはりノダの思考プロセスが発話時現在のものではなく、モダリティの典型からははずれているために、ノダ文を用いなくても不自然ではないと考えられる。

　田野村(1990)も「試験の問題などにおいても、「なぜ」を含んでいても、「のダ」が用いられないことがある」(p.68)、「クイズやなぞなぞでは、原因や理由を尋ねるときでも、「のダ」が用いられないことがある」(p.81)と述べ、以下のような例をあげている。

　　(3-88)　ここで主人公はなぜ傍線部のように叫んだか。(p.68)

(3-89) なぜ源頼朝は鎌倉に幕府を開いたでしょう。(p. 81)

田野村は、その理由として、「出題者は、解答者に対して、自分の知らない事情を詮索する姿勢で尋ねているわけではないからであろうか」(p. 68-69)と述べている。しかしながら、これらも同様に本論の枠組みの中で説明できる。

以上のことから、ノダ文は、プロトタイプの条件、すなわち話者なり、書き手なりがその時、その場の論の流れから、ノダの思考プロセスに沿って「答え」を述べるときに、もっとも現れやすいのに対し、プロトタイプからはずれると、ノダ文が現れにくいと言える。

3.9　一般言語学的な意義——文法研究方法への提案

本論では、思考プロセスを想定し、そのプロセスに沿って、文面には表れない文も併せて分析した。この方法は、文法研究の方法論としても、新たな提案であることを特筆したい。ここでは、これまでの研究の方法との関係を簡単に述べる。

文法研究では従来、表層に表れた文だけを扱っている。これに反して、表層に表れた文を扱っているだけではいけない、という議論もいくつかはある。例えば初期の生成文法の考え方では、文の表層には表れない深層構造を考えることによって、言語をより深く理解しようとした。

また、例えばRoss(1970)は、すべての平叙文(declarative sentence)において、深層構造ではもっとも深いところに、かならず遂行文(performative sentence)を含有する、という説を提唱している。つまりRossは表層に表れるものだけを見ていても理解しにくいが、深層構造においてある種の言葉が付け加わっていると考えれば、理解しやすいということを述べている。

また、本論第2章でも、中右、Sweetserがそういった隠れた遂行文などを分析に用いていることを示し、筆者の考察の中でも隠れたモダリティというものを活用した。

さて、本章で述べたノダの思考プロセスの理論では、これまでの議論で述べたように、さらに一歩踏み込んで、文字や音声には直接表れなくても、「1. 認識→2. 疑問→3. 推察→4. 答え」という思考のプロセスがあることを示している。またそのプロセスが連鎖するサイクルの存在を想定し、さらにそのレベルを段階的に想定している。そして、そのプロセス、サイクルに沿って、

表層には必ずしも表れない文の存在を前提とすることにより、文のつながり、談話におけるノダの働きを説明できることを示している。

　また、ノダの思考プロセス、サイクルを用いると、これまで表しにくかった推論を含むプロセスなどもわかりやすく説明することができる。そのことは、第4章、第5章でも述べる。

3.10　結論

　以上、ノダを人間の「1. 認識→ 2. 疑問→ 3. 推察→ 4. 答え」という思考のプロセスと関連づけて述べた。本論で述べたノダの思考プロセス、およびノダのサイクルを想定することにより、単文から談話に至るまで、ノダについて、これまで説明されなかった多くの事柄を統一的に説明できることを示した。

　ノダはいわば「たった今、話者が思考をめぐらせてわかったこと」、「もうわかって処理済となったこと」を表すといえる。そういった内容を表すモダリティとして、ノダという特別の表現形式が存在するということは、興味深い。

　また、本論の試みは、文法研究の方法論への新しい考え方を示していることも述べた。思考のプロセスおよびサイクルを想定することによって、表層には表れてこない文の存在を前提とすることにより、ノダの働きを説明できるのである。

　これまでの文法は「線状」であった。筆者は、「1. 認識→ 2. 疑問→ 3. 推察→ 4. 答え」という人間の「思考プロセス」を考慮し、しかもその連鎖のサイクルがつながる「スパイラル（螺旋）」が文法現象に表れていることを示している。その点で、いわば「4次元の文法」を目指していると言える。

第4章　ワケダ、ワケデハナイ

4.1　ねらい

　これまで、ノダとワケダを「説明のモダリティ」として、並列的に比べる傾向が強かった。例えば、寺村(1984)はノダ、ワケダを「説明のムード」と呼んでいるし、奥田(1990、1992)もノダ、ワケダを「説明」を表すものとしている。最近でも例えば、益岡(2001a、2001b)は、ノダ、ワケダを「説明のモダリティ」あるいは「説明・判断のモダリティ」と呼んでいるし、野田(2002：231)も、用法の広がりがあって「説明」だけとはいいきれないとしながらも、やはり「説明のモダリティ」として扱っている。しかしながら、ノダとワケダは、同じような場合に用いることはあるものの、レベルの異なるものである。そのことは先行研究で明確に示していない。

　ノダとワケダには談話的、統語的、意味的なレベルの違いがある。しかし、このことを統一的な原理に基づいて述べた論考はない。本章では、ワケダの用法について、ノダとの違いに注意をはらいながら、統一的な原理を説明する。本論第3章で述べた「思考プロセス」の観点から考察したい。

　本論では、ワケダとワケデハナイという形を取り上げる。

4.2　先行研究

　ワケダについては、すでに寺村(1984)、奥田(1992)などが詳しい分析を行っている。しかしながら、寺村も奥田もノダとワケダがどのような関係にあるのか、という点についてはほとんど指摘していない。また、奥田はワケダのいろいろな用法について、その広がりを抽象的には論じているものの、その論を裏付ける確固とした証拠は提示していない。最近の論考としては、益岡(2001b)も用法の分類を行っているが、ノダとワケダの背後のシステムについては論じていない。

　また、野田(1992:61)は、ノデハナイとワケデハナイを比べて、「「のではない」が示すのは単なる命題否定であり、「わけではない」は推論命題否定

を表す」とし、ワケデハナイは推論を含むと述べている。また、工藤（1997）もワケデハナイとノダハナイについて述べている。しかし、用法としては分析しているものの、背後のシステムについて、統一的な考察はない。

ワケダについては、すでに寺村（1984）、奥田（1992）などが詳しい分析を行って、以下のような見解を述べている。

 寺村（1984:274）：ワケに先行する節が、何事かからの帰結を表している。
   （p. 277）：Q ワケダは、一つ、あるいはいくつかのすでに事実として、確認されている事柄（P1、P2、P3・・・）からの当然の帰結としてある事柄（Q）がある、ということを言おうとする用法。

また、奥田（1992）も、ワケダについて重要な指摘をしている。

 奥田（p. 192）：先行する、いくつかの文にあたえられている出来事から、日常的な、経験的な法則を媒介にして、ごく自然にわりだされる、帰結としての出来事を「わけだ」をともなう文が差し出している、というような使用の場合がたくさんあるのである。
   （p. 194）：「わけだ」をともなう文は、その過程をとじる、おしまいの環としてあらわれる。推理の過程における《帰結》を表現している。

また、奥田（p. 193）は、ワケダは人間の思考・想像の過程を描いているとも述べている。

しかしながら、寺村も奥田もノダとワケダがどのような関係にあるのか、という点についてはほとんど指摘していない。また、奥田においてはワケダのいろいろな用法について、その広がりを抽象的には論じているものの、その論を裏付ける確固とした証拠は提示していない。

4.3　本論の考えと分析

ワケダはノダと同じように「思考プロセス」をもとに考えることができる。しかしながら、おおまかに言って、ワケダとノダを比べると、ワケダはスコープが広く、ノダは狭い。本章で主張することは以下のことである。

 (a)ワケダの思考プロセスは一つ限りの環であり、ノダの思考プロセスのようなサイクルの連鎖はない。（このことは、本論の新しい主張である。）

(b) ワケダは、「思考プロセス」の「1. 認識」で、認識する現象、状況として、いくつかの事柄があり、それらをまとめる答えとして出現する。（このことは、4.2節に示したように、先行研究ですでに述べている。）一方、ノダは、ワケダとは異なり、一つの事柄について答えを述べる。（このことは、本書第3章で述べた思考プロセスの考えによる。）

上記の二つの原理に加え、いくつかの関連する項目を主張する。

(c) ワケダは(b)で示したことに関連し、ノダを包み込む大きな環であると考えられる。基本的には、ノダがいくつか出て、それをワケダで締める。

(d) ワケダの思考プロセスは(a)で示したように、一回限りの環であり、それ以上の連鎖がない。そして、ノダは思考プロセスのサイクルの連鎖がある。このことによって、見かけ上はワケダがノダのサイクルに入り込んでいるように見えることがある。ワケナノダという形がそれである。

(e) ワケダには「トイウ」が入り、トイウワケダという形がある。ノダにはトイウノダという形はない。

(f) ワケダの思考プロセスには、ノダの思考プロセスで示した「3. 推察」の部分がほとんどつねに文面に表れることがない。実際に、推察の意味でワケカ(ナ)、ワケダロウカといった語形はほとんど現れない。[1]

(g) また本論の分析では、大きく分けて、ワケダには「統括タイプ」と「いきさつタイプ」がある。

以上はワケダという肯定の形についてである。ワケデハナイという否定の形についての主張は以下の通りである。

(h) ワケデハナイとノデハナイは否定のスコープが異なる。（このことは先行研究でも述べているが、本論では新しい観点を導入する。）

以上に示したようなワケダの性質およびワケダとノダの関係は、さまざまな文法現象を観察することによって明らかになる。

　本論はワケダの用法を細かく分類するのではなく、先行研究で指摘され、筆者も確認しているワケダの振る舞いにはどのような働きがあるのか、またノダとはどのような関係にあるのかということを中心に述べたい。

　本論の構成は以下の通りである。4.4節では、(a)、(b)、(c)、(e)、(g)で述べたことを中心に、ノダの思考プロセスとの比較から、ワケダの思考プロセスを述べる。そして、ワケダの二つのタイプを提案する。4.5節では、ワケナノダという形を扱い、(d)で述べたことを説明し、(f)にも言及する。4.6節で

はワケダの用法の一つについて、(b)、(c)の内容がいかに文法に反映しているかを見る。4.7節では、ワケデハナイの談話的効果を述べ、4.8節では、推論を含むワケデハナイとノダの関係について述べる。(d)の内容も関係する。4.9節では、結論を述べる。

4.4 ワケダの環およびワケダとノダの射程の幅

この節では、4.3節で述べた(a)、(b)、(c)、(e)、(g)について述べる。管見では、寺村、奥田がすでに指摘しているように、ワケダは「先行するいくつかの文にあたえられている出来事からの帰結」という見方が重要であると考える。すなわち、結論から言えば、ワケダは、ノダの「1. 認識→ 2. 疑問→ 3. 推察→ 4. 答え」のサイクルをさらに大きな円で束ねる、という働きがあると思われる。

以下、筆者がワケダがノダよりもスコープの幅が広いと考えるいくつかの根拠を事例に即してあげたい。本節では、主にワケダ、ノダの形を扱う。なお、ワケダ、ノダの説明をするにあたっては、長い例を引用しなければ説明できないことも多い。以下、ノダ、ワケダ、を含んだ例を三つあげる。本論の中では、これらの例を折りに触れて言及するので、参照されたい。(なお、以下の例では、便宜のために区切り方を原典とは変えてある。)

(4 − 1)
L. 1 ニコロは、やっと霧が晴れたという想いになっていた。だが、話
L. 2 を聴いている間にわいてきた疑問は、口に出さないではいられな
L. 3 かった<u>のである</u>。
L. 4 「それにしても、提督、ガレー軍船二隻だけとは、あまりにも少
L. 5 ないではありませんか」
L. 6 トレヴィザンは、これ以上の説明は彼のニコロに対する個人的な
L. 7 好感情のためとでもいうように、年長者の忍耐を示しながら答え
L. 8 た。
L. 9 「きみでも知っているように、わが国とトルコとの間は、以前か
L. 10 ら不可侵条約で結ばれてきた間であり、ごく最近の再新は、一年
L. 11 前の秋になされたばかりな<u>のだ</u>。
L. 12 また、ビザンチン帝国との間にも、友好条約の長い歴史がある。
L. 13 <u>つまり</u>、攻勢に出ている側と守勢に立たされた側の双方に、政治

4.4 ワケダの環およびワケダとノダの射程の幅

L.14 的にも経済的にも友好関係を持っているという<u>わけだ</u>。

- -

L.15 それに、トルコは、わが国に宣戦布告をした<u>わけでもない</u>。
L.16 かといって、同じキリスト教国であるビザンチン帝国の援軍要請
L.17 を断わっては、西欧でのわが国の立場が微妙なものになるのを避
L.18 けられない。また、コンスタンティノープルは、わが国のオリエ
L.19 ント貿易の重要な基地であることも、忘れるわけにはいかない。
L.20 このような情況下では、たとえ五十隻送る余裕があっても、実
L.21 は送れない。
L.22 平時での商船団護衛は、ガレー軍船二隻が通例なのだからね。

(塩野七海)

(4-2)
L.1 ネズミの蓄積していたエネルギーは予想していたよりはるかに巨
L.2 大でもあれば残酷でもあった。
L.3 春は咬傷でずたずたに裂かれ、手のつけようもないほど穴をあけ
L.4 られてしまった<u>のである</u>。
L.5 さいしょの徴候があってから十日もたたないうちに山林課は灰色
L.6 の洪水に首までつかってにっちもさっちもならなくなった。
L.7 山番、炭焼人、百姓、地主、林業組合、木材商、ありとあらゆる
L.8 人間の訪問と電話と陳情書がおしよせて、応接にいとまがなかっ
L.9 た。
L.10 どの地方でもヒノキ、スギ、カラマツの植栽林は雪に埋もれてい
L.11 た腰から下をすっかり剥がれ、木質部をさらけだして、まるで白
L.12 骨の林となっていることが発見された<u>のである</u>。
L.13 過度の繁殖のために食料不足となったネズミは雪の下で穴からあ
L.14 ふれ、手あたり次第に木の幹をかじっていた<u>のだ</u>。
L.15 雪のために遠くまで餌をさがしにでかけられなかった彼らは手
L.16 近の木に牙を集中し、芯まで食ってしまった<u>のである</u>。
L.17 山林地区の被害は主としてこうした若い植栽林にはげしかったが、
L.18 早くから雪のとけたふもとの耕作地や田畑では、まいた麦がまっ
L.19 たく発芽しないので百姓たちはうろたえた。

133

第4章　ワケダ、ワケデハナイ

L.20 それは本格的な春になるまでわからなかった。
L.21 ネズミはもともと夜行性の動物であるから、麦粒がぬすまれてい
L.22 ても現場をおさえることができないため、芽をだすまではそれと
L.23 知れなかった<u>わけである</u>。
L.24 百姓たちは中心部だけが緑いろになった奇妙な畑と、溝や畦のお
L.25 びただしいネズミの穴を発見していっせいにさわぎだした。

(開高健)

(4-3)
L.1 あなたの最初の手紙にも書かれていたように、その夜は月も星も
L.2 見えず、私は八時頃蒲団にもぐり込むと、泥のように眠りました。
L.3 本当に、泥のような人間になってしまっていた<u>のです</u>。
L.4 翌朝、私は朝食を済ませると、珈琲が飲みたくなり、またリフト
L.5 で旅館街まで降り、前の晩に入った喫茶店に行った<u>のです</u>。
L.6 昼頃までぶらぶらしているつもりだったのですが、大阪の友人に
L.7 連絡を取らなければならぬことに気づきました。
L.8 喫茶店の電話を使おうと思ったのですが、その私の作った会社の
L.9 共同経営者である友人も、私と同じように金策に駆けずり廻って
L.10 いる筈ですし、もしかしたら、ならず者に追われてどこかに逃げ
L.11 たということも考えられます。
L.12 もし姿をくらますとしたら、あそこしかないな、と私は思いまし
L.13 た。
L.14 その男には妻子がありましたが、ねんごろな女がひとりいた<u>ので</u>
L.15 <u>す</u>。
L.16 しかし、その女のマンションの電話番号を記した手帳は、私の小
L.17 さな旅行鞄に入っていて、ドッコ沼の横の山小屋の二階に置いて
L.18 ある<u>のです</u>。
L.19 私は急いでダリア園まで戻って行きました。
L.20 気がせいていたので、別に次のゴンドラを待ってもたいした時間
L.21 の差はないのに、誰かがすでに乗り込んだゴンドラに慌てて乗っ
L.22 てしまいました。
L.23 そして、そこでなんとあなたと巡り合ったという<u>わけです</u>。

L.24 目の前に坐っている、身なりの上品な婦人を見たときの私の驚き
L.25 は、あるいはあなたが感じた以上のものだったかもしれません。
(宮本輝)

4.4.1 ワケダの二つのタイプとノダの関係

　上記の例(4−1)のL.14まで、(4−2)、(4−3)にも表れているように、ある段落内でのノダとワケダの出現の順番を見ると、ノダが先行し、後からワケダが出現する、という関係になる。この状況は、ひとまとまりの談話の中での出現の順番であり、一文の中でのノダとワケダの出現の可能性を述べているわけではない。(一文の中での形態については、あとで4.5節で述べる。)寺村、奥田が述べたことにも表れているように、ワケダは大きな段落やひとまとまりの話の最後にしめくくりとして出現する。
　また、ワケダは「帰結」(一段抽象的なレベルの一般化、まとめ)を表すと述べたが、その中にも二つのタイプがあることを本論では主張したい。(このことは、4.3節の(g)で述べている。)一つは寺村が述べているように、「いくつかの事実が全体として何を意味するか」という疑問から、答えを述べるというものである。もう一つのタイプは、主に「いきさつ」を述べる場合に表れるもので、発話時の状況、あるいは別の基準時点の状況に立脚して、その状況に至ったいきさつを述べるものである。前者を「統括タイプ」と呼び、後者を「いきさつタイプ」と呼ぶ。
　(4−1)は、「統括タイプ」の例である。L.9からL.11の「トルコとの不可侵条約」のくだりと、L.12の「ビザンチン帝国との友好条約」のくだりの両方が、L.13とL.14にわたる文でワケダと結論づける根拠となっている。「P1 → Q1、P2 → Q2」について、「つまり(これらのことから)どういうことが言えるか)」という疑問から、その答えとして全体をワケダで統合するタイプであると言えよう。また、L.13には「つまり」という言葉がある。次の「いきさつタイプ」に現れることもあるが、「統括タイプ」では、しばしばワケダの文に、「つまり、すると、それで、だから」といった言葉が現れ、前に述べたことをふまえて帰結を表す。
　一方、(4−2)、(4−3)は「いきさつタイプ」の例である。例えば(4−3)のL.23のワケデスの前で述べているのは、「そこであなたと巡り合った」ということに至った経緯である。それまでに起こった出来事や、自分が思ったこ

135

第4章　ワケダ、ワケデハナイ

とを「そこであなたと巡り合った」ことに関連づけて述べている。このタイプの場合、発話時点、あるいは出来事の結果としての状況が存在する時点（例(4-3)であれば、「そこであなたと巡り合った」時点）に視点があり、そこからさかのぼって再び視点となる時点に返ってくる、という形になっている。つまり、思考プロセスをもとに考えると、発話時点、あるいは特定の時点の状況が「1.認識」となり、そこから「2.疑問」が生じ、「3.推察」にあたるプロセスでいきさつを述べ、「4.答え」となる。発話時点、あるいは特定の時点の状況が、疑問の出発点であり、かつ帰結となる、という構造になっている。[2] また、ある状況に至ったいきさつを述べる、という性質からも、その前に起こったことがらは、それぞれ連続していて、関係づけられている、と言える。ここに「統括タイプ」との違いがある。いわば「P1 → Q1 → Q2 → Q3」と話が続き、ワケダでしめくくり、かつ視点のある時点にもどってくる。もう少し詳しく述べると、P1 から Q1 に続くと、Q1 の内容は、次の Q2 にとってはいわば P2 として働き、また同様に、次の Q3 にとっては Q2 の内容はいわば P3 として働くということである。つまり、Q1 と P2、Q2 と P3 は同じであるということになる。

「統括タイプ」と「いきさつタイプ」は思考プロセスとして以下のように表せる。

〔1〕ワケダの思考プロセス 1（統括タイプ）
1. P1 → Q1、P2 → Q2、P3 → Q3（複数の現象、言語内容認識）[3]
2. これらは何を意味するか。／
   これらのことからどういうことが言えるか。（疑問）
3. こういうことかもしれない。（推察）
4. X ワケダ（答え）

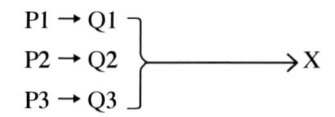

$$
\begin{array}{l}
P1 \to Q1 \\
P2 \to Q2 \\
P3 \to Q3
\end{array} \biggr\} \longrightarrow X
$$

〔2〕ワケダの思考プロセス 2（いきさつタイプ）
 1. 発話時点、あるいは特定の時点の状況 X（現象、言語内容認識）
 2. どうしてこのようなことになったか。（疑問）
 3. P1 → Q1 → Q2 → Q3 →（「推察」に対応する意味での「いきさつ」）
 4. X ワケダ（答え）

$$
\begin{array}{l}
X \Rightarrow P1 \to Q1 \\
\qquad\quad \parallel \\
\qquad\quad P2 \to Q2 \\
\qquad\qquad\quad \parallel \\
\qquad\qquad\quad P3 \to Q3 \Rightarrow X
\end{array}
$$

また、「統括タイプ」と「いきさつタイプ」を図に表すと以下のようになる。

（図 4-1）「統括タイプ」　　　　（図 4-2）「いきさつタイプ」

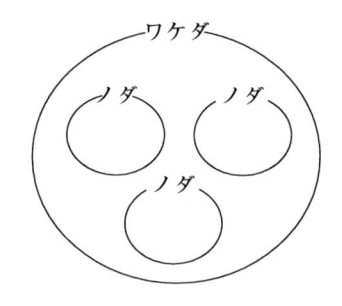

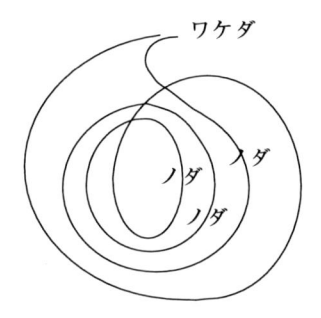

このように、ワケダにはノダと同じように思考プロセスをもとに考えることができる。ただし、ワケダは一つ限りの環であり、ノダのサイクルのような(i)から(iv)、(v)から(viii)といったレベルの違いはない。また、ワケダがノダと異なるのは、「統括タイプ」においては、「1. 認識」のプロセスにおいて、認識する現実、現象が、ノダの場合よりも多くの現象、出来事や長い言語内容であるということであり、また「いきさつタイプ」の場合も、いくつかの事柄の連続であり、それらを統合するための疑問、推察が働いて答えを求めるということなのである。

第4章　ワケダ、ワケデハナイ

　寺村（1984:280）は、ワケダについて「歴史の記述によく用いる」という指摘をしている。これは、さまざまな出来事を事実として把握した段階で、その因果関係や意味するところを明らかにしようとするワケダの本質がもっとも鮮明に表れるからではないかと思われる。

　ところで、上記でワケダについて「ノダの場合よりも多くの現象、出来事や比較的長い言語内容」についての疑問、推察を行うと述べたが、それではノダはどれくらいの量の内容を認識の射程に入れるか、ということについても、ここで再び検討する必要がある。

　ノダに関して言えば、例えば奥田（1992:177）は、ノダ文で終わる一つの段落の中で、ノダ文を「説明の文」と呼び、ノダ文の前の文を「説明されの文」として、ノダ文の用法を説明しようとした。奥田は「説明される出来事」が「ひとつ、あるいはいくつかの文」の中に差し出されている、としているものの、奥田の例文を見ると、ノダ文の直前の文を「説明されの文」としてマークしていることが多い。このように、先行研究ではノダ文の直前の文との関係を見る傾向が強かった。

　確かに、（4-2）のような例の中では、L.1からL.4、またL.13からL.16を見ると、ノダはだいたい直前の文に呼応しているかのように見える。しかしながら、すでに第3章で述べたように、ノダはつねに「直前の文」に呼応するとは言い切れない。例えば、同じ（4-2）の例でL.5からL.12にかけては、はじめに現象を二つの文で述べ、次のノダ文でどういう事情でそうなったかを説いている。このように、一文でなくても、単なる現象として出来事を述べたてるような場合については、一連の事柄の連続についての疑問、推察の答えを、ノダ文で述べることができるのである。

　さらに、第3章の3.3節で述べたように、推理小説などによく出てくるパターンであるが、現象・現実を認識したあと、疑問をもち、一つの問題について長い間推察して、やっと答えがでる、ということがある。以下は、推理小説の中の、刑事の手紙の一部である。

　　（4-4）これがわからない。恋人でない者がどうして情死したか。まさか安田が指図しても、他人同士で情死まで引きうけて実行するばかはいないでしょう。両人は恋愛の間でなかったと推論しても、情死の現実を見ると、根底から崩れます。やはり情死を決行するほどの深い仲だったとしか思えません。この矛盾がどうしても解けない。

だが、・・・（以下、三つの段落で試行錯誤の状況を述べる。その部分は略す。）・・・私は頭を抱え込みました。
　そんな苦悩のつづくある日、私は喫茶店に行きました。・・・（以下二つの段落で、コーヒー店でたまたま、並んで入った女性と連れだと間違えられたというエピソードを語る。その部分は略す。）
　うれしい勘違いをされて、よけいなことを書いたように思われるかわかりませんが、じつは、この偶然なことで、私は不意に啓示を得たのです。はっとしました。頭の中に閃光を感じたとはこのことです。二階にあがり、注文のコーヒーが来ても、しばらくそれが見えませんでしたよ。
　女の子は、私たちがいっしょに店にはいって行ったからアベックと間違えた。普通です。誰でもいちおうそう思うでしょう。事情を知らないから、二人でならんではいった位置から早急に判断した<u>のです</u>。これでした。暗示となったのは！
　私たちは、失礼ながらあなたがたをはじめ、貴署の方々もふくめて、佐山とお時とがならんで死んでいるから、情死と判断してしまった<u>のです</u>。私は、今、それを知りました。二人は別々に違う場所で死んだ<u>のです</u>。死んでしまってから、二つの死体を一つところにあわせた<u>のです</u>。おそらく、佐山は誰かに青酸カリを飲まされて倒れ、その死体の横に、これも誰かによって青酸カリを飲まされたお時の死体が運ばれて密着された<u>のでしょう</u>。佐山とお時はばらばらな二つの点でした。その点が相寄った状態になっていたのを見て、われわれは間違った線を引いて結んでしまった<u>のです</u>。　　　　（点）

上記の例を見ると、刑事が事件後の状況を認識し、「恋人でない者がどうして情死したか」という疑問を持ち、試行錯誤の推察を続け、ようやく到達した答えを複数のノダ文で表している。この複数のノダ文は、第3章3.4.4節で述べた、判断内容に基づくさらなる判断を含んでいる。まさに本論で述べるノダのサイクルの連鎖が表れている。これは、刑事自身の思考のプロセスを表す。同時に手紙を読む相手に対して、さらにはこの小説を読む読者に対して答えを与えるためのノダの思考プロセス、サイクルにもなっている。
　このように、一つの疑問に対し推察、判断を述べる、という文の結束性がある場合は、たとえそれがどんなに時間的に長い推察を経たとしても、また

推察の過程が何ページにもわたる内容であっても、ノダで表すことができる。

このように考えると、ワケダとノダの大きな違いは、思考プロセスの出発点である「認識」の対象となる現象、状況などの内容が、一つの事柄であるか、複数の事柄であるかの違いによる、と考えられる。したがって、ワケダとノダが射程とするものの違いには、まず複数の事柄についてであるか、一つの事柄についてであるかという量的なものがあることがあげられる。(但し、ワケダの「いきさつタイプ」では、すでに述べたように、「発話時点」あるいは特定の時点の状況Xが認識の対象となり、その状況に至るまでの一連のいきさつを述べる。)

4.4.2 引用形を含むかどうか

4.3節の(e)に示したように、ワケダは引用形「トイウ」に後接することができ、トイウワケダという形がある。しかし、ノダは「トイウ」に後接することができず、トイウノダという形がない。

田窪(1987:39)は、南の従属節の分類を修正して、D類として、引用の「と、という」をあげている。D類はA、B、C類よりも多くの成分を含むことのできる従属節である。さて、D類の「と、という」に後接するか否か、という観点から考えると、トについては、トノダ、トワケダという形はない。一方、トイウについて言えば、ノダはトイウに後接せず、トイウノダという形はない。しかしワケダはトイウに後接し、トイウワケダという形がある。以下、例を示す。(「トイウノダ」という場合は、「と言うのだ」いうように、「言う」という動詞について言うことはできるが、引用の意味では言えない。例(4-7)参照。)

 (4-5) つまり、攻勢に出ている側と守勢に立たされた側の双方に、政治的にも経済的にも友好関係を持っている<u>というわけだ</u>。

(例(4-1)のL.13-L.14)

 (4-6) そして、そこでなんとあなたと巡り合った<u>というわけです</u>。

(例(4-3)のL.23)

 (4-7) 太郎がどうしても来てくれ<u>と言うのだ</u>。

ワケダがD類のトイウに後接し、一方、ノダにはそれができないということだけを見ても、ワケダの方が、ノダよりも射程とする内容のスコープが広いと言える。

トイウという引用形には、談話レベルのモダリティおよび、発話行為の内容そのものを含むことができる。例をあげる。

(4-8) 正直なところ決心がつかないという彼の言葉をきいて、今回の計画は断念した。[4]

前の、4.4.1節では、ワケダとノダの違いには認識する現象、状況の量的な違いがある、と述べた。しかし、トイウを含むかどうかということは、モダリティにも関連する質的な違いを示している。このことに関する議論は、以下の節でも取り上げる。

4.5 ワケナノダ

4.3節(c)および4.4節で、ワケダがノダを含むと述べた。ところが形態として見ると、「ワケナノダ」があり、ノダがワケダを含むかのように見える。ここでは、4.3節の(d)で述べた事柄について説明する。

寺村(1984:307)は、ノダ、ワケダ、モノダ、コトダ、などはみなパラディグマティックな関係なのに、ノダだけはワケナノダ、モノナノダ、コトナノダのようなシンタグマティックな関係もあることを指摘している。しかしながら、寺村はどうしてそのような関係になるのか、ということは述べていない。

ワケナノダは、文章が特別な構成を表す場合に出現すると考えられる。ワケナノダとはどのようなものであるかというと、ワケナノダは、ワケダとノダの両方の性質を持ったものであると言える。ノダは第3章で述べたように、「1.認識→2.疑問→3.推察→4.答え」という思考プロセスに沿って出現する。そして、一つの疑問に対して答えを出す、という性質を持っている。そして、レベルの異なる思考プロセスのサイクルがあり、しかもそれが連鎖する場合もある。一方、ワケダは4.3節で示したように、「統括タイプ」の場合は、話し手がいくつかの現象や事柄を認識して、それが何を意味するか、それらのことからどういうことが言えるかという疑問に対して帰結を述べる。あるいは、「いきさつタイプ」の場合は、どうしてこのような事態になったのか、といういきさつを述べ、視点となる時点の事態を帰結とする。また、ワケダはノダと違って、連鎖することのない一つの環でしかない。

ワケナノダはこの両方の性質を持つ。以下の例のように、まずはじめに一まとまりの文章のテーマを表すような文があり、そのことに関するいくつかの事柄を述べる長い説明に対して、その帰結を述べる、という場合にワケナ

第4章　ワケダ、ワケデハナイ

ノダが出現する。すでに4.3節で述べたように、ワケダはノダよりも大きい環であるとはいえ、ワケダは一つの環でしかない。そこで、全体の構成がノダの思考プロセスを表す場合や、それが連鎖する場合は、ワケダがノダのサイクルに取り込まれてしまうのである。以下に例を示す。

(4-9)　アリストテレス・ソクラテス・オナシスはギリシャの大富豪である。彼がどれぐらいスケールのでかい大金持であるか、たとえば、彼が世界各地に持つ住居だけをあげてみよう。

　　まずオナシスはスコルピオスという島を持っていて、そこには大別荘があり、召使七十二人がはたらいている。モンテビデオという観光地には、牧場つきの大邸宅があり、召使は三十八人。モンテカルロにも別荘がある。召使が七人。パリの高級街にマンションがある。マンションには召使が五人。アテネにも別荘がある。召使が十人いる。ニューヨークにもマンションがある。召使が五人。ほかに、元カナダ海軍のフリゲート艦を改装した「クリスチーナ号」という豪華ヨットがあって、船長以下乗組員が六十五人。

　　またまたこのほかに、ロンドンの一流ホテル「ホテル・クラリッジス」と、ニューヨークの最高級ホテル「ホテル・ピエール」には、一年三百六十五日、オナシス用の続き部屋がとってある。これらの維持費が一年で五百万ドル。召使やヨットの乗組員の給料が一年で百万ドル。つまり、オナシスは住居費だけで一年に六百万ドルつかっている<u>わけなのだ</u>。日本の金になおして二十一億六千万円！王選手や長島選手がいくら働いても一生で十億円かせげるかどうか疑問である。　　　　　　　　　　　　　　　　　　　　（井上ひさし）

(4-9)の例では、以下に説明するように、文章全体が一つのノダの思考プロセスの形を示している。そのノダの思考プロセスの枠組みの中に、ワケダが取り込まれている。そこで、「答え」を表す部分でワケダとノダが融合して、ワケナノダという形になる。以下、説明する。

　(4-9)では、「アリストテレス・ソクラテス・オナシスはギリシャの大富豪である」という文が、文章全体のテーマを述べ、ノダの思考プロセスの「(i)認識」の部分にあたる。そして、次の「彼がどれぐらいスケールのでかい大金持であるか、たとえば、彼が世界各地に持つ住居だけをあげてみよう」という文の、「彼がどれぐらいスケールのでかい大金持であるか」

という部分は、まさに「(ⅱ)疑問」を表している。その後、「大富豪」であることを示す実例がいくつか続き、ワケダはそれらの実例をまとめての帰結を表す役目を担っている。そして、最後のノダは、はじめの「アリストテレス・ソクラテス・オナシスはギリシャの大富豪である」というテーマに対して、「彼がどれぐらいスケールのでかい大金持であるか」という疑問に対する「答え」として現れている。つまり、(4-9)の文章全体がノダの思考プロセスを示していて、そこにワケダが取り込まれるような形になっている。いわばノダの思考プロセスの「3. 推察」にあたる部分に、「大富豪である」ことを示す実例部分が取り込まれ、それをワケダで締め、さらにそれを文章全体の構成となっているノダの思考プロセスの「4. 答え」を表す意味で、外側にノダが現れている。つまり、その文章の構造が、最後のワケナノダという形になって現れているのである。文章全体の構造を表すと以下のようになる。

(4-9)'
　　アリストテレス・ソクラテス・オナシスはギリシャの大富豪である。
　　(ノダの思考プロセスの「1. 認識」)→
　　彼がどれぐらいスケールのでかい大金持であるか〔＝彼は、どれくらいスケールのでかい大金持なのだろうか(ノダの思考プロセスの「2. 疑問」)〕→

　　たとえば、彼が世界各地に持つ住居だけをあげてみよう。
　　　まずオナシスはスコルピオスという島を持っていて、そこには大別荘があり、召使七十二人がはたらいている。モンテビデオという観光地には、牧場つきの大邸宅があり、召使は三十八人。モンテカルロにも別荘がある。召使が七人。パリの高級街にマンションがある。マンションには召使が五人。アテネにも別荘がある。召使が十人いる。ニューヨークにもマンションがある。召使が五人。ほかに、元カナダ海軍のフリゲート艦を改装した「クリスチーナ号」という豪華ヨットがあって、船長以下乗組員が六十五人。
　　　またまたこのほかに、ロンドンの一流ホテル「ホテル・クラリッジス」と、ニューヨークの最高級ホテル「ホテル・ピエール」には、一年三百六十五日、オナシス用の続き部屋がとってある。これらの維持費が一年で五百万ドル。召使やヨットの乗組員の給料が一年で

第4章　ワケダ、ワケデハナイ

　　　百万ドル。(ノダの思考プロセスの「3. 推察」)→
　　　[つまり、オナシスは住居費だけで一年に六百万ドルつかっている
　　　わけだ。]
　　　(ワケダによる帰結)

　　　[つまり、オナシスは住居費だけで一年に六百万ドルつかっている
　　　のだ。]
　　　(ノダの思考プロセスの「4. 答え」)

　　　つまり、オナシスは住居費だけで一年に六百万ドルつかっているわ
　　　けなのだ。
　　　(ワケダによる帰結とノダの思考プロセスの「4. 答え」が融合)

　　　日本の金になおして二十一億六千万円！王選手や長島選手がいくら
　　　働いても一生で十億円かせげるかどうか疑問である。

このように、ワケナノダは、文章全体がノダの思考プロセスの構造をしているときに、推察の部分でたくさんの事例を通して(ワケダ)答えに至る(ノダ)、といった場合に現れる。

　他の例も同様に分析できる。以下に例を二つあげる。[5]
　　(4-10)　――あら、あたしたちがよかったからよ、ショパンは附け足し
　　　　　　よ。
　　　　　――おや理窟屋さん、さっきはあんなにショパンに感心してい
　　　　　　たくせに。
　　　　　――それはそうよ、とむきになって答えた。ショパンはいいわ、
　　　　　　あのピアノコンチェルトは素敵だわ。でもね、あたしたち
　　　　　　があの曲を今晩一緒に聞いたから、それであの曲がもっと
　　　　　　もっと素敵なわけなのよ。　　　　　　　　(福永武彦)

(4-10)の場合も、(4-9)と同様である。最初の文で「あたしたちがよかった、ショパンは付け足しよ」という文について、相手は「どうしてこのようなことを言うか」という疑問を持つ。つまり、「あたしたちがよかった、ショパンは付け足しよ」という文が、ちょうどこの文章のテーマにあたるとすると、「それはいったいどういうことか」という「2. 疑問」に対して、い

わば「3. 推察」の中に、ショパンは良い、ピアノコンチェルトもよいという説明が続く。そして「でもね、あたしたちがあの曲を今晩一緒に聞いたから、それであの曲がもっともっと素敵だ」というようにワケダでそのプロセスを締めくくっている。また、その外側のノダは、「あたしたちがあの曲を今晩一緒に聞いたから、それであの曲がもっともっと素敵だ」という部分が、はじめのテーマを表す文とそれに続く疑問の「4. 答え」として表れていることを示している。やはり、(4-9)と同じように、ノダの思考プロセスの中に、ワケダを取り込む形になっている。

(4-11)「その時も、俺は一番うしろの窓際の席に坐って、うつらうつらしてたんだろうな。ところが、不意にその絵の中から一頭の獣が走り出してきて、眼が醒めたんだ。よく見ると犬なんだ。犬が凄まじい勢いでこちらに走ってくる。バスに頭からぶつかるようにして突進してくると、激しく吠えたてるのさ。バスだってかなりの勢いで走ってるんだけど、それに並ぶようにして走りながら吠えるのをやめない。俺にはどういうことかさっぱりわからなかった」

「…………」

「ところが、砂漠の向こうに眼をやると、羊の群れが見えてきたんだ。それでやっと事態が呑み込めた。その犬は、闘いにきた<u>わけなんだ</u>」

(沢木耕太郎)

(4-11)も同様である。ただし、(4-9)、(4-10)の例が4.3節で述べたワケダの二つのタイプからいえば「統括タイプ」であったのに対し、(4-11)の例は、「いきさつタイプ」であるとも言える。犬が出現した時のことを回想し、犬が「どうして来たのか」という疑問に答えるという展開で話が進むからである。しかし、同時に、犬のいくつかの行動について、それらが「これはいったいどういうことなのだろう」という疑問について、「闘いに来たワケダ」と帰結を述べていると解釈すれば、「統括タイプ」とも言える。したがって、「いきさつタイプ」と「統括タイプ」の両方の側面を持った例である。

この例でもやはり、「犬が出現した」ということが文章全体のテーマになっているとともに、ノダのサイクルの「1. 認識」のプロセスを表す。そして「犬がどうして来たのか」という「2. 疑問」が生じる。「3. 推察」のプロセスで犬を観察し、いくつかの出来事を述べ、その結果としてわかった内

容をワケダで締めくくっている。同時に、その内容は全体のテーマの「4.答え」でもある。最後のノダはやはり、最初の「犬が出現した」というテーマと、それに対する「どうして来たのか」という疑問に対する「答え」を述べている。そして、ワケダとノダが融合してワケナノダという形が現れている。

　以上のように、(4-9)、(4-10)、(4-11)に共通しているのは、文章全体がノダの思考プロセスの形を呈していて、ワケダはちょうど「3.推察」の部分に表れるいくつかの事例をまとめるために出現し、それらを包み込み、ノダで全体の「答え」を表す、という形になっている。このように、ノダのサイクルの中にワケダが入り込んでしまい、ワケナノダという形になるわけである。なお、4.3節で、(f)として、ワケダの思考プロセスでは「3.推察」の部分がほとんどつねに語形としては文面に表れないと述べたが、それは、このようにいくつかの事例を述べたり、いきさつを述べること自体に、推察のプロセスが重なっているからであると思われる。

　ノダのサイクルの中にワケダが入り込んでしまい、ワケナノダという形になるという現象は、ノダの思考プロセスには連鎖がある一方、ワケダの思考プロセスは一つ限りの環でしかないということにかかわっていると思われる。ちなみに、(4-9)の例には、ワケナノダでしめくくったあとにも、ノダの思考プロセスの連鎖が表れている。以下のようなものである。

　　(4-12) つまり、オナシスは住居費だけで一年に六百万ドルつかっているわけなのだ。(認識)→［600万ドルは日本円でいくらか(疑問)］→日本の金になおして二十一億六千万円！(答え＝認識)→［二十一億六千万円とはどのくらいの額なのか(疑問)］→王選手や長島選手がいくら働いても一生で十億円かせげるかどうか疑問である。(推察)・・・

このように、ワケダは大きい環であるとはいえ、一回限りの環なので、ノダの思考プロセスの連鎖の中に取り込まれてしまう場合がある。

4.6　メタファー用法：納得、驚きを表す用法

　益岡(2001b:18)では、寺村(1984)の「ある事実(Q)について、どうしてそうなのかと思っていたら、その疑問に答えるための他の事実(P)——PならばQだと了解される、そういう事実——を知った、という状況で使われる」としている用法を「因果判断の用法」と呼んでいる。しばしば「道理

で」という表現を伴うものである。この用法について、グループ・ジャマシイ(1998:641)では、以下のような例をあげている。

(4-13) A: 山本さん、結婚したらしいですよ。
B: ああ、そうだったんですか。それで、最近いつもきげんがいいわけだな。

(4-14) あ、鍵が違うじゃないか。なんだ。これじゃいくら頑張っても開かないわけだ。

グループ・ジャマシイ(1998:642)は、この用法について「「X。(だから)Yわけだ」などの形で、なぜYなのか不思議に思っていたが、相手の発話を聞いてその原因・理由となる情報が得られたので「そうか。XだからYなのだ」と納得する気持ちを表している」と説明し、「自分で発見したり他人から聞いたりした情報を自分で述べて、それをすでに知っている事実と結びつけて納得を表すという使い方もある」とも述べている。

本章4.3節で述べたように、基本的に、「一つの事柄」を認識して「なぜだろう」という疑問について推察し、答えを得るというプロセスは、ノダの思考プロセスによるものである。したがって、例(4-13)、(4-14)のような内容では、一つの事柄についての理由を述べている、という点で、ワケダを用いなくても、ノダで表せるはずである。実際に、(4-13)をノダの思考プロセスを用いて表すと以下のようになる。

(4-15) 山本さんは最近機嫌がいい。(1.認識)
［いったいどうしたのだろう。なぜだろう。(2.疑問)］
［何かいいことがあったのだろうか。(3.推察)］
最近結婚したのだ。(4.答え)

このように、(4-13)の状況は、(4-15)のように、ノダの思考プロセスに沿って表すことができる。では、(4-13)に表れているワケダ文は、どのような意味合いがこめられているのかというと、さらに以下のような操作によって生じると考えられる。(4-15)の「1.認識」と、「4.答え」の文を用いて、因果関係を述べると、以下の文ができる。

(4-16) 山本さんは最近結婚したから機嫌がいいのだ。

そして(4-16)を、ワケダを用いて表すと以下のようになる。

(4-17) 山本さんは最近結婚したのだから機嫌がいいわけだ。

(4-14)の例についても、(4-15)から(4-17)と同じ操作をしてみる。まず

ノダの思考プロセスを用いて表す。
　　（4－18）鍵が開かない。（1. 認識）
　　　　　　［おかしいなあ。どうしてだろうか。（2. 疑問）］
　　　　　　［こわれてしまったのだろうか。（3. 推察）］
　　　　　　鍵が違っているのだ。（4. 答え）
（4－18）の「1. 認識」と「4. 答え」を結んで、因果関係を述べると以下の文ができる。
　　（4－19）鍵が違っているから、鍵が開かないのだ。
そして（4－19）を、ワケダを用いて表すと以下のようになる。
　　（4－20）鍵が違っているのだから、鍵が開かないわけだ。
（4－16）、（4－17）と、（4－19）、（4－20）の文を比べると、（4－16）と（4－19）は事実関係は表しているものの、（4－13）、（4－14）の表現効果とは異なっている。（4－17）と（4－20）は、表現方法は異なっているが、（4－13）、（4－14）と同じ用法を表していると思われる。

　また、（4－16）、（4－17）と、（4－19）、（4－20）には、それぞれ、カラとノダ、ノダカラとワケダの組み合わせが表れている。そして、カラとノダカラ、ノダとワケダを入れ替えるよりも、以下に示すように、上記の（4－16）、（4－17）および（4－19）、（4－20）のように組み合わせるのがもっとも自然であるように思われる。

　　（4－21）？山本さんは最近結婚した<u>のだから</u>機嫌がいい<u>のだ</u>。
　　（4－22）？鍵が違っている<u>から</u>、鍵が開かない<u>わけだ</u>。
「ノダカラ」という形が従属節に出現すると、主節は例えば「〜て当然だ／もっともだ／当たり前だ・・・」というような、いわば話者の判断の妥当性を強く表明するような表現が表れる、ということはすでに第3章の3.5.6節で述べた。また、それがノダのサイクルで説明できることも述べた。すなわち、Pノダカラを用いて、「ノダのサイクルが回った」ことを示すことによって、「確信のある」根拠を述べる、という効果を実現し、その根拠に基づくQに断定的な響きを与えることに貢献する、といったことである。このことは、ノダのサイクルを廻した印であるノダを用いることが、話者のより強い気持ちを表すためのメタファーとして利用されているとも考えられる。

　ここで述べている用法（益岡の言葉を借りれば「因果判断の用法」）に関して言えば、例えば「山本さんは機嫌がいい」、「鍵が開かない」という状況に

対して、話者は長い時間不思議だと思ったり、思考錯誤したりして、ようやくその原因、すなわち「山本さんは結婚した」、「鍵が違っている」という答えを得たという状況を述べている。また、上記に示したように、基本的には、一つの事柄について述べているという点で、ノダを用いて表すことができそうな状況であるのに、あえてワケダを用いている。これはなぜだろうか。

管見では、この用法では、「長い試行錯誤の時間」に対して「ようやく今答えがわかった」という話者の気持ちを表現する場合、ワケダを使って表したほうが、ノダで表す以上のインパクトを持たせることができるからではないかと考える。本章4.3節および4.4節で、ワケダは、いくつかの事柄の帰結を述べる「大きい環」であると述べた。つまり、話者の納得する気持ち、あるいは、意外な答えを得た驚きをノダよりもさらに「大きい環」であるワケダを使って表しているのだと思われる。PノダカラQについて述べたように、Pの「確信度」を表現するために、ノダカラという形で表すように、「驚きの強さ」を表すために、ノダよりも「大きい環」であるワケダを用いて表すという方法である。ワケダを用いて表現するインパクトを、驚き、納得する気持ちの強さのメタファーとして利用しているのである。[6]

また、グループ・ジャマシイは、音声化した場合のプロミネンスに関しては何も述べていない。しかしながら、筆者の観察では、この用法の場合、「道理で」があればそこに、「道理で」がなければ「ワケ」のところに、しばしばプロミネンスを置く。例(4-17)、(4-20)のように言う場合でも、「ワケ」に、プロミネンスを置いて音声化したほうが、この「因果判断の用法」らしくなるし、プロミネンスを置かずに音声化すれば、帰結を述べる基本的なワケダの用法と同じになると思われる。[7]「長い試行錯誤の時間」を経て「ようやく答えがわかった」という、ノダでは表しきれない話者の納得する気持ち、意外な答えを得た驚きは、ワケダにプロミネンスを置くという音声的特徴にも表れる。

このように、「因果判断の用法」では、ワケダが「大きい環」であるという特徴とプロミネンスを置くという音声的効果を利用して、ノダでは表しきれない話者の驚き、納得する気持ちを表しているのである。

4.7　談話的効果のまとめ

以上、ワケダをノダと比較しながら考察した。主に、ノダとワケダの談

第4章　ワケダ、ワケデハナイ

話の中での効果を思考プロセスとの関連でみてきた。ここで見たように、ノダとワケダは似ている点もあるものの、基本的にレベルの異なるものである。そうであるからこそ、ノダを用いて表現できるところにワケダを用いると、しばしば強調するような効果を示したり、寺村（1984:283）も述べているように、独断的、一方的なニュアンスをもたらすのであろう。[8]

ノダのサイクルが、推理小説などで効果的に用いられていることは、例（4-4）などでも示した。また、寺村は、ワケダは歴史の記述に多い、という指摘をしている。たしかに、歴史の記述を行う中で、出来事や事態の背景にある因果関係や出来事がもたらす意味、といったことを読者にわかりやすいように、幾重にも畳みかけるなかに、ノダ、ワケダという表現の効果がいかにもふさわしいに違いない。

では、次に、ワケデハナイという否定の形について、考察する。

4.8　推論を含むかどうか

これまでに、ワケダの否定形であるワケデハナイについては以下のような指摘がある。

寺村（1984:287）は、「話し手は、まずPという発言をし、それに対して、自分がPと言ったことから、聞き手は、それなら当然Qだろうと推論するだろう、と考え（想像し）、その推論を否定するプロセスである」と述べている。

野田（1992：53）は、その寺村のことばを引用し、「根拠となるPは、話し手の発言とは限らない」とし、「わけではない」の基本的機能は「推論の否定」であると述べている。そして、ノデハナイとワケデハナイはしばしば入れ替え可能であるかのように見えるものの、推論が介在する場合には、ワケデハナイしか用いることはできないとしている。[9]

ワケダが推論を否定し、ノダが推論を否定できないというのは、やはりワケダのスコープがノダよりも広いことを表している。

そのような、「推論」をはさみ、ノデハナイでは言いかえられない例を以下にあげる。例は奥田（1992:214）にあったものである。（　）内に、もともとの文には表れていない推論を筆者が付け足した。

(4-23)　夜、せまい一人つりの蚊帳のなかで私はまったく孤独である。しかし、（私がこう言うから、さぞ退屈していたろう、と思われる

かもしれないが）私は夜のこうした時間それほど退屈したわけではない。

また、ワケデハナイという否定形のみならず、ワケダについてもやはり、以下のように「〜カラ」で表せるような因果関係を含むと考えられる場合はノダで言い換えにくい。たまたま奥田のあげた例文に以下のものを見つけた。（　）内は、筆者が、もともとの文には表れていない理由の部分を付け足したものである。

 (4-24)「やあ、先生、しばらくでしたな。もっとも坊主なんてものは、（縁起が悪いから）ご無沙汰しているほうがよろこばれるわけですがね。みなさん、おかわりないですか。」

ワケデハナイは「推論」を含むと言われているが、このように考えると、「推論」というのは、「〜カラ、〜ノデ」などによって表すことのできる「因果関係」を含む内容である。また、このことは、例えば、「〜カラトイッテ〜ワケジャナイ／ワケデハナイ」という言い方はあるものの、「〜カラトイッテ〜ノジャナイ／ノデハナイ」という言い方はないことにも表れている。

 (4-25)　大企業に就職した<u>から</u>といって、将来が安泰なわけではない。
 (4-26)　＊大企業に就職した<u>から</u>といって、将来が安泰なのではない。

ところで、ワケデハナイという形のあとに、さらにノダが出現することがある。例えば、第2章で述べた「判断の根拠」を表すカラの用法、「地面が濡れているから、雨が降った<u>のだろう</u>」といった推論を包み込んで、「地面が濡れているから、雨が降ったと思うかもしれないが、雨が降った<u>わけではない</u>。ホースで水をまいた<u>のだ</u>」というふうに推論を否定するワケデハナイのあとにノダが現れることがある。

こういったワケデハナイとノダの関係を示すと、「相手は〜と思っている（あるいは期待している）ノダろうが、〜ワケデハナイ。／ワケデハナクて、〜ノダ」という関係になる。つまり、推論をワケデハナイで否定した外側に、本当の答えを述べるためにノダが現れるという関係である。以下に例をあげる。

 (4-27)　彼はひるむことなく任務を達成したが、連中を恐れていなかった<u>わけではない</u>。実はその間、ずっとおどされていた<u>のだ</u>。
 (4-28)　彼はひるむことなく任務を達成したから、恐れていなかったと思うだろうが、そういう<u>わけではない</u>。実はその間、ずっとおどさ

れていた<u>のだ</u>。
- (4-29) 彼女はいつも明るく振舞っているが、悩みがない<u>わけではない</u>。実は大きな問題をかかえている<u>のだ</u>。
- (4-30) 彼女はいつも明るく振舞っているから、悩みがないと思うかもしれないが、そういう<u>わけではなく</u>、実は大きな問題をかかえている<u>のだ</u>。

(4-27)から(4-30)に表れているようなノダは、いずれも推論を否定して現れる。第3章3.5.5節で「相手は〜と思っているのだろうが、そうではない。〜のだ」という気持ちを表すノダの用法について、ノダのサイクルが一つ隠れていると述べた。実は、3.5.5節で述べたノダは、推論を否定して現れるという点で、上記の(4-27)から(4-30)のような、ワケデハナイの外側に現れるノダと同じ性質を持っていると言える。

また、このようにワケデハナイが現れたあとに、ノダでしめくくる、という形は、やはり4.5節で述べたように、ワケデハナイがノダのサイクルに取り込まれていることを示している。

4.9 結論

以上、ノダとワケダを人間の「1.認識→2.疑問→3.推察→4.答え」という思考のプロセスおよびサイクルと関連づけて述べた。4.3節で述べたように、本論で主張することは以下のとおりである。

- (a) ワケダの思考プロセスは一つ限りの環であり、ノダの思考プロセスのようなサイクルの連鎖はない。(このことは、本論の新しい主張である。)
- (b) ワケダは、「思考プロセス」の「1.認識」で、認識する現象、状況として、いくつかの事柄があり、それをまとめる答えとして出現する。(このことは、4.2節に示したように、先行研究ですでに述べている。)一方、ノダは、ワケダとは異なり、一つの事柄について答えを述べる。(このことは、本書第3章で述べた思考プロセスの考えによる。)

上記の事柄にも関連し、以下のことも言える。
- (c) ワケダは(b)で示したように、ノダを包み込む大きなサイクルであると考えられる。基本的には、ノダがいくつか出て、それをワケダで締める。
- (d) ワケダの思考プロセスは(a)で示したように、一回限りの環であり、サイクルの連鎖がない。そして、ノダはサイクルの連鎖がある。このことに

よって、見かけ上はワケダがノダのサイクルに入り込んでいるように見えることがある。ワケナノダという形がある。
(e) ワケダには「トイウ」が入り、トイウワケダという形がある。ノダにはトイウノダという形はない。
(f) ワケダの思考プロセスには、ノダの思考プロセスで示した「3.推察」の部分がほとんどつねに文面に表れない。実際に、推察の意味でワケカ（ナ）、ワケダロウカという語形はほとんど表れない。
(g) また本論の分析では、大きく分けて、ワケダには「統括タイプ」と「いきさつタイプ」がある。

ワケデハナイという否定の形についても以下のことが言える。
(h) ワケデハナイとノデハナイは否定のスコープが異なる。（このことは先行研究で述べている。）この否定のスコープの違いは、本書第3章で述べた、ノダのサイクルとの関係によって、説明することができる。（このことは本論の新たな主張である。）

以上に示したようなワケダの性質およびワケダとノダの関係は、本論の考察の中で示した。

　以上、ノダの思考プロセスおよびノダのサイクルとワケダの思考プロセスの環を想定し、その関係を見ることによって、ノダ、ワケダについて、これまで説明されなかった多くの事柄を統一的に説明できることを示した。

　これまで、ノダ、ワケダは、並列的に「説明のモダリティ」として扱われることが多かったが、本論で述べたように両者には違いがある。本論全体を通じ、統語、談話、およびモダリティの観点からも、ノダとワケダが異なるレベルに属することを示した。

　また、本論の試みは、従来のシンタックスにはない、新しい考え方を示していることも述べた。思考のプロセス、サイクルを想定することによって、表層には表れていない文の存在を前提とすることにより、ノダ、ワケダのそれぞれの働きを説明できるだけでなく、両者の関係も説明することができるのである。

第5章　節の連接と思考プロセス

5.1　はじめに

　第2章で、従属節と主節の連接を見た。第2章では、五つのレベルを設定し、ある接続表現がどのレベルで用いることができるかを見た。第2章では、図2-2および表2-1に関して、縦の関係も少し見たが、主に横の関係を見た。以下では、縦の関係をより深く考察する。すなわち、同じレベルでの接続関係であっても、接続表現の違いが何を表すか、ということを中心に考察する。ここでは、特に原因・理由を表す接続表現について、第2章では扱わなかったノダカラを含めて考察する。

　また、この章では、第2章で述べた「節連接とモダリティの階層」と、第3章と第4章で述べた「ノダの思考プロセス」の考え方をともに用いることによって、思考プロセスのサイクルが、接続表現の選択に重要な役割を持つことを示す。

　第2章では、Ⅰ「現象描写」、Ⅱ「判断」、Ⅲ「働きかけ」、Ⅳ「判断の根拠」、Ⅴ「発話行為の前提」という五つのカテゴリーをもうけたが、以下の論では五つに分けるほどの細かい違いが出ないので、ここではおおまかに三つのレベルにおける従属節と主節の結びつきを見る。三つのレベルとは、「事態間レベル」（Ⅰ「現象描写」、Ⅱ「判断」、Ⅲ「働きかけ」のレベル）、Ⅳ「判断の根拠」、Ⅴ「発話行為の前提」の三つである。すでに第2章で述べたことであるが、原因・理由を表す接続表現について、それぞれのレベルの特徴を以下にまとめる。

　「事態間レベル」：事態としての従属節と主節の結びつきを表す。（Ⅰ「現象描写」、Ⅱ「判断」、Ⅲ「働きかけ」に対応）
　Ⅳ「判断の根拠」：従属節で述べる内容を根拠、前提として、主節で判断を述べる。
　Ⅴ「発話行為の前提」：主節が発話行為を表し、従属節はその発話行為を行う前提、理由を述べる。

第5章　節の連接と思考プロセス

　結論から先に述べると、本論で扱う原因・理由を表す接続表現が、どのレベルの接続関係を可能にするかという点は、以下のようになると考えられる。

（表5−1）

「事態間レベル」	Ⅳ「判断の根拠」	Ⅴ「発話行為の前提」
タメ（ニ）	−	−
ノデ	丁寧、地の文	丁寧
カラ	カラ	カラ
．．．[1]	ノダカラ	ノダカラ

おおまかに言えば、それぞれのレベルにおいて、表の上から下に行くほど、「話者の気持ち」を強く表すと思われる。

　すでに第2章において、表5−1のタメ（ニ）、ノデ、カラについては、どのような違いがあるかを述べた。また第3章の3.5.6節では、ノダカラについて述べた。そこで、本章では特に、ノデ、カラ、ノダカラについて、縦の関係を見る。本章では、以下の表5−2の部分を中心に考察する。

（表5−2）

「事態間レベル」	Ⅳ「判断の根拠」	Ⅴ「発話行為の前提」
ノデ	カラ	カラ
カラ	ノダカラ	ノダカラ

特に、「事態間レベル」、Ⅳ「判断の根拠」について考察し、Ⅴ「発話行為の前提」については、若干の考察を述べたい。

　第2章では、岩崎（1995：509）が、同じ「事態の原因・理由を表すノデとカラではどういう意味の違いがあるか」といった疑問を「今後の問題」の一つとしてあげていることを示した。本章の考察は、そういった疑問にも答えることになる。以下説明する。

5.2　「事態間レベル」：ノデとカラ

　まず、「事態間レベル」の場合について述べる。ここでは、ノデとカラを比較する。「事態間レベル」のノデ、カラを接続表現として用いる文を見る

と、以下のことが言える。

ノデを用いる場合：従属節と主節で、ありのままの事態、出来事を順番に述べる。従属節と主節が、単なる原因・結果を表す。
カラを用いる場合：二つの用法があると思われる。用法 1 では、ありのままの出来事を順番に述べるのではなくて、ある事態を前提とし、カラ節では、その事態の原因を焦点(focus)として述べる。その前提となる事態は、多くの場合、先行文脈に現れるが、カラ節の主節として現れることもある。用法 2 では、従属節も主節も話者の判断を組み込んで再構築した事態について述べる。話者の判断に基づいて、因果関係を意味づける場合である。この二つの用法は、密接につながっていると思われるが、ここでは仮に二つに分けておく。

上記の性質を第 3 章で述べたノダの思考プロセスとの関連で述べると以下のことが言える。

(表 5-3)　「事態間レベル」でノデとカラを用いる場合

	従属節	主節	文全体のレベル
ノデを用いる文：	現象を描写する	現象を描写する	現象描写
カラを用いる文：			
用法 1	現象に基づく判断を組み込んだ事態（焦点）	現象を描写する（前提）	現象に基づく判断
用法 2	判断を組み込んだ事態	判断を組み込んだ事態	判断内容に基づくさらなる判断

以下に説明する。

5.2.1　「事態間レベル」：ノデを用いる場合
以下 (5-1) から (5-6) の例のように、ノデを用いる場合は、従属節にも主

節にも事態を描写する内容が表れていて、ノデはその事態と事態の因果関係を述べている。従属節と主節の結びつきの関係は、話者が認識したままの事態と事態の結びつきが中心となっている。[2]

(5-1) 三原が変な顔をして黙った<u>ので</u>、主任が、
「どうした？」
と言った。　　　　　　　　　　　　　　　　　　　　　　（点）

(5-2) 「とりあえず、ひと通り、見せていただくわね」
と奥さんがいった<u>ので</u>、ご夫婦の後をついて歩いていたのである。
　　　　　　　　　　　　　　　　　　　　　　　　（それでも）

(5-3) 「ご利用になっていないようでした<u>ので</u>、いちおうカバーだけは
替えておきました」　　　　　　　　　　　　　　　（いろいろ）

(5-4) ケイタがおとなしくしてくれていた<u>ので</u>、ミサコはとても助
かった。　　　　　　　　　　　　　　　　　　　（とりあえず）

(5-5) 「あのう、いずれこのような素敵なお店を出したいと思っている
<u>ので</u>、いろいろと勉強したいんです。」　　　　　（でもちょっと）

(5-6) しかし、まさか今ここで、部長にそんなことをいえない<u>ので</u>、
チハルは腑に落ちないまま、黙りこんでいた。　　（とりあえず）

5.2.2　「事態間レベル」：カラを用いる場合

　以下の例に表れているように、カラは、すでに前提となっている事態の原因を話者が判断し、それを焦点として因果関係を述べる。さらに、その因果関係を話者なりの判断で意味づける場合にも用いる。つまり、ある事態を認識した上で、「これはつまりどういうことなのだろう」と疑問、推察を重ねていく過程がカラで表れる。このような場合にノデを用いると、不自然になる。以下に例を示す。

(5-7) <u>具合の悪そうな彼女を見て</u>、ジュンコは、「ほーら、ごらんなさい。<u>過剰なサービスなんかする</u>［から／＊ので］よ。一度腰を悪くしたら、一生、治らないわよ。<u>人の顧客を横取りする</u>［から／＊ので］、ばちが当たったのよ。あーあ、大変だ、大変だ」とにやりと
笑いながらいった。　　　　　　　　　　　　　　（けっきょく）

(5-8) 病院側の人間以外、ミサコの夫が亡くなったことは信じられな
かった。

「あなたがちゃんとしない [から／＊ので] よ。だからこんなことになったのよ」
姑はミサコを責めた。二人の結婚に強硬に反対していた夫の両親は、若くして未亡人になったミサコに冷たかった。
「かわいそうに。別の人と一緒になっていれば、こんなことにはならなかった。あの子がお酒を飲み続けてたのも、あなたに責任があるのよ。家に帰りたくないような環境にしている [から／＊ので]、外でお酒が飲みたくなったのよ。」　　　　　　　　　　（とりあえず）

(5-9) これだと、安田は九州博多を朝の八時にとび立ち、午後の四時には札幌に到着できるのだ。どうして今まで、旅客機に気がつかなかったのか。汽車だけに観念が固定していた [から／＊ので]、七時二十四分博多発の急行《さつま》に取りつかれて身動きできなかったのだ。　　　　　　　　　　　　　　　　　　　　　（点）

(5-7)の例では、「同僚の具合が悪い」という事態を根拠（前提）として、話者は「なぜこういうことになったのか」という疑問の答えを焦点とし、「過剰なサービスをするからよ」と理由を述べている（用法1）。そして次に、「過剰なサービスをして腰を悪くした」という事態についてさらに「これはどういうことか」と自問し、「人の顧客を横取りするから、ばちが当たったのよ」と話者の判断で因果関係を言い換えている（用法2）。

また(5-8)も同様である。姑は「息子は、毎夜遅くまで飲酒をしていて死んだ」という事態を前提にして、「なぜこういうことになったか」という疑問に対して、その理由を焦点として、「あなた（嫁）がちゃんとしないからよ」とまず述べている（用法1）。そして、「あなたがちゃんとしないから、こんなことになった」という内容について、さらに「（あなたが）家に帰りたくないような環境にしているから外でお酒が飲みたくなったのよ」と因果関係を話者なりに判断して述べている（用法2）。

(5-9)も同様である。この例では、「どうして」と問うプロセスも文面に表れている。

このように、カラは「なぜこのような事態になったか」という疑問への答えを焦点化する場合に用いるとともに、出来事の因果関係を述べるに当たり、話者の判断をより鮮明に表すと言える。[3] 第2章では、会話、地の文などで違いのある場合を示したが、ここで述べているカラの用法については、以下

第5章　節の連接と思考プロセス

の例のように会話の文でも、地の文でも同様である。会話の例はすでに(5−7)から(5−9)にあげたが、ここにも追加する。

　＜会話の例＞
（5−10）「あなたが家にいてほしいっていう［から、／*ので］勤めをやめたんじゃないの。今さらそんなことをいうなんて。それだったらやめることなんかなかったわ」　　　　　　　　（でもちょっと）
（5−11）「奥様、こちらなどいかがでございましょうか。ちょっと失礼して。あっ、奥様、ぴったりでございますよ。肌の色がお白くていらっしゃるし、指がすっとなさっていらっしゃる［から、／？ので］エメラルドが映えること、映えること。んー、もう、すばらしいっ」　　　　　　　　　　　　　　　　　　　（それでも）

　＜地の文の例＞
（5−12）三原は、本庁にもどると、主任の笠井警部に話した。それは報告というほどではない。ただ、四分間のホームの透視のことが興味があった［から／*ので］話したのである。　　　　　　　（点）
（5−13）女性が二枚の着物を前に、値段で迷う場合は、高い物を気に入っている証拠である。しかし予算がある［から、／？ので］ふんぎれない。それを買わせるのがテルコのテクニックであった。これから先、ずっと着ていくのに、生地がいいと染め替えがきくし、いい物はいつまでたっても見栄えがする。しかし手ごろな値段だと、いつかは飽きる場合もあると説明するのだ。ほとんどの人は着物をとっかえひっかえするような生活はしていない［から、／ので］
「それでは、予算は多少オーバーしても、いい物を」
という結論が出て、戦略は成功するのである。　　　　（とうとう）

　また、上記の(5−10)から(5−13)および、(5−7)から(5−9)には、カラ節の主節がノダ文であるものが多い。[4] なぜ、主節がノダ文であるとカラが焦点化されるのかを考えると、主節がノダ文の場合は、すでに第3章で述べたように、ノダがすでに「判断処理済」のことを表すために、主節が前提となり、カラ節が焦点化されるとも言える。しかしながら、主節がノダ文ではなくとも、すでに述べた例にも表れているように、カラはノデにくらべて「なぜか」という部分を強く表わすと思われる。むしろ、前提となる文脈があるかないかという点が重要である。例えば(5−13)のはじめのカラを用いる文

160

(「しかし予算がある<u>から</u>、ふんぎれない」)も、主節はノダ文ではないが、文脈から「お客が商品の値段で迷う」という事態が前提となっていて、「予算があるから」の部分が焦点化されている。

なお、5.2.1節の(5-1)から(5-6)では、典型的なノデの例をあげた。また、(5-7)から(5-13)では典型的なカラの例をあげた。しかしながら、以下のように、ノデ、カラのどちらも自然に用いることのできる場合もある。

(5-14) 学校が終わる時間帯になると、学生たちがわらわらと集まってくる。目当ては雑誌の立ち読みと、飲み物、お菓子である。二、三人のグループがいくつもあつまる［<u>から</u>／ので］すぐ雑誌のスタンドの前はいっぱいになってしまう。　　　　　　（とりあえず）

(5-14)のような場合は、ありのままの事態を順番に述べているだけであり、文脈にもカラの前提となる事態が表れていない。したがって、このような場合はノデを用いても不自然ではない。しかしながら、カラを用いる方が、カラ節に話者の判断がよりこもっているように感じられる。これは、用法1、2としてすでに述べたように、カラが基本的に話者の判断を組み込む場合に用いるものだからであろう。

また、(5-13)の二つ目のカラを用いる文の場合も、話者の判断を組み込んでいるとも考えられるし、世の中のありのままの事態を述べているとも考えられる。(5-14)と同様に、カラ、ノデの両方が可能である。

カラを「なぜか」という理由をアピールする場合に用いるということは、「～のは～だ」という分裂文のタイプの文に、カラは用いることができる一方、ノデは用いることができないということにも表れている。分裂文の場合もやはり、現実の事態を前提として、カラ節を焦点としている。

(5-15) 太郎がそのことを母親に言わなかったのは、母親を心配させたくなかった［<u>から</u>／*ので］だ。

(5-16) 佐藤が彼女たちをホームに連れて行ったのは、第三者の目撃者が必要だった［<u>から</u>／*ので］だ。

(5-17) 佐藤が第三者の目撃者を必要としたのは、彼自身は「第三者」ではなかった［<u>から</u>／*ので］だ。

このように、「事態間レベル」では、カラを用いると、話者の判断を通して因果関係を述べることができる。

しかしながら、そういった話者の判断を組み込んでいるとはいえ、上記の

第5章 節の連接と思考プロセス

例(5-7)から(5-14)の中の、カラを用いる文の接続関係は、事態と事態の因果関係を述べるものである。本論の節の連接のレベルでは、「事態間レベル」の接続関係と言える。

ところで、このように見ると「事態間レベル」のノデとカラの違いは、第3章で述べた思考プロセスとも関連していることがわかる。以下に説明する。

5.2.3 「事態間レベル」：ノデとカラとノダの思考プロセス

5.2.1節で述べたノデと5.2.2節で述べたカラの関係を見ると、ノデの場合は、話者が現実に見たまま、認識するままの事態を述べるのに対し、カラを用いる場合は、いわばノダの思考プロセスが間に入った関係、あるいはⅣ「判断の根拠」の接続関係が一つ間に入ったような関係を表す。[5] さらに、その因果関係をもとに、話者のさらなる判断を組み込んで、事態を再構築して述べる場合にもカラを用いることができる。

例えば、例(5-7)の、「過剰なサービスなんかするからよ」の部分は、第3章で示した「ノダの思考プロセス」とのかかわりから述べれば、「現象に基づく判断」のレベルである。また、「人の顧客を横取りするから、ばちが当たったのよ」は、判断内容に基づく「さらなる判断」のレベルに対応する。(5-7)の例では疑問や推察の部分は文面に表れていないが、話者が、思考プロセスを重ねて、因果関係を述べている。

このように、カラを用いると「現象に基づく判断レベル」を組み込んだ、事態の因果関係とともに、「判断内容に基づくさらなる判断レベル」を組み込んだ事態の因果関係を述べることができるのである。(第3章3.4.4節参照)。

このように、「事態間レベル」でノデとカラを比べると、ノデを用いる場合は現象と現象を単に結びつけて因果関係を表すのに対し、カラを用いる場合は、話者が事態に関して判断した内容を組み込んで因果関係を表す。要するに、ノデとカラの違いは、事態と事態の結びつきを述べていても、思考プロセスのサイクルのレベルの違いを述べるものであると思われる。したがって、大きな傾向を述べれば、談話の中でもしばしば、ノデとカラは出現の順番に違いがあると思われる。

それでは、次にⅣ「判断の根拠」のレベルのカラとノダカラを比べる。

162

5.3　Ⅳ「判断の根拠」：カラとノダカラ

　カラとノダカラの違いについては、すでに一部は第3章3.5.6節で述べた。まず、ここで確認しておきたいことは、ノダカラは、Ⅳ「判断の根拠」、Ⅴ「発話行為の前提」の接続関係は表すけれど、「事態間レベル」の接続関係は表さない、ということである。第3章で述べたようにノダはすでに話者が答えを出したことを表す。つまりノダカラという形態は、ノダカラ節の内容が「話者がそう判断した内容」であることを表すことはできても、「事態」そのものだけを表すことはできない。したがって、ノダカラを用いると単なる「事態間レベル」の接続関係は表せないと思われる。ノダカラは、Ⅳ「判断の根拠」、Ⅴ「発話行為の前提」専用の接続表現である。

　また、ノダカラを用いる場合、大きく分けて以下の三つの場合があると思われる。

(1) ノダカラ節が、話者のたった今の判断を表す場合。この場合は、ノダカラはカラに言い換えることができない。（このことについては、5.3.2.1節で述べる。）

(2) ノダカラ節の内容が、話者にとっては判断処理済の確信のある内容であることを述べる場合。主節の内容が「当然である」ということを述べる前置きとなる。この場合はしばしば、より控えめな表現方法をとるなどの操作を加えて、ノダカラをカラで言い換えることもできる。（このことについては、5.3.2.2節で述べる。）

(3) カラを用いると節の連接が「事態間レベル」のものであるかⅣ「判断の根拠」のレベルのものであるかあいまいになってしまう場合に、Ⅳ「判断の根拠」の接続関係であることを示すために、ノダカラを用いることがある。（このことについては、5.2.2.3節で述べる。）

　ノダカラの使用に関して、上記の(1)と(2)は、話者の発話時点の判断なり、確信の強さを表すという点で、モダリティとしての側面が強い。一方(3)は、モダリティというよりも、統語的な側面が強い。

　以下に、Ⅳ「判断の根拠」のカラとノダカラについて、比較する。まず、結論から先に述べると以下のようにまとめられる。

　　カラを用いる場合：カラ節には、話者が現実に認識したこと、知っていることなど、現実事態を描写する文が現れる場合が多い。主節では、その

現実の事態を根拠に、話者の判断を述べる。
ノダカラを用いる場合：上記の(1)から(3)に述べたような、三つの場合がある。いずれも、ノダカラ節では、話者の判断を表す。主節では、ノダカラ節で述べる話者の判断に基づいて、判断を述べる。

上記で述べたことの中でも、特にノダカラの(1)の場合をカラと比べると、以下の表5-4のように言える。ノダカラの(2)、(3)の場合は、表5-4のように描くのは難しい。

(表5-4)

	前の文	従属節	主節
カラを用いる場合		現実描写	判断
ノダカラを用いる場合	現実描写	判断	判断

以下に説明する。

5.3.1　Ⅳ「判断の根拠」：カラを用いる場合

カラのⅣ「判断の根拠」の例を見ると、話者が実際に認識したままのこと、話者の知識などを根拠にして、判断を述べる場合が多い。

(5-18) 新聞に写真がでていましたが、おかみさんも、ほかの女中も誰もみおぼえがありません<u>から</u>、お店に来たことのあるお客ではないようです。　　　　　　　　　　　　　　　　　　　　　　(点)

(5-19)「・・・ただ、私にはその時刻にどこにいたとか訊いていた<u>から</u>、ぜんぜん調べなかったわけじゃないみたいだわ。」　　　　(秋)

(5-20)「でも、父は日頃からすごく用心深くて、私たちにも身辺に気をつけるように言ってました<u>から</u>、自分が危険なところに出向いたり、危険な相手と会って、相手を逆上させるようなことはしなかったと思うのですけど」　　　　　　　　　　　　　　　　　　(秋)

(5-21) 二人の間には漬物の丼鉢がある<u>から</u>、遠目には団欒のひとときのように見えるかもしれない。　　　　　　　　　　　　(秋)

(5-22) これで見ると、佐山憲一はたびたび博多に出張したことがあるという<u>から</u>、いわゆる土地カンはあった。お時はまったく博多に来

たことはないらしい。　　　　　　　　　　　　　（点）
(5-23) 両駅の間は約五百メートルの距離だ。香椎駅を降りて海岸に向かう道は、この西鉄香椎駅の傍らを通る<u>から</u>、道の順序も時間の順序も合うわけである。　　　　　　　　　　　　　　（点）
(5-24) 「佐山は毎日毎日、その電話のかかってくるのを宿でいらいらして待っていたそうです<u>から</u>、彼女の到着の日は決まってなかったように思われます」　　　　　　　　　　　　　　　（点）

以上の例に表れているように、カラを用いると、カラ節の中で、話者のすでに知っていること、見たままのことを述べ、主節では、それを根拠として、判断を述べている。しかしながら、ノダカラを用いると、以下のような違いがある。

5.3.2　Ⅳ「判断の根拠」：ノダカラを用いる場合
5.3.2.1　話者の直前の判断を表すノダカラ

5.3節の(1)で述べたように、ノダカラを用いると、話者のたった今の判断に基づいて、主節でさらなる判断を述べることができる。一方、カラを用いるⅣ「判断の根拠」の用法では、話者のたった今（直前）の判断そのものをもとにさらなる判断を表す、ということは表しにくい。以下に例を見る。

(5-25) （兄に「あとで書斎に来てくれないか」と言われ、弟が考える）
　　　陽一郎は帰宅して弟の顔を見て、家族の耳を気にしながら、遠慮がちに「あとで書斎に来てくれないか」と言ったのである。「あとで」と「くれないか」と二重の願望が込められている［<u>のだから</u>／？から］悪い話ではないに決まっている。　　（秋）

(5-26) 原告は「奥村千鶴外三十二名」、被告は「秋田県外十九名」となっている。三十三名もの原告団が結成される［<u>のだから</u>／？から］被害の規模の大きさは想像できる。　　　　　　　　　　　（秋）

(5-25)、(5-26)のを見ると、ノダカラ節に「ノダの思考プロセス」を含んでいることがわかる。まず、(5-25)の例では、兄が「あとで書斎に来てくれないか」と言ったことについて、弟（すなわち話者）が、「これはどういうことだろうか」と自問し、「「あとで」と「くれないか」と二重の願望が込められている<u>のだ</u>」という答えをまず出して、「<u>から</u>、悪い話ではないに決まっている」と続けて判断を述べる構成になっている。つまり「「あとで」

と「くれないか」と二重の願望が込められている<u>のだ</u>」というのは、現実のありのままを述べているのではなく、あくまでも兄のとった行動を話者が「二重の願望の表れである」と判断していることを述べているのである。ところが、同じ例でノダカラのかわりにカラを用いると、話者のその場の判断ではなくて、すでに話者の知識の中に存在する情報、すなわち「「あとで」と「くれないか」は二重の願望の表す」ということが一般常識であり、その知識に基づいて判断を述べているようなニュアンスになる。

　同様に、(5-26)の例では、話者が裁判に関する情報を認識し、そのことについて「これはどういうことか」と自問して、「三十三名(奥村千鶴と外三十二名を足し算して)もの(こんなに大人数の)原告団が結成される<u>のだ</u>」という判断を下すというプロセスを含んでいる。さらに「<u>から</u>被害の規模の大きさは想像できる」と続けている。つまり、「三十三名もの原告団が結成される<u>のだ</u>」というのは、ありのままの現象を述べているのではなく、話者が認識した情報をもとに、足し算なりをして、どういうことかを判断した結果を述べるものであり、それを根拠に主節でさらに判断を述べているのである。ところが、同じ例でノダカラのかわりにカラを用いると、やはり「三十三名もの原告団が結成される」という内容が話者のその場の判断ではなく、すでに話者の知識の中に存在する情報を述べているようなニュアンスになる。

　このように、Ⅳ「判断の根拠」のレベルでは、カラを用いると、従属節で話者の見たまま、知っているままのことを述べるというニュアンスになる一方、ノダカラを用いると、従属節に話者のその場の判断(つまり、ノダの思考プロセスを一つ組み込んだような判断)を述べるというニュアンスになる。したがって、カラとノダカラを入れ替えると意味するところが変わってしまうので、言い換えはできない。この関係は、上記の表5-4に示した。

　なお、このカラとノダカラの関係は、ちょうど「事態間レベル」のノデとカラの関係とパラレルになっていると言える。すなわち、接続表現の違いによって、従属節の中で、話者の見たまま、知っているままのことを述べるか、ノダの思考プロセスを組み込んだ話者の判断を述べるか、という違いを表しているのである。[6]

5.3 Ⅳ「判断の根拠」：カラとノダカラ

5.3.2.2　話者の強い確信を表すノダカラ

　一方、ノダカラ節の内容が、話者のたった今の判断を表すというような文脈ではない場合、第3章3.5.6節ですでに述べたように、PノダカラQは、Pを根拠として、Qの内容を述べることがいかに当然かということを表すと思われる。これは、5.3節で述べた(2)の場合である。以下に数例を上げる。こういった例は、例(5-27)から(5-30)の下の(　)内に示したように、話者の確信を強く押し出さないような表現に言い換えれば、カラを用いて表すこともできる。逆に言えば、ノダカラは話者の確信を強く押し出すような文脈で用いる。

(5-27)「だいたい、富田は二週間も生きていた<u>んだから</u>、もし襲われたのであれば、犯人の名前や犯行時の状況について、何か言い残しそうなものだべ。それが何もなかった<u>のだから</u>、警察の判断が正しかったということでしょうよ」　　　　　　　　　　　　　　(秋)
(富田は二週間も生きていた<u>から</u>、もし襲われたのであれば、犯人の名前や犯行時の状況について、何か言い残していたかもしれない。それが何もなかったようだ<u>から</u>、警察の判断が正しかったのかもしれない。)

(5-28)安田はあの四分間の見通しを知っている。鎌倉の妻のところへ始終行っている<u>のだから</u>、いつかそれに気づいていたに違いない。
　　　　　　　　　　　　　　　　　　　　　　　　　　　　(点)
(鎌倉の妻のところへ始終行っている<u>から</u>、いつかそれに気づいていたと思われる。)

(5-29)「そんなこと・・・冗談じゃないわよ。私がそんなこと分かるはずないじゃないの。もし殺されたのなら、警察がそう言うでしょうう。殺人のサの字も言わない<u>んだから</u>、殺された証拠がなかったってことだわよ。・・・」　　　　　　　　　　　　　(秋)
(殺人のサの字も言わない<u>から</u>、殺された証拠がなかったのでしょう。)

(5-30)「わかりませんよ、そんなこと。さっきも言ったとおり、聞き間違いだとかいうことらしいが、わたしだけならともかく、看護婦だって一緒に聞いている<u>んだから</u>、間違えるはずがない。・・・」　(秋)
(わたしだけではなく、看護婦も一緒に聞いていた<u>から</u>、間違いではないと思います。)

このように、カラを用いる場合に比べて、ノダカラを用いる場合は、話者の絶対的な確信や、それしか結論があり得ないといった気持ちが主節に表れる。すでに表5－1について、それぞれのレベルにおいて、表の上から下に行くほど、「話者の気持ち」が強く表れると述べた。このように、カラを用いるよりもノダカラを用いる方が、話者の強い気持ちが表れると言える。

5.3.2.3　統語的なノダカラ

次に5.3節の(3)で述べたように、カラを用いると「事態間レベル」の接続関係かⅣ「判断の根拠」レベルの接続関係かわかりにくいような場合に、ノダカラを用いることによってⅣ「判断の根拠」レベルの接続関係であることを明確に表すことができる。以下のような場合である。((5－31)、(5－32)は、Sweetserから引用した例文(2－33)、(2－34)の和訳である。)

(5－31)　彼は帰ってきたから彼女を愛しているのだ。
(5－32)　彼は帰ってきたのだから彼女を愛しているのだ。
(5－33)　父は入院するから仕事をやめなければならない。
(5－34)　父は入院するのだから仕事をやめなければならない。

(5－31)のようにカラを用いて「彼は帰ってきたから彼女を愛しているのだ」と言うと、「彼が帰ってきた」という事態が、「彼は彼女を愛している」という事態の原因になっている、という解釈がまず可能である。また、この文の場合は、「帰ってきた」のは「彼」ではなく、「彼女が帰ってきた」という事態が、「彼は彼女を愛している」という事態の原因になっている、とも解釈することができる。つまり、カラを用いると、事態間の結びつきを表す「事態間レベル」の接続関係として解釈することができる。また、(5－31)は、Ⅳ「判断の根拠」の解釈をすることもできる。「彼が帰ってきた」という事態を見て、「彼女を愛しているのだ」と結論付ける場合である。つまり、(5－31)のようにカラを用いて表すと、「事態間レベル」の接続関係であるか、Ⅳ「判断の根拠」の接続関係であるか、文の意味があいまいになってしまうのである。

一方、(5－32)のように述べると、「彼が帰ってきた」ということを根拠に、「彼は彼女を愛しているのだ」と判断する解釈、すなわちⅣ「判断の根拠」の解釈しか成り立たない。カラのかわりにノダカラを用いることによって、従属節と主節の接続関係を明確に表すことができるのである。[7]

(5-33)の例も同様に、「事態間レベル」の解釈と、Ⅳ「判断の根拠」の解釈がともに可能である。一方、(5-34)のように、ノダカラを用いると、「父は入院する」という現実を根拠に、「(父あるいは私は)仕事をやめなければならない」と判断するというⅣ「判断の根拠」の解釈になる。[8]

このように、節の結びつきの関係を明確にするという統語的な側面でノダカラを用いる場合もある。[9]

以上、「事態間レベル」のノデとカラ、Ⅳ「判断の根拠」のカラとノダカラを比べた。Ⅳ「判断の根拠」のノダカラの働きは、大きく三つの場合に分けられることを述べた。

5.3.3　Ⅳ「判断の根拠」：カラとノダカラとノダのサイクル

5.3節で述べたように、ノダカラを用いるには大きくわけて三つの場合がある。この中でも、(1)としてあげ、5.3.2.1節で述べた、たった今の判断に基づいてさらなる判断を述べる場合のノダカラの用法は、ノダのサイクルとの関係が深く、ちょうどノダの思考プロセスを間に組み込んだ用法である。そして、このような場合は、ノダカラをカラに言い換えることができない。したがって、(1)は典型的なノダカラであると考えられる。5.3節の(2)のような場合(5.3.2.2節参照)の、(話者のたった今の判断を表すというよりも)単に、話者の強い確信を表すノダカラの用法は、語調を弱めればカラでも表現できるという点からも、(1)のような典型的なノダカラが、強い気持ちを表すモダリティ表現として拡張していったものではないかと推測できる。

そして、5.3.2.1節で述べたように、Ⅳ「判断の根拠」のレベルにおいても、カラ節の内容は現象を表すのに対し、ノダカラ節では、ノダの思考プロセスを組み込んだような判断を表すという関係は、ちょうど「事態間レベル」のノデとカラの関係とパラレルになっている。

5.4　Ⅴ「発話行為の前提」：カラとノダカラ

Ⅴ「発話行為の前提」のレベルにおいても、ノダカラを用いる場合は、5.3.2節で、Ⅳ「判断の根拠」のレベルのノダカラについて述べた三つの場合と同様に、(ⅰ)話者のたった今の判断をもとに、主節の発話を行う場合がある。また、(ⅱ)カラを用いる場合よりも従属節の内容に確信がこもり、主節の発話行為を行うことが当然である、という内容になる場合もある。しかしながら、

Ⅳ「判断の根拠」の認知領域で説明したような(3)従属節と主節の接続関係を明確にするといった性質は、特に認められないと思われる。ノダカラ節はカラ節より独立性が高いので、話者の気持ちをより強く表すという、モダリティとしての効果も高い、という関係になっていると考えられる。

　また、上記の(1)と(2)に関しては、文脈との関連があるので、おおまかにいえば、Ⅴ「発話行為の前提」では、ノダカラはカラよりも話者の強い気持ちを表す場合に用いると考えられる。本節では、ノダカラを用いなければ表せない場合について考察する。

5.4.1　独自のモダリティを表すノダカラ

　以下のようなものは、カラでは表せず、ノダカラを用いなければ表せないと思われる。

　　(5-35)　また忘れ物したの？まったく、しょうがないんだから。
　　(5-36)　どうしてはやく言ってくれなかったの？いつもグズグズしているんだから。

こういった文は、音声化する場合にも、感情がこもった声の調子が伴う。上記の二つの例では、はじめの文では非難を表し、あとのノダカラ文は、前の文の非難を表すモダリティ部分にかかり、その発話行為を行う理由あるいはその正当性を表していると考えられる。例えば、(5-35)の例で言えば、「まったくしょうがないんだから、（忘れ物をしたと、）私が非難するのも当然だ」ということを述べているのである。

　また、上記の例のようなノダカラを用いる文は、そのように強い気持ちを表す発話行為をすることの正当性を述べているだけではなく、それ自体が不満を表していると言える。類似の文として以下のようなものもある。

　　(5-37)　さっさと片付けてちょうだい。こんなもの、見たくもないんだから。
　　(5-38)　うそじゃないわよ。彼、本当に素敵なんだから。

(5-37)の例は、はじめの文で話者の要求を表し、ノダカラ文では要求を表す文を発話をすることの正当性を述べるとともに、嫌悪感を表している。(5-38)の例では、はじめの文で話者の発話内容の真実性を主張し、ノダカラ文では、前の文の発話をすることの正当性とともに彼への賛美も表している。

　上記のような場合に、ノダカラのかわりにカラを用いると、文字通りの意

味しか表せず、(5-35)から(5-38)の例に表れていた、非難、嫌悪、賛美といった話者の強い気持ちが表せない。

 (5-39)　＊また忘れ物したの？まったく、しょうがないから。
 (5-40)　＊どうしてはやく言ってくれなかったの？いつもグズグズしているから。
 (5-41)　さっさと片付けてちょうだい。こんなもの、見たくもないから。
 (5-42)　？うそじゃないわよ。彼、本当に素敵だから。

また、(5-39)から(5-42)の例に表れているように、非難を表す場合、嫌悪を表す場合、賛美を表す場合などを比べると、特に非難を表す場合にカラで置き換えにくいように思われる。本論では、このことはカラ節とノダカラ節の独立性の違いによるものと考える。

5.4.2　ノダカラ節の独立性とモダリティ

 以下に、カラ節とノダカラ節の独立性の違いを、文の順番を並べ替えたり、句点を読点に変えるなどの操作を加えることによって示す。従属節と主節の順番を入れ替えると、結び付けることができなかったり、意味が変わってしまったりする。

5.4.2.1　「ノダカラ文。主文。」

 (5-43)から(5-46)の例は、(5-35)から(5-38)を句点(。)をそのままにして、文の順番を変えて並べた場合である。つまり、「ノダカラ文。主文。」という結びつきになる。

 (5-43)　まったく、しょうがないんだから。また忘れ物したの？
 (5-44)　いつもグズグズしているんだから。どうしてはやく言ってくれなかったの？
 (5-45)　こんなもの、見たくもないんだから。さっさと片付けてちょうだい。
 (5-46)　彼、本当に素敵なんだから。うそじゃないわよ。

これらの(5-43)から(5-46)この場合は、どれも非文にはならないが、意味の変化が起こる。特にこのように、並べ方の順番を変えると、(5-43)から(5-46)のように、ノダカラを含む文が、次の文の発話行為を行う理由を述べているというよりも、それぞれ独立の文と感じられる。

例えば、(5-43)、(5-44)などの例について言えば、「忘れ物をした」、「はやく言ってくれなかった」という出来事が起こり、そのことについて、「しょうがない」、「グズグズしている」と非難していると考えられるので、物事の順番から言って、もともとの(5-35)、(5-36)の順番で述べるほうが自然である。したがって、(5-43)、(5-44)のように並べかえると、ますます文の独立性が高まる(あるいは、文と文の連接関係が弱まる)ように感じられる。

また、(5-46)をもとの(5-38)を比べると、(5-38)では「うそじゃない」と「主張する」理由として、「彼は本当に素敵なのだ」と言っていると考えられる。一方、(5-46)のように述べると、「彼が本当にすてきだ」という命題内容が「うそではない」という意味になると思われる。このように、意味も変わる。

5.4.2.2 「カラ文。主文。」

上記の(5-43)から(5-46)の例について、ノダカラのかわりにカラを用いる。「カラ文。主文。」という結びつきになる。

(5-47) ＊まったく、しょうがないから。また忘れ物したの？
(5-48) ＊いつもグズグズしているから。どうしてはやく言ってくれなかったの？
(5-49) こんなもの、見たくもないから。さっさと片付けてちょうだい。
(5-50) 彼、本当に素敵だから。うそじゃないわよ

カラを用いると、(5-49)、(5-50)のように、二つの文が並ぶ順番で、述べている事態と事態が因果関係を結ぶ解釈できる場合や、あるいは事態とそれに関連する発話という関係が見出せる場合には用いやすいが、そういった関係が見出せない(5-47)、(5-48)では、カラを用いることができない。カラを用いると、ノダカラのような独立性が表せない。

5.4.2.3 「ノダカラ節、主節。」

次に、上記の(5-43)から(5-46)の文を、句点(。)ではなく、読点(、)を介して結びつけた場合を示す。すなわち「ノダカラ節、主節。」という結びつきである。句点を読点に変えると、当然のことながら、二つの文の独立性が減退する。上記の(5-43)、(5-44)と以下の(5-51)、(5-52)を比べると、

句点を用いて、独立の文として並べた(5-43)、(5-44)は非文ではなかった。しかしながら、読点を用いて、節の独立性を弱めると、もはや非文になってしまう。また、読点を用いる場合にも、従属節と主節の間において、事態と事態の結びつきが時間の前後関係と一致する関係であるほど言いやすいと思われる。

(5-51) ＊まったく、しょうがないんだから、また忘れ物したの？
(5-52) ＊いつもグズグズしているんだから、どうしてはやく言ってくれなかったの？
(5-53) こんなもの、見たくもないんだから、さっさと片付けてちょうだい。
(5-54) 彼、本当に素敵なんだから、うそじゃないわよ。

5.4.2.4 「カラ節、主節。」

(5-51)から(5-54)の例で、ノダカラのかわりにカラを用いると以下のようになる。「カラ節、主節。」の結びつきである。

(5-55) ＊まったく、しょうがないから、また忘れ物したの？
(5-56) ＊いつもグズグズしているから、どうしてはやく言ってくれなかったの？
(5-57) こんなもの、見たくもないから、さっさと片付けてちょうだい。
(5-58) 彼、本当に素敵だから、うそじゃないわよ。

(5-57)、(5-58)を(5-49)、(5-50)の例を比べると、句点を用いた(5-49)、(5-50)では、それぞれの二つの文で述べている事態の因果関係は、緊密に感じられない。一方、(5-57)、(5-58)の例はカラ節に「こんなもの見たくもない」、「本当にすてきだ」といった判断を含んでいるものの、「見たくない」という事態と「片付ける」という事態、「彼が素敵だ」という事態と「(何かが)うそではない」という事態の結びつきが、時間軸上に並んでいるという意味で、第2章で述べたⅢ「働きかけ」のレベル(「事態間レベル」)に近いものとなっている。同時に、(5-57)はⅤ「発話行為の前提」、(5-58)はⅣ「判断の根拠」あるいはⅤ「発話行為の前提」のレベルとも解釈できる。

上記の考察を通して、ノダカラを用いて「非難」を表す(5-35)、(5-36)

173

の例だけが、読点やカラを用いると言い換えられないことがわかる。このように考えると、「非難」というような特に強いモダリティは、ノダカラで表しやすく、また、ノダカラはカラよりも、節の独立性がより高いことを表すということがわかる。[10] 言い換えれば、独立性が高いからこそ、ノダカラ文で独自の強いモダリティを表すことができるのだとも考えられる。

5.5　結論

　以上、「事態間レベル」、Ⅳ「判断の根拠」、Ⅴ「発話行為の前提」のノデ、カラ、ノダカラについて、考察した。それぞれのカテゴリーの中で、おおまかに言って、表5-2の上から下に向かうほど、話者の気持ちが強く表れることを述べ、そこにシステマティックな関係があることを示した。特に、「事態間レベル」、Ⅳ「判断の根拠」のレベルにおいては、それぞれノデとカラを用いる場合、カラとノダカラを用いる場合に、見たままのことを述べるか、ノダの思考プロセスを通したような判断を述べるか、という違いがパラレルに表れることを示した。

　永野賢(1952)が述べていることと同様に、今日も一般的にノデは「客観的」、カラは「主観的」といった印象があるようである。先行研究では、ノデとカラの違いを単文で比較していたためか、思考プロセスのレベルの違いといったことには、まったく言及がなかった。しかし、本論のように、思考プロセスのレベルの違いという観点を組み込むと、ノデとカラの性質の違いが明確になる。

　また、本論の考察は、「ノデは「客観的」、カラは「主観的」」といった先行研究の観察とも矛盾しない。認識したままの現実を述べるのに比べ、ノダの思考プロセスを組み込むほど、話者の判断がより鮮明に表れるのは当然である。なお、第3章の3.5.6節で、ノダカラを「相手の知っていること」を述べる場合に用いるかどうかという点で議論している先行研究を紹介した。この点に関して言えば、第3章で述べたように、ノダの思考プロセスのサイクル、すなわち、現実を把握し、それについて思考して答えを出し、さらにその判断に基づいて思考判断を繰り返すというサイクルは、いわば思考の順番も表すことになる。したがって、ノデ、カラ、ノダカラの出現について、ある程度の予測も立てられる。つまり、ノデ、カラ、ノダカラを比べれば、ある一つの話題について語る場合、談話の上でも、ノデよりカラ、カラ

よりノダカラのほうが、時間的に後に出る傾向があるのではないかという仮説も立てられる。(実際、本章であげた例にも、それが表れているものもある。)すなわち、ノダカラが出現する時点では、会話の参加者がすでに状況を把握している場合も多い、ということも言えるであろう。こういった、談話とのかかわりについては、別の機会に詳述したい。

第6章　結論と今後の展望

　本論は、接続表現と五つのレベルの関係、および思考プロセスとノダ、ワケダなどとの関係を考察した。個々の考察では、それぞれ統一的な原理を探究することを目的とした。
　第2章では日本語の接続表現の使い分けについて、主節のモダリティの違い、および認知領域の違いを考慮して五つのレベルを設けた上で、どのような従属節とどのような主節が連接するか、あるいはしないかを検討した。そして、その五つのレベルが日本語の接続表現の使い分けに反映していることを示した。この五つのレベルは、中右(1986、1994b)とSweetser(1990)の示した三つの認知領域とも関係が深い。しかしながら本論では、中右、Sweetserの述べていないレベルを、日本語の事実に当てはめるように新たに設けた上で、総合的な分析を試みた。
　日本語には数多くの接続表現があり、それが多くの研究者の研究の対象となってきた。しかしながら、なぜ多くの接続表現があるのかといった点は謎であった。本論は、日本語では上記の五つのレベルに応じて接続表現を使い分けることを示した。この繊細な使い分けが、日本語に多数の接続表現が存在することの大きな理由の一つであると考えられる。このように、本論は、これまで個別的に考察されてきた接続表現の違いや使い分けの背後に、統一的な原理があることを示した。
　先行研究も、特定の接続表現については、どのような主節のモダリティと共起するかという考察を、部分的には行っている。しかし、主節のモダリティと、節の連接における意味の関係を原因・理由、逆接、条件などの異なる接続表現を通して体系的に述べた研究はなかったし、接続表現全体に関する原理の提案もなかった。その点で、本論の研究は新たな提案を行っている。
　一般言語学的に見ても、主節のモダリティや節と節の連接が表す意味関係の違いによって、接続表現を使い分ける現象は興味深いものである。例えば、英語では、Sweetserが述べているように、カンマを加えたり、節の順番

を並べ換えることによって、同じ接続表現を用いて三つの認知領域の違いを表すことが可能なようである。本論でも、第5章などで言及したように、日本語においても句読点や節の順番は重要な役目を担うこともある。世界の言語の中には、主にカンマや節の順番などの操作で意味の違いを表すタイプの言語と、日本語のように主に接続表現そのものを使い分けて意味の違いを表すタイプの言語があることが、本論の考察から予測できる。言語によっては、まったく別の方法で意味の違いを表すものもあるかもしれない。今後の研究が期待される。

第3章ではノダ文を使う条件を考察した。まず、「1. 認識→2. 疑問→3. 推察→4. 答え」という、人間の「思考プロセス」を設定した。これは、人間が何かを認識し、それについて疑問を持ち、推測し、答えを出すというプロセスである。ノダ文は「4. 答え」の段階で出現する。

この思考プロセスは、「4. 答え」の段階に到達して、ノダ文が現れて、そこで終わることも多い。しかし、このプロセスが一つのサイクルとなって、繰り返される場合もある。この思考プロセスには、思考の順番や疑問のタイプによって、レベルの違いがある。

更に、この思考プロセスは、単文から談話に至るまで、幅広く反映している。本論で提案した思考プロセスの考えを用いると、ノダ文のさまざまな用法が統一的に説明できる。

ここで、注意すべきことは、「1. 認識→2. 疑問→3. 推察→4. 答え」という思考プロセスの段階のすべてが文面に表れるとは限らない、ということである。逆に言うと、文面には必ずしも表れない思考プロセスを設定することによって、ノダ文のさまざまな用法が統一的に説明できるのである。

ノダに関する研究は多数あり、個々のさまざまな用法についての論考や、用法の分類といったものはあった。しかし、さまざまな用法を統一的に説明できるような原理の提案はなかった。先行研究の中には、本論の「ノダの思考プロセス」の考え方の萌芽のようなものはいくつかあった。例えば、益岡(1991)は、ノダが「説明」を表すとし、「課題設定」というものを介して現れるとしている。また菊地(2000)は、話者同士の共通な「認識」を出発点にして、情報交換する場合にノダが現れることを述べている。これらの先行研究が、何らかの「認識」を出発点にして、あるプロセスを通してノダが出現すると考えているとすれば、本論の「思考プロセス」の考え方にも通じるも

第6章　結論と今後の展望

のである。しかしながら、これらの先行研究も、本論のような「思考プロセス」のモデルを明解に示したわけではなく、また思考プロセスのレベルの違い、疑問のタイプの違い、思考プロセスの連鎖といった観点はまったくない。したがって、本論のように単文から談話まで広く応用できる原理とはなっていない。

　一般言語学的にも、本論の「思考プロセス」の考え方は新たな提案である。第3章3.9節で述べたように、これまで、文法研究では一般的に表層に表れた文を主に扱ってきた。これに反して、表層に表れない部分を扱う考えもいくつかはある。しかしながら、本論のように、思考プロセスというものをモデル化し、レベルの違いや連鎖の仕組みを示し、それが文法現象に反映していることを説いたものはないと思われる。

　また、本論の「ノダの思考プロセス」の考え方は、単文から談話の構成についても幅広く応用できるシステムである。先行研究では、そういったシステムを提案したものはない。その意味で、本論はこれまでにない提案を行っている。

　第4章では、「思考プロセス」の考え方を用いて、ノダとワケダの関係を述べた。ノダとワケダは、これまで「説明」のモダリティとして、一緒に扱われることが多かった。しかし、両者はレベルの異なるものである。本論では「思考プロセス」の考えを用いて、ノダとワケダの特徴、違いを示し、その特徴が文法現象の上にいかに表れているかを示した。

　ノダとワケダの違いは、ノダが一つの疑問について答えを述べるのに対して、ワケダはいくつかの事柄、比較的長い内容、段階的な成り行きなどをまとめて答えを述べることである。したがって、ワケダはノダよりも射程とする範囲が広い。また、ノダは第3章で述べたように「思考プロセス」の繰り返しがある場合に用いることができる。一方、ワケダは連鎖することのない、一つ限りの環として用いる。思考プロセスの考え方を用いると、こういったノダ、ワケダの違いを明確に示すことができる。

　一般言語学的に考えると、ノダ、ワケダの存在そのものが面白い。英語にも分裂文などに、ノダと共通するものがあると言われているが、ノダのような働きは分裂文の用法に限らずもっと広範に表れるものである。また、ワケデハナイのように推論を否定する用法は、例えば英語では接続表現の違いなどでも表せるようである。but を用いれば推論の否定を表すことができるが、

179

第6章 結論と今後の展望

although、despite など、他の逆接を表す接続表現では表すことができないようである。文中の、どこで推論否定の意味を表すかという点が、言語によって異なるのは興味深い。

　第5章では、第2章で述べた節の連接の考え方と、第3章で述べた思考プロセスの考え方の両方を用い、ノデ、カラ、ノダカラの違いを述べた。従属節と主節が、「事態間レベル」の連接を述べる場合のノデとカラ、Ⅳ「判断の根拠」の連接を述べる場合のカラとノダカラ、およびⅤ「発話行為の前提」の連接を述べる場合のカラとノダカラの違いは、思考プロセスのレベルの違いと緊密が関係があることを示した。

　ノデ、カラ、ノダカラの違いについては、これまで漠然と、客観的あるいは主観的と説明されたり、相手が知っていることあるいは知らないことを述べるなどと言われてきた。本論は、節の連接のあり方と思考プロセスのレベルの違いを見ることにより、ノデ、カラ、ノダカラの違いを明確に述べた。

　これまでモダリティや節と節を結ぶ接続表現に関する研究は、単文に関する論考が多かった。しかしながら、本論の節の連接の考え方を、思考プロセスの考え方と共に用いることにより、談話レベルでの分析にも応用できる。これは、一般言語学的に見ても、新たな提案であると思われる。

　なお、本論の提案は、本論で述べていることの他にも、さまざまなことに応用できる。以下ではそのことの指摘だけにとどめておく。詳細は稿を改めて考察したい。

　思考プロセスの考え方は、ノダ、ワケダだけではなく、他の文法現象の考察にも非常に有効である。特に、この考え方を接続表現と五つのレベルの考え方と一緒に用いると、さらに色々なことが明らかになる。

　例えば、ガの用法は従来、逆接、順接、対比、前置き等々、さまざまな用法に分類されている。こういった用法がどのようにつながっているか、またガの意味がどのように現れるか、といったことも五つのレベルと思考プロセスの考え方を用いてさらに詳しく説明することができる。

　第2章で提案した、五つのレベルを用いる考えは、第2章で扱わなかった、その他多くの接続表現にも応用できる。一般に後置詞、副詞といわれているようなものの用法分析についてもかなり有効である（角田2002参照）。また、節と節の接続だけではなく、文と文を結ぶ接続詞についても応用することができる。

第6章　結論と今後の展望

　思考プロセスの考え方は、談話研究においても有効であることは本論でも述べた。本論の研究は節と節、文と文、また談話へとつながる文法を考えていく上で、さまざまな可能性を提起するものである。

　また、本論第2章で述べたIからVのレベルの違いは、言語習得とも関連する可能性があると思われる。例えば、Akatsuka and Clancy（1993）、Clancy, Akatsuka and Strauss（1997）は、日韓の幼児が他の言語を母語とする幼児よりも、1年もはやく条件文を習得することを示し、その原因として日本語や韓国語の中では、条件文が親が子どもに語りかける禁止、許可、命令などに組み込まれていることをあげ、条件文とDesirabilityの仮説を提案している。さらに、そういった禁止、許可、命令などを表す条件文から、「普通条件文」、「予測条件文」、「確定条件文」などの習得に移行することを示している。（赤塚（1998）参照。）Akatsuka and Clancy（1993）、Clancy, Akatsuka and Strauss（1997）、および赤塚（1998）は、日本語のト、バ、タラ、ナラといった接続表現の習得の順番という観点からは議論していない。しかしながら、そのデータを筆者の枠組みで考察して見ると、禁止、許可、命令、警告などを表す条件文には、ト、バ、タラを含みやすく（～ナイトダメ、～ナキャダメ、～タラダメなどの形で）[1]、「確定条件文」にはタラ、バが現れやすい（「大きくなったら、～できるようになる」などというようなもの）。また、幼児と親のやり取りの中でナラを用いるような条件文はあまり出てこない。

　このように、条件を表す接続表現では、IからVのレベルの違いが習得の順番とも関係しているように思われる。原因・理由や逆接を表す接続表現に関しても、何らかの関係があるかもしれない。

　本論で提案した理論は日本語教育にも有用である。日本語に多数の接続表現があることは、学習者にとって困難な点であった。また日本語を教える教師にとっても、システマティックな教え方ができない部分であった。しかしながら、本論の五つのレベルの考え方を用いると、様々な接続表現をどのように使い分けるかを体系的に教えることができる。2002年9月に日本語教育方法研究会に於いて「接続表現、および副詞句とモダリティ」という題で、口頭発表およびポスター発表を行ったところ、日本語教育に携わる先生方から、好評を得ることができた。

　このように、本論で提案した理論は汎用性が高く、応用範囲も広いと言える。

注

第 2 章
（注1） 本論の中では、「従属節」という言葉を南(1974)が「従属句」と呼んでいるものと同じ意味で用いる。どのような要素が入るかによって、独立性が低く、副詞に近いようなものから、独立性が高く、完全な文に近いようなものまで、幅のあるものとして従属節をとらえる。

（注2） 中右のSモダリティ、Dモダリティとは、それぞれ「文内モダリティ」(Sentence-Modality)、「談話モダリティ」(Discourse-Modality)の略である。これらは、別の言葉で言えば、それぞれ「命題態度」、「発話態度」となる。詳しくは、中右(1994a)を参照されたい。

（注3） 益岡(1993b：35)は、従属節についての考察を行って、南の考察との違いを述べている。益岡は、南が従属節について、「接続要素」（ト、バ、タラ、ナラなどの接続表現）に先行する部分を述べているのに対し、益岡自身はそうではないとして、次のように述べている。「本稿では、従属節の内部に現れ得る要素の範囲という観点を、分析の重要な手がかりにはするものの、絶対的な基準として用いることはしない。従属節の段階を問題にするときに対象にすべきものは、接続要素を含む従属節全体であって、接続要素に先行する部分ではないと考える。」

（注4） 例えば、益岡(1993a：10-11)には、「レバ形式が静的事態を表す場合は、文末のムードの制約がなくなり、タラ形式の文と同じ状況になる」という記述がある。益岡は「静的」という概念の詳しい内容は示していないが、例文を見ると形容詞や状態を表す動詞などが含まれているので、形容詞は「静的」として扱われているようである。また、例えば鈴木(1993：132)は、「名詞（および、ナ形容詞語幹）に直接接続するナラと活用語に接続する

ナラを分けなければならない。前者が存在詞のダの条件形であるのに対して、後者は、条件表現形式として固定化した、接続助詞と言ってもいいものである」という記述をしている。

（注5）　ただし、動詞のル形であっても、すでに人から聞いたことや、すでに決定したことなどを述べる場合は、すでに「前提」となっていることを述べるので、文の中にあっては非未来動と同じ振る舞いをする場合がある。

（注6）　ヨウダ、ラシイは、話者の「判断」というよりも、evidentialityを表すだけのことが多いので、Ⅰ「現象描写」のレベルに入れてよい場合もある。

（注7）　Ⅱ「判断」のレベルでの「禁止」とは、「〜テハイケナイ」というようなもの。Ⅲ「働きかけ」のレベルの「禁止」とは、動詞の辞書形に〜ナのついた形である。以後、本論では、Ⅱ「判断」のレベルでの「禁止」は「〜テハイケナイ」と示す。以降、本論で「禁止」というのは、動詞の辞書形に〜ナのついた形を表す。

（注8）　「命令」というのは、動詞の命令形を表す。ただし、いろいろな接続表現を見た結果、〜セヨというような、書き言葉に特有の表現はⅢ「働きかけ」のレベルに含まれない。〜セヨはむしろⅡ「判断」のレベルに入るように思われる。

（注9）　例えば前田(1995b：497)は、ノニについて「ノニの主節の制限とは、ノニには主節に命令や意志が来ることができないという現象である」と指摘している。

（注10）　白川(1995)は、カラの使い方について考察し、その中でカラの「条件提示」の用法というものを述べている。例(2-25)は、その用法のタイプである。ただし、白川は本論で述べているような考察は一切行っていない。

（注11）　(2-25)のカラの場合は、従属節のモダリティと主節で述べる事態およびモダリティとの関係と見たほうがよいと思われる。

(注12) 注2と同じ。

(注13) ⅢとⅤのレベルには、このようにどちらとも分かちがたい、あるいは両方の側面を持つと考えられる場合もある。特に、この(2-38)の例では、「お願いしていなかったら」のように、従属節の述語が「非未来動」(2.3.1節参照)になっている。したがって、Ⅴのレベルと解釈しやすい。しかし、従属節の述語が非未来動ではない場合、例えば「もし、彼女のところへ行ったら、ゲストブックにサインをしてあげてちょうだい」と言うような場合は、従属節の表す「彼女のところへ行く」という事態と主節の表す「ゲストブックにサインをしてあげる」という事態の結びつきが中心となっていると考えられるので、本論ではⅢのレベルであると分析する。

　Sweetserが同じspeech-act domainの例としているものの中にも、違いがあることに気づいているように、本論ではその性質の違いを事態間の結びつきを中心とするか、モダリティとの結びつきを中心とするかという観点から、あえて二つのレベルに分けるものである。

(注14) 英語のカンマと、日本語の読点を比べると、おおまかに言って英語の場合は意味の解釈に不可欠なものであるのに対し、日本語の場合は、文が比較的に長くなると読点がつくように思われる。英語では、例えば本論の(2-34)のように、カンマを用いると、epistemic domainの解釈しかできない。一方、(2-34)の例からカンマを削除した場合は、content domainの解釈だけではなく、epistemic domainの解釈も可能である(カンマのある場合、ない場合の両義性については、中右実(私信)、野口徹(私信)による)。

　一方、日本語の読点は、以下のような例では、意味の判別に英語のカンマほどの意味を持っていないと思われる。

　　(例1)雪が降ったために道が凍った。
　　(例2)雪が降ったために、道が凍った。
　　(例3)頭痛がしたから薬を飲んだ。
　　(例4)頭痛がしたから、薬を飲んだ。
　　(例5)頭痛がするから風邪かもしれない。
　　(例6)頭痛がするから、風邪かもしれない。

(例1)から(例4)は、Sweetserの用語で言えば、content domainの結びつき、

すなわち従属節と主節の内容が、事態と事態の結びつきを表している。一方、(例5)と(例6)は、epistemic domain の結びつき、すなわち従属節が主節で述べる判断の根拠であることを表している。(例1)から(例6)では、読点のあるものとないものをペアにしてあげている。これらの例は、日本語の表記として、どれも間違いではないと思われる。日本語の場合は、読点があってもcontent domain の読みが可能である。一方、読点がなくても、epistemic domain の読みが可能である。なお、読点の役割と英語のカンマの役割の差異については、細かく述べれば他にいろいろなことがあると思われるが、本論の目的とは異なるので、ここでは、これ以上の議論はしない。

(注15) 中右(1994a)の階層意味論モデルでは、(1)アスペクトだけ入り、テンスも真偽判断も入らないレベルの節の意味、(2)アスペクトとテンスは入るが、その命題が肯定か否定かの区別(ポラリティ)を表せないレベルの節の意味、(3)アスペクトもテンスも入り、その命題が肯定か否定かの区別も表わせるが、真偽判断が入らないレベルの節の意味、(4)そこに S モダリティ(真偽判断のモダリティなどの、命題態度)が加わったレベルの文の意味(構文意味)、(5)さらに D モダリティ(発話態度)が加わった、もっとも上位のレベルの文の意味(発話意味)などが、それぞれが異なる階層に属す。

(注16) Ⅰ、Ⅱ、Ⅲは、2.3.1 節で述べたように、主節のモダリティによって分けている。しかしながら、中右実(私信)の指摘によれば、主節の述語の形態による別の分類が可能であるとも考えられる。実際、①、②の場合に表われているように、①の場合は主節のモダリティが動詞の「終止形」に後接する形であり、②の場合は主節のモダリティが動詞の「テ形」、「連用形」に後接したり、動詞そのものが命令、禁止を表す形になっている。したがって、Ⅰ、Ⅱ、Ⅲは動詞の形態とモダリティとの関係から、別の分け方が可能であるかもしれない。

しかしながら、やはり多くの例を考察すると、Ⅰ、Ⅱ、Ⅲを分ける要因として、形態よりもモダリティの意味のタイプの方がきわだっていると考え、本論の分け方をとっている。ただし、Ⅱのレベルが表すモダリティ(2.3.1 節参照)には、多様なものがあることは明らかなので、モダリティの形態や意味とのより詳しい考察は、今後の課題としたい。

(注17)　p. 25のⅣ、Ⅴの図はいわゆる「前置き的な表現」として、従属節自体がモダリティ表現になる場合（「はっきり言えば」のようなもの）も含んでいる。

　なお、注11に述べたように、例（2-25）のようなものは、以下のような関係になっていると思われる。しかしながら、このようなものはカラ（丁寧な文体ではノデも）を用いる場合以外には、あまり広範に見られないように思われる。

```
　　従属節　　　　　　　　　　　　　主節
　　[[事態の内容] モダリティ]-接続表現　[事態の内容] モダリティ
                    └―――――┘
```

(注18)　従属節の中にモダリティが入る場合もある。この「モダリティ」はその可能性を示したものである。

(注19)　テのようなものは、基本的に独立性が低い。例えば、Foley and Van Valin（1984）は、文の単位を小さいものから NUCLEUS、CORE、PERIPHERY とし、ネクサスの関係を述べている。その中ではもっとも小さい単位の NUCLEUS（述語＋項）のすぐ外側がアスペクトである。(p. 216) テンスは PERIPHERY に作用するオペレーターになっている。中右の階層意味論モデルの中でも、中核命題（述語＋項）に直接作用するのがアスペクトであり、テンスはその上位の拡大命題に作用する演算子として説明されている。

(注20)　ここでは、図2-2、表2-1に表したように、Ⅰ「現象描写」からⅤ「発話行為の前提」のレベルを一直線上に表している。しかしながら、すでに本論で述べたように、Ⅱ「判断」とⅣ「判断の根拠」、Ⅲ「働きかけ」とⅤ「発話行為の前提」が連続体のようにみえる場合もある。したがって、図は、以下のように描くことができるかもしれない。

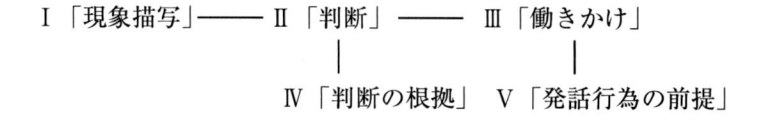

```
　Ⅰ「現象描写」――― Ⅱ「判断」 ――― Ⅲ「働きかけ」
　　　　　　　　　　　　│　　　　　　　│
　　　　　　　Ⅳ「判断の根拠」　Ⅴ「発話行為の前提」
```

Ⅰ「現象描写」からⅤ「発話行為の前提」が、どのように並ぶかという点に関しては、考察の余地がある。

(注21)　原因・理由を表すタメ(ニ)の場合は、従属節の述語は非未来動である場合が圧倒的に多いと思われる。ただし、以下のように従属節と主節でswitch reference(指示転換)を起こすような場合は、動詞のル形も用いることができると思われる。
　　(例)カルチャーセンターが来月で閉鎖になるために、別の仕事場所を探さなければならない。

(注22)　今尾(1991：81)は、「意志・勧誘・依頼表現が後続する場合に、「カラ」と「ノデ」は使えるが、「タメ」は使えない」としている。

(注23)　今尾(1991：81)は、タメについて「主観的要素が含まれていると使用不可能な客観的接続形式」と述べている。

(注24)　三上(1953(復刻版 1972:248))はノデ、ノニはノダの活用形であろうと述べている。

(注25)　益岡(1997：125)では、ノデとタメニの違いについて、「タメニ節との違いはノデ節では意思的な事態であってもよいという点である」と述べている。

(注26)　永野(1952: 32)によると主節が命令の場合は「ので」を用いないことは、湯沢(1949)が述べている。なお、永野(p.40)では、新聞からとった例を引用し、「非常口をつくった<u>ので</u>なにかのときこのひもをひいてくれ」という例を「誤用」であるとしている。

(注27)　岩崎(1995：512)では、永野(1952)、上林(1992)などを引用して、丁寧形の場合を除いて、カラは田窪がB類とした「事態の原因・理由」とC類とした「モダリティ的態度の根拠」(本論ではⅣ「判断の根拠」)の二つがあり、ノデはB類の「事態の原因・理由」の一つだけ、という意見があ

るものの、その区別はさほど定着しているようには思えない、と述べている。筆者が調べたところでは、本論で述べるように、丁寧形の場合だけでなく、普通体のノデの場合も「モダリティ的態度の根拠」(本論ではⅣ「判断の根拠」)の用法が、小説の地の文などにしばしば見られる。

(注28)　Ⅳのレベルの内容をⅡのレベルの内容と決定的に分けるのは難しい場合がある。そのもっとも重要な要因は、従属節で述べる事態の内容と主節で述べる事態の内容が、現実の時間軸に沿った関係であるかどうかによる。以下二つの例を比べる。
　　(例1)昨日からお腹をこわしているので、明日は苦戦を強いられるだろう。
　　(例2)昨日からお腹をこわしているので、何か悪いものでも食べたのだろう。
(1)の例も(2)の例も従属節に描かれている現在の状況を見て主節の判断を下しているので、両方ともⅣ「判断の根拠」の例であるとも考えられる。しかしながら、(1)では「お腹をこわしている」という事態が原因で、「苦戦を強いられる」という事態が起きるという事態間の結びつきを表す因果関係としてとらえることができる。したがって、(1)は、Ⅱ「判断」の例であるとも言える。一方、(2)では、「お腹をこわしている」という事態が原因で、「何か悪いものを食べた」という事態が起こるとは考えられない。従属節の内容は主節の内容の結果にはなり得ても、原因とは考えられない。したがって、(2)はⅣのレベルでのみ解釈が可能で、Ⅱのレベルの解釈は成立しない。

(注29)　中右(1994a：63-65)では、敬語表現は階層の上位のＤモダリティ(談話モダリティ)の中に入っている。

(注30)　永野(1952：39)は、なぜそうであるかということは述べていないが、ノデの「用法の拡張」として、「丁寧形の依頼表現や意向表現」が主節にくる場合、カラよりもノデを用いるとして例をあげ(本論では主にⅤのレベルとして分類しているような例である)、以下のように述べている。「もしこれらの文例の場合に「から」を使うと、主観的な理由を押しつけ、根拠を強調し、言わばたたみかけるような印象を相手に与えるのに対して、客観的表現

である「ので」を使うと、自分を殺して主観を押し付けない、淡々と述べている、という印象を与える。すなわち、「から」だと、強すぎて_・か_・ど_・が_・立_・つ_・ところを、「ので」を使うと、丁寧な、や_・わ_・ら_・か_・い_・表現になり、下にくる丁寧形の表現とよく照応するわけである。」(傍点は永野による。)

(注31)　カラが行動の根拠を表す場合と、判断の根拠を表す場合があることは、すでに先行研究も述べている。例えば、田窪(1987)は、南の従属節の分類を修正して、行動の根拠を表すタイプのカラをB類、判断の根拠を表すタイプのカラをC類としている。行動の根拠を表す場合とは、本論のⅡ「判断」あるいは「事態間レベル」の場合であり、判断の根拠を表す場合とは、本論のⅣ「判断の根拠」のレベルであろう。

(注32)　例えば、これまで、ガ・ケレドについてはいくつもの用法が指摘されている。永田、大浜(2001：62)では、先行研究(国立国語研究所：1951、森田：1980など)をまとめて、以下の六つの用法を提示している。
　①逆接用法：雨が降ったけど運動会は行われた。
　②対比用法：兄は背が高いけど弟は背が低い。
　③前置き用法：悪いけど、お金貸してくれない？
　④提題用法：明日の天気ですが、明日は全国的に晴れるでしょう。
　⑤挿入用法：この前貸した本を明日、もし無理だったら明後日でもいいん
　　　　　　　だけど、返してくれる？
　⑥終助詞的用法：すみません、道をうかがいたいんですけど。
また、例えば、坪本(1998：119)は「ところが」について、「順接」と「逆接」の例として、以下のような例を出している。
　　a. 多分うまくいくと思っていたところが、思った通りやっぱりうまく
　　　いった。(順接)
　　b. 多分うまくいくと思っていたところが、意外にうまくいかなかった。
　　　(逆接)
このように、従来「逆接」と呼ばれてきたのは、事態と事態の結びつきが話者の期待や常識と合致しない場合をさしていたと考えられる。
　しかしながら、筆者の考えでは、ガ・ケレドの従来「順接」とか「前置き」などと呼ばれている用法は、「ぶつかり合う」レベルが命題のレベルで

はなく、モダリティのレベルであるということにすぎず、ガ・ケレドの表す逆接性は共通していると考える。

　また、ガ・ケレドは推論を否定することもできる。これは「ぶつかり合う」感じが談話上のプロセスに広がっているものである。

（注33）　逆接のナガラを用いる文として、「私という妻がありながら、あなたはなんということをするのですか」というようなものがある。こういった文の場合は、「［私という妻がありながら、ひどいことをする］のはどういうことですか」といった関係になっていると思われる。したがって、Ⅴ「発話行為の前提」のレベルの結びつきではないであろう。

（注34）　ニモカカワラズがノニモカカワラズの音便形であると考えれば、ノが入っていると言えるかもしれない。ここではモダリティは入らないとしておく。

（注35）　前田(1995b：503-504)は、ノニの主節の内容がすでに存在しているか「事実的」に扱われている事柄であることを指摘している。

（注36）　注24と同じ。

（注37）　注9と同じ。

（注38）　こういった用法は、中溝(2002：25)によると、ノニの「順接用法」（才田1980、仁田1987、今尾1994）と呼ばれてきたようである。

（注39）　禁止を表す場合にノニを用いることについて、前田(1995b：504)によると、才田(1980)、戸村(1988)、今尾(1994)などもすでに言及しているように、禁止のスコープが以下のように働いているという。
［まだ病気が治らないのに、無理する］な。
この考え方には、筆者も同意する。

（注40）　こういった用法も、従来、ノニの「順接用法」といわれてきたも

のの一部である。

(注41) 前田(1995c: 115)は、「[足が痛いのに、そんなに遠くまで歩け]ませんよ」といったかかり方をすると考えて、「原因や理由文に置き換えられるノニ文」と呼んでいるようである。

(注42) この、省略という考え方は、小矢野哲夫私信(学会の折のディスカッション)による。これは、例えば、タクシーに乗ったときなどに、「名古屋駅までお願いします」(この例は、角田太作私信による)と言うような場合の「まで」の用法と似ている。これは「名古屋駅まで走る」、「12時まで勉強する」などのように、ずっと行動を続けるという意味ではなく、「名古屋駅まで行ってくれるようにお願いする」ということを省略しているのである。なお、戸村(1988)は、「短絡」という言葉を示していて、ノニ節の主節の省略について述べている。

(注43) 前田(1995b：503)は、ノニの意味として、「薬を飲んだのに、直らなかった」という例をあげ、この文には「①前件(薬を飲むことからある予測(治るだろう)が立てられていたこと、②前件の動作と、予測が外れた(治らなかった)こと、即ち後件がともに事実として確定していること。③予測がはずれたことに対する話者の意外感、驚き、の三つが表されている。この中の特に②が、ノニ文の主節に対するモダリティに制限を与えている」と述べている。

(注44) ちなみに、Sweetser(1990:103)は、英語のbutにはcontent domainの用法はなく、epistemic domainあるいはspeech-act domainの用法しかないと述べている。ただし、これは英語のbutに関することであり、日本語のガ・ケレドとは似ている点もあるが異なる点も多く、同じように説明することはできない。

(注45) 野田(1992:61)は、ノデハナイとワケデハナイを比べて、「「のではない」が示すのは単なる命題否定であり、「わけではない」は推論命題否定を表す」とし、ワケデハナイは推論を含むと述べている。

（注46）　(2-159)、(2-160)のような例をカラのⅣ「判断の根拠」の例と比べると面白い。

　　(2-159)'　彼ずいぶん嬉しそうだ[けど／？から]何かいいことでもあった<u>のだろうか</u>。
　　(2-159)"　彼ずいぶん嬉しそうだ[？けど／から]何かいいことでもあった<u>のだろう</u>。
　　(2-159)'''　彼ずいぶん嬉しそうだ[＊けど／から]きっと何かいいことがあった<u>のだ</u>。

以上の例に表れているように、同様のⅣ「判断の根拠」のレベルにおいて、主節に表れる話者の確信が強くなればなるほど、カラを用いやすくなる一方、確信の度合いが低くなればなるほど、ガ・ケレドを用いやすくなる。

（注47）　疑問文と感嘆文との間に密接な関係があることは赤塚(1998：33)などを参照されたい。

（注48）　ちなみに、Sweetser(1990：101)は、英語のbutについて、いわば例(2-164)と類似の例をspeech-act domainの例であるとしている。しかしながら、本論で述べたように、(2-164)のような例は、場合によってⅣ「判断の根拠」、Ⅴ「発話行為の前提」どちらの例にもなると考える。

（注49）　例えば、野田(1995)では、ガとノダガの「前置き」の用法について述べている。三原(1995)、白川(1996)などでは「終助詞的」なものについて述べている。しかしながら、こういった先行研究では、本論のような考察は行っていない。

（注50）　トを「警告」に用いることに関して、このようなことを益岡(1993：17)も指摘している。益岡はトを用いる方がタラを用いるよりも現実性が高いということを述べている。

（注51）　髙橋(1983)は、ここで述べているようなト、バ、タラを含む条件節(句)を「後置詞」として詳しく分類している。しかしながら、髙橋は用法を分類してはいるものの、本論で述べるような隠れた動詞との呼応といっ

た観点はない。また、ト、バ、タラによる違いといったことにも言及していない。また、高橋(p.295)は、条件節一般について「主文のモダリティへの影響の形式的な側面として、ばあいによって、呼応の現象をともなう。つまり、係り性をもっているのである」と述べ、「モダリティ」、「呼応の現象」といった表現を用いている。また、「内的な関係と外的な関係」として、「現実のできごとやありさまの内部要素としてかかわっている関係」（内的な関係）と、「条件句が主節のあらわすことがらの外にある活動をあらわす」関係（外的な関係）を分けている。(p.299) しかしながら、高橋の「内的な関係」と「外的な関係」は本論のⅠ、Ⅱ、Ⅲなどの「事態間レベル」に対して、Ⅳ「判断の根拠」、Ⅴ「発話行為の前提」をたてるような分類ではないようである。本論ではⅣのレベルに入れるようなものが「内的関係」の中に入っていたり、ⅣとⅤのレベルが一緒になっていたりする。

（注52）　トを用いると、findの他にも、以下の例のように、いわばfeel（感じる）というような動詞が隠れていると考えられるような場合もある。
　　（例）ああゆうふうに褒めちぎられると、こそばゆくってね。（なんだか）
このように、トを用いると、主節の内容が感覚的な認識と結びつきやすい。なお、思考や判断を表す動詞に関して述べると、中右(1992：7)は心理動詞として、I think/believe/suppose/assume/wonder/regret/doubtなどをあげている。日本語で言えば、「〜と思う」、「〜と考える」、「〜ではないだろうか／〜ではないかと思う」といった表現に相当すると思われる。こういった表現のほか、「〜と結論する」、「〜と言える」などといった動詞なども、話者の判断を表す表現として、思考判断動詞というカテゴリーに入ると考える。

（注53）　ただし、従属節に〜トコロヲ見ルトといった表現を用いると、「見る」という動詞を用いても、以下のように、主節で判断を表すことができる。「見る」という動詞自体は非未来動ではないが、〜トコロヲの部分が非未来動と何らかの関係があるかもしれない。
　　（例）電気がついているところを見ると、誰か部屋にいるにちがいない。

（注54）　坪本(1993)は、トの意味が視点とどのような関係にあるか、それが時系列とどのような関係になるか、といったことを述べている。そして、

Sweetser(1990)の三つのdomainsとの関係を述べている。坪本の議論を要約すると、以下のようになる。

　坪本は、「太郎はコートを脱ぐとハンガーに掛けた」というような継起的な動作を表す場合を「セット読み」とする。また、主節が状態を表す場合、あるいはト節の内容が状態を表し、主節が出来事を表すような場合は、時間に沿った継起的なできごとを表さず、むしろ視点の動きに沿って、ト節が背景化し、主節の内容が「発見」などの内容となって表れる、ということを述べている。これを背景化Ⅰの用法として、一回性の出来事を表す場合としている。

　また坪本は、背景化Ⅰの内容からより抽象化した背景化Ⅱをたてている。背景化Ⅱとは、①「状態性」をより一層明確にする場合（例えば、ものの属性）、②（くりかえし経験によって、）一定の関係が成立すると判断される場合、③文（句）の接続関係に話し手の主体的責任が関与してくる場合（論理的関係づけ）などであり、背景化Ⅰのような一回性のことではない。また、以下のように「条件づけ」の意味が表れる。

　(1)魚は、釣り上げてすぐ食べるとおいしい。
　(2)二に三を足すと、五になる。
　(3)この道を真っすぐ行くと、郵便局に出ます。

(1)、(2)、(3)はそれぞれ①、②、③の例である。(1)の例では、ト節は主節が成り立つための「制限」を表し、(2)の場合は「必然性」、あるいは「当然の結びつき」(3)の場合は「条件付け」という関連性が出てくる、という。そして、こういった使い方を、Sweetserのepistemic domainと対応させている。(p.123)

　しかしながら、坪本がここで述べている「条件づけ」は、トという接続表現の「意味の拡張」の点からSweetserと比べているのであって、本論のように、節の接続関係をみているわけではない。条件節の接続に関して、Sweeterは条件を表す従属節が仮定の場合と前提である場合を比べて、仮定の場合はcontent domainの読みになり、前提の場合はepistemicまたはspeech-act domainの読みになると述べている。

（注55）　主節に、〜トイウコトニナルという特に「帰結」を表す表現を用いる場合には、以下のように、従属節の述語が「非未来動」でなくても言え

ると思われる。
　(例)花子がもし(こんど会ったとき)指輪をはめれば、彼と結婚したということになる。

(注56)　蓮沼(1993)は、「たら」と「と」の「事実的用法」について考察し、「「たら」は話し手が実体験的に新たな事態を認識するといった文脈を要求する」と述べる一方、「外部からの観察者として事態の生起を客観的に叙述するような文脈」では「と」を用いると指摘している。(p.83)
　加藤(1998)は、トとタラを含む文について、「過去に起きた一回の事実を表す」場合を比べている。加藤は、文末にテシマウ、話者の気持ちを表す形容詞、「過去とは単純には言い切れないような「タ」が文末にある場合」、予測性があるかどうかなどの考察を行い、トとタラについて、以下のように述べている。「「と」：前件が示す状況の中で、後件の事態の成立をとらえるが、後件の事態はある程度予測可能であり、それを発話時と完全に切り離された過去のものとして捉えている時に用いられる。」「「たら」：前件が示す状況の中で、後件の事態の成立をとらえるが、後件の事態が必ずしも予測できるとは限らないため、前件と後件の関連或いは後件が強く意識され、話者が発話時の感情・評価を加えて述べる時に用いられる。」加藤の考察について、トの主節が「予測可能」であるという点には同意しがたいが、全体を通して加藤が述べているのは、同じ過去の一回の出来事を表す用法においても、タラを用いると、話者(あるいは、従属節の動作主体)の感情が入り、しかも話者の現在の気持ち(「疲れた」、「わかった」などといった表現が主節に現れる場合)が表せる、ということを述べていると思われる。
　蓮沼も加藤も、トとタラの比較において、本論のようにモダリティや認知領域などと関係付けるような考察は一切行っていない。しかしながら、蓮沼、加藤の記述結果はすなわち、トとタラを比べると、同じ過去の一回の出来事を表す用法においても、トとタラが共起するモダリティのレベルに違いがあるという本論の結論を補佐している。

(注57)　Iwasaki(1993)は、話者が自身の経験を語るナレーションを調べ、テとタラを比べ、テが same subject(同一主語)のマーカーで、タラが switch reference(指示変換)のマーカーであると述べている。また、トはタラの文語

的な形であるとして、トとタラの違いは述べていない。しかしながら、本論で述べているように、ト、タラを用いると、両方とも従属節の行動主体が発見したことを主節で述べるという内容(英語の find で表せるような内容)を表す。また、その場合にも、トを用いると主節で見たままのことしか表せないのに対し、タラを用いると、話者の驚きや期待はずれなどを表すことができる。Iwasaki は、タラを switch reference のマーカーであると分析している。しかし、過去に実現した出来事を述べる場合にタラを用いると、行動主体が発見したことを主節で述べるという用法の場合がきわめて多いと思われる。このために、主節では、発見内容を述べるということになる。その結果、たまたま switch reference と関連があるように見えるということではないだろうか。そう考えると、タラを switch reference のマーカーとするのはやや無理があると思われる。

(注58) 鈴木(1993：140)は、タラを用いると、「主文のモダリティの条件となることはできない」とし、「火事になったら、この消火器を使いなさい」のように、「火事になる」という事態の成立を条件づけることしかできないと述べている。この「主文のモダリティの条件となる」ということは、文脈から、本論のⅣ「判断の根拠」あるいはⅤ「発話行為の前提」のレベルのことを表しているものと思われる。しかしながら、本論で述べているように、特別の場合に限って、タラを用いても「主文のモダリティの条件となること」はできる。

(注59) 注55と同様、主節に、〜トイウコトニナルという「帰結」を表す表現を用いる場合には、従属節の述語が「非未来動」でなくても言えると思われる。

(注60) ノダッタラ、ノデアレバはナラと同様であるとする考え方がある。(田野村(1990：99)、前田(1995a：490)、野田(1997：158)など参照。)筆者は、ナラ、ノダッタラ、ノデアレバはまったく同じであるとは思わないが、多くの場合、自由に言い換えができるという点には賛成する。なお、ナラ、ノダッタラ、ノデアレバの違いについては、別の機会に詳述したい。

(注61)　相手に勧めるような場合に、以下のように言うことがある。このとき、イントネーションは、タラ、バで終わる場合でも、（　）内に示すような主節を伴う場合でも、終わりが上昇する。
　　（例1）はっきり言ったら(いいんじゃないの／どう)。
　　（例2）はっきり言えば(いいんじゃないの)。
しかしながら、こういった用法は、本論のＶのレベルには含まれていない。
　ちなみに、上記の例のような用法の場合、特に従属節を単独で用いる場合には、タラ、バは用いるが、トは用いない。
　　（例3）＊はっきり言うと。

(注62)　ナラの用法の中に、「太郎が父親の仕事を継いだなら、きっと店が繁盛するだろう」のように、仮定(hypothesis)を表す場合がある。また、「もしも私が家を建てたなら、小さな家を建てたでしょう」（小坂明子作詞）のような反実仮想の用法もある。このような用法では、ナラがタナラとして出現する。(田野村(1990：92)では、このような用法を「状況設定」と呼んでいる。)しかしながら、これらの文は「太郎が父親の仕事を継ゲバ／イダラ、きっと店が繁盛するだろう」、「もしも私が家を建て(てい)タラ／レバ、小さな家を建てたでしょう」などのように、タラ、バを用いて言い換えることができる。鈴木(1993：132-134)はナラについて考察し、「ノナラ」に置き換えられないものの中に、「明日ボーナスが出たなら、買い物に行こう」の「タナラ」のように、タラと同じような用い方をするものがあることを述べている。このようなナラについて、鈴木(p.134)は、「このように単独で用いられ、ノナラに置き換えることができないナラは、文語的な用法や、古い言い方が固定化したと考えられる後置詞化した条件句だけで使われるものである。また、このようなナラは、タラにも置き換えることができるが、意味的にはバにより近いようである。これらのことから、このナラは、ノナラに置き換えられるナラとは別に成立したものが、バの強調形の意味で、現代語の中にわずかに残ったものと考えられる」と述べている。したがって、本論では、このような仮定を表すナラは、ナラの考察の中に含めないことにする。
　なお、田野村(1990：93)は、「状況設定」のナラについて、「状況設定の「なら」が未来の事態を設定するのに用いられるときには、「スルなら」としても「シタなら」としても文の意味はほとんど変化しないことが多い。特に

状態性の述語の場合にその傾向が強いようである」と述べ、以下のような例をあげている。

　　（例1）来月の末までに通知が ｛来ないなら／来なかったなら｝、それは不採用ということだ。
　　（例2）今後一週間雨が ｛降らないなら／降らなかったなら｝、水不足が深刻になる。

こういった例を見ると、「スルなら」の部分、すなわち「来ないなら」、「降らないなら」のナラも、今日では、タラ、バ、あるいはトで置き換えるほうが自然であると思われる。

　したがって、このような「仮定」を表わす「ルナラ」も、ナラの考察の中に含めないことにする。

（注63）　角田（2001）では、文の形だけに注目していたので、ナラはⅣ「判断の根拠」の主節と共起するとしていたが、本論では、そのような表現を修正する。

（注64）　蓮沼（1985：72）は、「ナラの機能は命題の外にある他者の意向・主張と話し手の発話意図の関係づけにあるとも言える」とし、ト、バ、タラなどにある継起性との違いを述べている。しかし、蓮沼は、本論のようなモダリティや認知領域との関係は一切述べていない。

（注65）　Sweetser は、「社会的な理由」としているが、Akatsuka（1985）は、epistemic scale（認知スケール）を提示し、話者の意識に入ったばかりのことは conditional（条件）の形で表すとして、日本語のナラについても述べている。

（注66）　注60で述べたように、（ノ）ナラ、ノダッタラ、ノデアレバは、ほぼ同様の意味を表すと思われる。したがって、ノを除いた部分、ナラ、ダッタラ、デアレバもほぼ同じ意味を表すと考えられる。

第3章

（注1）　例えば、寺村（1984）はノダ、ワケダを「説明のムード」と呼んでいるし、奥田（1990、1992）もノダ、ワケダを「説明」を表すものとしている。

最近でも例えば、益岡(2001a、2001b)は、ノダ、ワケダを「説明のモダリティ」あるいは「説明・判断のモダリティ」と呼んでいる。

(注2)　例えば、以下のようなものはンダでは表せるが、ノダでは表せない。
　　A: これが私の部屋です。
　　B: わあ、広いんだ。

(注3)　田野村(1990)が、ノダの研究の歴史も記述しているし、野田(1997)の中にも、これまでの研究についての言及があるので、ここでは先行研究全般については特に詳しく述べない。

(注4)　ノカ、ノダロウカといった形が(vi)、(vii)のプロセスで出る。ノカ、ノダロウカなどはこのようにノダと断定できない段階で出てくる形であると考える。(なお、このノカは、思い出したときや、人から言われたことを改めて確認するようなノカ「ああ、そうだったノカ」のようなノカのことではない。)
　また、(vii)の推察の過程では、他にもノヨウダ、ノカモシレナイ、(viii)の答えを断定する過程では、ニチガイナイなどがノダのかわりに現れることもある。

(注5)　「なぜこのようなことを言うか」という疑問は、つまり発話行為自体のモダリティ部分にかかる疑問であると言える。Ross(1970)で言えばperformative verb(遂行動詞)にかかる疑問であり、中右(1994a)で言えば、談話モダリティ(Discourse-Modality)レベルの疑問である。

(注6)　このように述べる根拠には、モダリティの階層(中右1994a参照)がある。「なぜ」、「どうして」という部分は、命題に含まれないからである。ただし、「なぜ」、「どうして」といった疑問の答えとしては、実は「〜するために」、「〜したために」、「〜という手段で」といったような、命題そのものに含まれる内容を述べる場合もある。実は、命題の中の出来事について、「どうして(どのように)〜したか」と問う場合には、その答えとして、「〜するために」、「〜したために」、「〜という手段で」という答えが出現し得る。しかしながら、内容全体について、「どうしてこういうことになったと思う

か」、「どうしてそう言うか」という疑問に対しては、「〜するために」、「〜したために」、「〜という手段で」という答えは出現しないと言える。つまり、現実のレベルをよりくわしく知るための「なぜ」という疑問と、内容全体について「なぜこのようなことになったか」、「このことはいったい何を意味するか」、あるいは「なぜこんなことを言うか」と問う疑問(すなわち、思う、言うというようなモダリティに関する疑問)との段階の違いがある。したがって、厳密に言えば「なぜ」という疑問は(i)から(iv)の思考プロセスに関与する場合もある。

(注7)　Ⅳ「判断の根拠」のレベルの疑問としては、他にも考えられる。例えば、レストランに行って、高いお金を出したのにまずいものを出されたというような経験をした話者が、「あんなレストランつぶれてしまえばいいんだ」(この例は郭珍京(私信)による)というようなことを言うことがある。こういった場合は、例えば「ああいうレストランがあってよいのだろうか／ああいうレストランはどうなるべきか」というような疑問について答えを述べていると考えられる。Ⅳ「判断の根拠」レベルの疑問とは、話者が事態を認識、把握した上で、その事態について考えをめぐらせて話者の見解を述べる場合の疑問であると言える。

(注8)　例えば、以下のような場合を見る。
　　(例1) A：ごめんなさいね。ちょっと頭痛がするの。
　　　　　B：風邪をひいたんだね。
　　(例2) A：ごめんなさいね。ちょっと頭痛がするの。
　　　　　B：私を避けているんだね。
例えば、(例1)の中では、BはAの言葉を聞いて、その命題内容について「これはどういうことか」と問い、「風邪をひいたのだ」という答えを得たと考えられる。Bの判断は以下のようにⅣ「判断の根拠」の接続関係(第2章参照)で表せる。
　　(例3) (Aは)頭痛がするのだから、Aは風邪をひいたのだろう。
一方、(例2)は、BがAの言葉を聞いて、「なぜこんなことを言うのか」といった疑問を持った場合であると思われる。この場合、以下のように、単に従属節の命題内容について判断するといった接続関係では不自然になる。

（例4）？（Aは）頭痛がするのだから、Aは私を避けているのだろう。
（例4）のような場合は、以下のように「言う」ということを補うと不自然さがなくなる。
　　　（例5）こんなこと（「ごめんなさいね。ちょっと頭痛がするの。」）を<u>言う</u>のだから、Aは私を避けているのだろう。
　このように、「なぜこのようなことを言うのか」という疑問は、Aの発話意図に関する疑問である。また、その発話に至らしめた状況に関する疑問のこともある。
　ただし、場合によっては、「これはどういうことか」あるいは「なぜこんなことを言うのか」という疑問による答えは、あまり区別がつかないように見えることもある。

（注9）〔1〕の一次的レベルでは、物体の正体を解明するだけにとどまるので、この場合は〔1〕のモデルは除かれる。〔2〕と〔3〕の一次的レベルと言えることについては、3.4.7節で触れる。

（注10）　もちろん、「現象に基づく判断」を述べたり、判断内容に基づく「さらなる判断」を述べたりする文の命題内容そのものについては、つねに部分、部分を補ったり修正したりすることはできる。しかし、命題全体について、「なぜ」、「これは何を意味するか」といった疑問が生じるのは、やはり事態を把握してからであると思われる。
　なお、田野村（1990：65）も、「のか」をどのように用いるかについての説明の中で以下のように述べている。「ただ、理由を尋ねる場合には、「のか」がほとんど常に用いられるのに対し、述語の補語などについて尋ねる場合には必ずしも「のか」が用いられないという相違は確かにある。しかし、この相違は、次のように考えるべきものであろう。理由というものは、述語と補語とから成る命題の中核からすれば、その外部に位置する要素であるが、ガ格やヲ格などの補語は命題の中核を構成する要素である。理由を尋ねるような状況においては、そうした意味での命題の中核はすでに完成されていなければならない。つまり、命題の中核が定まって初めて、それがどのような理由によるものであるかということが問題となるわけである。・・・」このように、田野村は命題とその外側の部分とに違いがあるということを述べて

いる。ただし、ガ格、ヲ格などの補語を尋ねる場合は「のか」を必ずしも伴わないという田野村の考え方は、賛成できない点もある。「のか」の使用は、ガ格、ヲ格などの補語を尋ねているかどうかということではなく、述語の内容がすでに答えとして出ているかどうかということに関係すると思われる。

(注11)　この例ではたまたまノダが二つ現れているが、はじめのノダは引用の内容を示す描写文となっている。ノダ文で終わっているのは最後の文だけである。実は、この例のように、最後のレベルのサイクルの終わりだけに、ノダがつく場合が多い。最後のノダは不可欠で、ノダを除いて「だから部屋の鍵には亀のデザインが使われている」とだけ言うと、単に現実を述べるに留まり、推察の答えを述べているような感じがない。ノダ（場合によってはニチガイナイなど）が必要になる。

(注12)　すでに注4で述べたことと重なるが、場合によってはノダの他に、(i)から(iv)のサイクルにノヨウダ、(v)から(viii)のサイクルにニチガイナイ、ノカモシレナイ、ノヨウダ、ラシイ、(ix)から(xii)のサイクルにニチガイナイ、ノカモシレナイ、ノヨウダ、ラシイなどに加えて、ハズナノダ、カモシレナイノダ、ワケナノダなどが現れることもある。

(注13)　ちなみに、(3-15)から(3-19)にあげた例では、たまたま男性の作家の例が多く、女性の作家の例が少ないが、ノダのサイクルは、男性の文にも女性の文にも同様に表れることがわかる。

(注14)　三つ以上のサイクルが次々と連鎖していくことも可能である（例(3-17)、(3-18)などを参照されたい）。しかしながら、ノダに関する形態的特徴としては、ノダのサイクル四つ目以上に独自のものはないようである。三つ目くらいまで分別が可能であるということは、否定文の状況を思い起こさせる。中右(1994a)は、否定文について、二重否定、三重否定まではあるが、四重否定はないと述べている。このような数の制限は、人間の認知能力、あるいは分別の必要性の限界を表しているのかもしれない。

(注15)　ただし、すでに本文で触れたように、モデル〔1〕に関しては、(i)

から(iv)のプロセスではノダは出現しない。モデル〔2〕では(iii)のプロセスから「ノ」が出現すると思われる。なお、(iv)、(viii)、(xii)などの「答え」のプロセスで、話者にはほぼノダと断定する確信があっても、社会的な理由などで、はっきりノダと口に出して言い切れない場合や、婉曲に述べたい場合にノダロウ、ノダロウカ、ノカという形を用いる場合もある。また、ノだけの形は、イントネーションによって、疑問にも答えにもなり得る。ただし、ノは終助詞である、という考え方もある。(南 1993 など参照。)

(注 16)　例えば、以下のような場合である。
　　(例)「少年が顔を上げて言った単語をそのまま口にすると、周囲の連中がそうだそうだとはやしたてた。先刻の女性が再び身振りを加えて、説明する。〔現象描写レベル〕どうやらその亀が村の中にいる<u>のだ</u>と、礼子は理解した。〔現象に基づく判断レベル〕」いや、「礼子」ではない。「舞子」が理解したのだ。・・・

最後の「「礼子」ではない。「舞子が」・・・」というところは、前の〔現象に基づく判断のレベル〕、すなわち(v)から(viii)のサイクルで表れた文の部分について、「誰が」ということを言い換えている。「礼子が」と言ったあとに話者が「誰が？」と自問自答して「舞子が」と言い直したような場合である。このように命題の部分についての疑問から答えを求めるのは、(i)から(iv)の思考プロセスの特徴である。このように、(viii)や(xii)のあとで(i)から(iv)のサイクルに戻る場合もある。

(注 17)　例(3-36)の下線、波線は奥田(p.201)では、「<u>やはり風見が来ていたのだ。</u>からになったウイスキーのびんのしたにかれの置き手紙があった。」となっている。だが、文の途中で線の種類が変わるのは、それまでの定義づけと考え合わせると明らかに印刷上のミスと思われる。

(注 18)　三尾(1948：84)には、以下のような記述がある。「日本語の表現で、単に「雨が降っている」というのと、「雨が降っているのだ」というのでは根本的にちがっていることを、ちょっとでも注意すればわかることだと思う。ザヽという音を聞いて、あれは何だろうという疑問をおこす。誰かが谷川の音だろうという。すると一人が自信をもっていう。雨がふっているのだ。」

また、「雨が降っているのだ」という文が「問題となる事態の存在を前提として」現れる、という考え方は山口(1975)が示していて、佐治(1991:239)の中でも引用している。

(注19)　田野村(1990:203)によれば、田野村の知り得たかぎりでは、最初にこのことを指摘したのは、Arthur Rose-Innes が 1933 年に発行した Conversational Japanese for Beginners においてのことであったらしい。

(注20)　野田(1992:61)は、ノデハナイとワケデハナイを比べて、「「のではない」が示すのは単なる命題否定であり、「わけではない」は推論命題否定を表す」とし、ワケデハナイは推論を含むと述べている。本論のように考えると、ノダはワケデハナイが含む推論をふまえてさらに外側の判断を表せることがわかる。

(注21)　このように、ノダカラの用法が人称と関係がある場合もあるが、つねに人称と関係があるわけではない。

(注22)　このメカニズムは、以下のような決まり文句となっている挨拶のやりとりにもあてはまる。
　　A: お出かけですか？
　　B: はい、ちょっとそこまで。
「お出かけ」だとわかっている人に対して、「そうです」などと答えるよりも、いかにあいまいな内容であっても「ちょっとそこまで」と、思考プロセスの次のサイクルに移行して、そのレベルで用向きを伝える方が良いということが、この例にも表れている。

(注23)　男性が、女性がいつも郵便局に行くことを知っている場合など、本当に「確認」だけを求める場合もある。女性に「確認」のために同じ質問をすれば、以下のような進展もあり得る。
　　(例)男性：郵便局に行くんですか。
　　　　女性：ええ、そうです。
　　　　男性：じゃあ、ついでにこれも出してきてくれませんか。

このような場合は、女性は「ええ、〜を出すんです」というような答えをする必要はない。

(注24) 例えば、田野村(1990：61)は、ノダ文には「披瀝性」があるとし、「|お生まれはどちらですか／どちらなんですか| ？」という文と「きょうは|何曜日ですか／？何曜日なんですか| ？」という文をくらべ、他人の出生地は教えられなければ知りようがないから「のか」を用いて尋ねることができるが、曜日は通常誰でも知り得ることであるから「のか」を用いるのは不自然であると説明している。しかしながら、この説明には納得できない。コンテキストによっては「何曜日なんですか」もまったく問題がないと思われる。本論で説明するように、名詞述語文であるかどうかという点も影響していると思われる。

なお、田野村(1990：129)は、動詞や形容詞を述語とするとノダが必要とされるような場合でも、名詞を述語とするときはノダがなくてもよい場合があるということを指摘している。しかしながら、本論のような説明は行っていない。

(注25) 尾上(2001：224-5)は、「とら！」、「すみれ！」といった一語文について、「現場における遭遇、発見の叫びとしての一語文は、「とら」「すみれ」の存在そのことを言わば指さす＜存在一語文＞と、それがほかでもない「とらである」こと、「すみれである」ことの発見を語る＜内容承認一語文＞とに、原理的にわかれることになる」と述べている。尾上は「一語文」として「とら！」、「すみれ！」などの例をあげているが、これらは「とら_だ_」、「すみれ_だ_」という形で現れる場合もあると思われる。すなわち、例(3－62)、(3－63)のように、「何だろう」という疑問に対する答えを表す名詞述語文は、尾上の言う＜内容承認一語文＞と共通の性質をもっていることになる。

なお、尾上は、＜存在承認＞一語文を《発見・驚嘆》一語文と、他者に存在を伝達する《存在告知》一語文に分けている。このことは、ノダの思考プロセスが、独り言にも会話にも登場することと共通している。

(注26) 先行研究ですでに述べているように、ノダ文を用いることによって「強調する」という働きは確かにあるものと思われる。しかしながら、ノ

ダ文が「強調する」ことを表わすと言えるのは、ノダ文ではない文を用いても、自然な文として言い換えられる場合に限られる。

（注27）　三上（1953（復刻版 1972:248））はノデ、ノニはノダの活用形であろうと述べている。

（注28）　益岡（1991：147）では、文脈、および状況などからの「課題設定」がなされた上で、「説明」（ノダ文）がでてくる、というように述べている。菊地（2000:29）は、「のだ」の基本的な用法を「①話し手と聞き手とが、ある知識・状況を共有していて」ということを述べている。(3-75)、(3-76)のような場合には、確かに、益岡、菊地の述べていることはあてはまる。

（注29）　現在のことから、現在のこと、未来のことなどをノダの思考プロセスに沿って考える場合には、以下のようにノダのサイクルがいくつも回るときに、ノダ文が現れると思われる。また、ノ（あるいはノダロウ／ノカ）が入らないと不自然である。
　　（例）（通りのむこうのお店に母親の姿を見て）
　　　　あれ、お母さんだ。何している［んだろう。／*だろう］買い物している［のかな？／*かな］どうしてケーキなんか買っている［んだろう。／*だろう］ダイエットしてるのに。ああ、そうか、今日はお母さんのお友達がみえる［のだ。／*－］。
このような場合にノダが現れるのは、その時の思考の中で、ノダの思考プロセスをたどっているからであると思われる。

第 4 章

（注1）　本論では、単に「ワケ」を「事情」と言い換えられるような場合は扱っていない。

（注2）　益岡（1991：144）は、ノダ、ワケダの表す「説明」には「背景説明」と「帰結説明」とがあり、「背景説明」はノダのみによって表し、「帰結説明」はノダとワケダの両方が関係するとしている。しかしながら、本論の提案するワケダの「いきさつタイプ」は、「どうしてこのような状況になった

のか」といった疑問に対する答えを述べる点で、益岡がノダしか関与しないとする「背景説明」に相当する内容も表していると考えられる。

（注3）　寺村(p. 277)は、上記にすでに述べたように「Qワケダは、一つ、あるいはいくつかのすでに事実として、確認されている事柄(P_1、P_2、P_3・・・)からの当然の帰結としてある事柄(Q)がある、ということを言おうとする用法」と述べている。しかし、筆者のあげた例文にノダとワケダがどのように現れるか、ということを見ても、本論のように、「$P1 → Q1$、$P2 → Q2$、$P3 → Q3$」あるいは「$P1 → Q1 → Q2 → Q3$」といった事柄を統合するようにワケダが働く、と言った方が、より正確であると考える。

（注4）　「正直なところ」は、中右(1994a: 60)がディスコース (D) モダリティ、すなわち談話モダリティとしてあげている。

（注5）　当然のことであるが、ワケナノダの実例の数はノダやワケダの例に比べると非常に少ない。しかしながら、『新潮百選』を検索したところ、30を超える例があった。ここで提案した分析はこれらの例すべてにあてはまる。ただし、「それはいったいどういう<u>わけなのですか？</u>」、「それは、こういう<u>わけなのです</u>」のような例は考察から除いた。こういった例では、「わけ」はほぼ「事情」という言葉で置き換えることができる。一方、本論で考察しているワケナノダは、「事情」という言葉との置き換えはできない。

（注6）　しかしながら、(4-4)であげた、刑事の推理の例では、長い間の疑問がようやく解けたという点では、「因果判断の用法」と同じであるが、以下のようには言い換えられない。
　　（例1）？誰かが別々に殺して並べて置いたのだから、関係のない男女の死体が情死のように見えたわけだ。
　　（例2）？誰かが殺して男女の死体を並べて置いたのだから、われわれが情死と判断したわけだ。
刑事の推理の例では「誰かが殺して男女の死体を並べて置いた」という内容はあくまでも「推理」の段階なので、ノダカラで表現するには無理がある。一方、「因果判断の用法」では、「山本さんが結婚した」、「鍵が違う」といっ

た答えを人から聞いたり、自分で確証を得るなど、まぎれもない事実であることがわかった上で、ノダカラを用いている。

（注7）　野田（2002：239）も、なぜそうであるかは述べていないが、この用法のワケダについて、「音声上は「わ」にプロミネンスがある」と指摘している。

（注8）　寺村は、Qワケダについて、「事実Pからの論理的な帰結としてQになるという主張を、話し手は相手に言おうとしている、あるいは納得させようとしているのである」と述べ、また「場合によっては独断的な、一方的な話の運びになる」と指摘している。

（注9）　野田（1992：61）は、ノデハナイとワケデハナイを比べた結論として、以下のように述べている。「簡単に言えば、「のではない」が示すのは単なる命題否定であり、「わけではない」は推論命題否定を表す。推論命題否定は命題否定のひとつである。したがって、推論命題否定ではない命題否定には「わけではない」は用いられず、「のではない」が用いられる。また、推論命題否定で「のではない」も自然な場合があるが、それは「わけではない」と同じように推論命題否定の機能を果たしているということではない。「のではない」の機能は単純命題否定にすぎず、文脈によっては、相手の推論を否定しているときにも用いられうるということである。」

また、野田（2002：258-259）は、ノデハナイとワケデハナイについて、次のように述べている。「「わけではない」が推論の否定を表すのに対し、「のではない」自体には＜推論の否定＞という機能はない。(82)のような文脈に支えられて、＜推論の否定＞にも用いられうるというだけである。」（野田のあげている(82)の例とは、「父も、すでに何年か前から、勝沼に女がいることに気づいています。私が言った ｛のではありません／ワケデハアリマセン｝。父はちゃんと見抜く人でございます」というものである。）

野田は推論を否定する場合はワケデハナイを用いることを示してはいるが、ノデハナイとどのような場合に言いかえが可能であるかについては、結論があいまいである。

第5章

(注1) この「・・・」の部分は、まったくの空白ではなく、モノダカラが入ると思われる。しかし、そのことに関する議論は別の機会に詳述したい。

(注2) 永野賢(1952：36)は、ノデについて以下のように述べている。「現象や事がらの中に、話し手の主観を超越して因果関係が存在し、それをありのままに、非主観的に、言わば自然のなりゆきとして描写するときに、「ので」を使うのである。」

(注3) 本論の「事態間レベル」とSweetserのcontent domainとを比べると、このようなカラの使い方について、議論の分かれるところとなる。中右実(私信)によれば、本文であげた用法1、用法2のようなものは、単なるありのままの出来事を描写しているのではなく、話者の判断を通したものであるから、epistemic domainに属するとのことである。ところが、Sweetser(1990)のあげているepistemic domainの例を見るかぎり、従属節ではなく、主節が判断を表すタイプのものが主である。しかし、三つのdomainsの違いについて、content units(現実事態)であるか、logical entities(論理的なもの)であるか、speech-act(発話行為)であるかの違いであると述べている(p.78)ものの、あいまいである。

　しかしながら、本論では、「事態間レベル」というレベルをもうけ、一方、epistemic domainに対応するレベルを「事態間」ではなく、従属節が主節のモダリティにかかる場合ととらえている。例えば、カラ節を焦点化するようなタイプの文は、英語で言えば、becauseを用いる以下のような文に対応すると思われる。

　　(例1) He came back because he loved her.

Sweetserは、becauseは、content domain、epistemic domain、speech-act domain全てに用いることができると述べていて、上記のような例をcontent domainの例としている。一方、以下のような例をepistemic domainの例としてあげている。(p.77)

　　(例2) John loved her, because he came back.

両者の違いは、以下のような例で表せる。以下、(例3)から(例6)の例文は、角田太作(私信)による。

（例3）I think [he came back because he loved her].

（例4）I think [he loved her], because he came back.

上記の（例3）では、because he loved her が he came back の理由を表す。一方、（例4）では、because he came back が、I think の理由を表す。この関係は [ ] で示した。

（例3）、（例4）は以下のように変えることはできない。非文になるか、あるいは意味が異なってしまう。また、以下の（例3）' のように、（例3）の because he loved her の部分は、I think の理由を表せない。同様に、（例4）' では、because he came back が he loved her の理由にならない。

（例3）' *I think [he came back], because he loved her.

（例4）' * I think [he loved her because he came back].

また、（例3）"、（例4）" は、（例3）、（例4）の節の順番を変えた場合である。

（例3）" *Because he loved her, I think [he came back].

（例4）" Because he came back, I think [he loved her].

上記の例を見ると、（例1）あるいは（例3）の内容は、（例3）'、（例3）" のように言い換えることができない。つまり、because 節が I think にかかるとは考えられない。I think 以下の部分がひとつの事態を表していると言える。一方、（例2）あるいは（例4）の場合は、（例4）" のように節の順番を変えても、表すことが出来る。because 節は、I think の部分にかかっていると言える。

このように、カラ節を焦点化するような文に相当する（例1）は、epistemic domain の（例2）とは異なっている。

なお、（例1）、（例2）のような because を用いる文は、（例3）、（例4）で示したように、'I think' という部分を補って考えることができる。しかしながら、例えば、so を用いる以下のような文は、'I think' を用いることができないと思われる。

（例5）　He loved her, so he came back.

（例6）　*I think he loved her, so he came back.

したがって、（例5）のような so を用いる連接は、I think などが関与しない点で、話者の判断を通さずに、純粋に事態のあり方を描写しているとも考えられる。中右のように、content domain の連接を、話者の判断を通さずに純粋に現実事態を描写する場合と捉えると、英語で言えば so を用いるようなものが content domain の接続表現であり、because を用いると content domain

211

は表せなくなるように思われる。
　本論のように「事態間のレベル」と扱うほうが、このあたりのあいまいさを解消できると思われる。

（注4）　ノダ文と文の一部の焦点化の関わりは、すでに先行研究でも述べている。田野村（1990：46-47）は、ノダの「特立性」として、ノダがカラ節や目的節などを焦点化することを述べている。また、例えば、野田（1997）は、ノダ文のスコープに入り、文の一部が焦点化されるとし、「スコープのノダ」と名づけて述べている。

（注5）　原因・理由を表す接続関係について言えば、Ⅳ「判断の根拠」の接続関係とノダの二次的レベル（第3章参照）の思考プロセスは、類似している。例えば、「道が濡れている」という事態を認識して、どうしてそのような事態になったかを考えるとしよう。「1.認識→2.疑問→3.推察→4.答え」という思考プロセスを用いて表すと以下のようになる。
　　　（例1）道が濡れている（1.認識）→これは何を意味するか（2.疑問）→何かあったのだろうか（3.推察）→雨が降ったのだ（ろう）。（4.答え）
（例1）のような思考プロセスを経て、以下のような接続関係が生じると思われる。
　　　（例2）道が濡れているから、雨が降ったのだ（ろう）。
（例2）は、「道が濡れている」という状況を根拠に、「雨が降ったのだ（ろう）」と判断を述べているので、Ⅳ「判断の根拠」の接続関係と言える。
　（例1）と（例2）は、「道が濡れている」という状況をもとに、なぜそのような事態になったかということを推察し、判断を述べる、という点で共通している。
　そして、話者がその判断を組み込んだ上で事態の因果関係を述べると、以下のようになる。
　　　（例3）雨が降ったから道が濡れているのだ。

（注6）　以下の例のような、カラ節の中にダロウ、ノダロウなどを含む例は、ノダカラと断定する前の内容を表していると思われる。
　　　（例1）「はい、座って」

とおやじの机にでんと置いてある、使われた形跡の全くないパソコンの前に無理やり座らせた。起動してみるといちおうアプリケーションソフトはインストールしてある。言葉であれこれ説明しても混乱するだけ<u>だろうから</u>、彼女は最低限のことだけを教えることにした。　　　　　　　　　　　　　　　　　　　　　　　　（だから）

（例2）「それはもちろん、富田さんは意識がもうろうとして、よろけながら歩いていた<u>のでしょうから</u>、道路の端や、ときには道をはずれた地面に足跡が残っていても不思議はありません」　　　　（秋）

ニチガイナイカラ、ノカモシレナイカラといったような、カラ節の中に真偽判断のモダリティを含むものもこのカテゴリーに入る。

（注7）　野口徹（私信）は、以下の例をあげ、（5-31）と（5-32）の語順を変えると、容認性も異なるとして、「事態間レベル」とⅣ「判断の根拠」節の連接関係について、何らかの統語構造上の制限も働いているのではないかと指摘している。以下の例は、「彼女を」という部分の位置を変えたものである。

（5-31）' 彼は<u>彼女を</u>帰ってきたから愛しているのだ。

　　　　　　　　　　　　　　　　　　　　　（「事態間レベル」の場合）

（5-32）' ?彼は<u>彼女を</u>帰ってきたのだから愛しているのだ。

　　　　　　　　　　　　　　　　　　　（Ⅳ「判断の根拠」の場合）

上記の例に示される容認性の違いは、本論の立場を支持していると思われる。すなわち、（5-32）'に表れているように、Ⅳ「判断の根拠」の方では、認識から推察、答えに向かう、思考のプロセスの移り変わりを描いているためか、一つ一つのプロセスをひとまとまりとして描く必要があり、プロセスの違いを超えて、すなわち、従属節と主節の境界を超えて統語構造を変えることはできない。そして、その一つの節が表すプロセスの独立性の高さをノダで表していると言える。一方、（5-31）'のように、「事態間レベル」では、従属節と主節の内容をまとまった事態としてとらえているので、その事実関係を伝える範囲内で、要素の並べ方を変えることができると思われる。

　このように考えると、「統語的なノダ」も、やはり「ノダの思考プロセス」との関係があると思われる。

（注8）　野口徹（私信）は、（5-34）の場合、「父は」とすると「（父あるいは

私は)会社をやめなければならない」のように「父あるいは私」という両義的な解釈が生ずる一方、(5-34)の「父は」を「父が」に変えると無くなり、「私は会社をやめる」の解釈のみが残ると指摘している。

　確かに、(5-33)のようにカラを用いる場合は、「父が」にすると、主節は「私が仕事をやめる」という意味になりやすいものの、やはり「父が仕事をやめる」という解釈も文脈によっては成り立つと思われる。つまり、「父が」にした場合も「父か私(どちらか)が仕事をやめる」という両義性が残ることになる。一方、(5-34)のようにノダカラを用いる場合は、「父が」にすると、主節の主語は必ず「私」(あるいは「父」以外の人)であり、「父が仕事をやめる」という意味は排除されると思われる。これは、ガのスコープが主節にも及ぶか、従属節にしか及ばないかの違いがあるということであろう。つまり、このことからも、カラ節よりもノダカラ節のほうが、独立性が高いと言える。

(注9)　第2章の注14において、日本語の読点の役割は、英語のカンマほど意味の判別に重要なものではないという趣旨のことを述べた。ノダのこうした働きは、いわば英語のカンマが持つ働きと対応するものであると思われる。

(注10)　実は非難、嫌悪、賛美などを比べると、非難というのは、非難される対象が、何らかの特定の行為を行ったり、行わなかったりした場合に、それに対する気持ちとして発生するものであるのに対し、嫌悪や賛美といった感情は、嫌悪されたり、賛美されたりする対象の行為とは無関係に成立する場合もあるという点で、性質が異なるとも考えられる。

第6章

(注1)　Clancy, Akatsuka and Strauss(1997：26)は、彼らのデータの中では、トを用いるものは少なく、ナラを用いるものはまったくなかったと述べている。

引用文献

赤塚紀子．1998．条件文と Desirability の仮説．中右実(編)，日英比較選書3 モダリティと発話行為，13-67．研究社．
今尾ゆき子．1991．カラ、ノデ、タメ——その選択条件をめぐって——．日本語学，Vol. 10，12月号，78-89．
———．1994．条件表現各論——ガ／ケレド／ノニ／クセニ／テモ－談話語用論からの考察——．日本語学，Vol. 13，9月号，92-103．
岩崎卓．1995．ノデとカラ．宮島達夫・仁田義雄(編)，日本語類義表現の文法(下)複文・連文編，506-513．くろしお出版．
上林洋二．1992．理由を表す接続詞補稿——「から」と「ので」——．東海大学紀要 12．
岡部寛．1994．説明のモダリティ——「わけだ」と「のだ」の用法とその意味の違いの比較の観点から——．日本学報．大阪大学文学部日本語学研究室．
奥田靖雄．1990．説明(その1)——のだ、のである、のです——．ことばの科学4，173-221．麦書房．
———．1992．説明(その2)——わけだ——．ことばの科学5，187—219．むぎ書房．
尾上圭介．2001．文法と意味Ⅰ．くろしお出版．
加藤理恵．1998．「時」を表す「たら」と「と」について．日本語教育，97号，83-93．
菊地康人．2000．「のだ(んです)」の本質．東京大学留学生センター紀要，第 10 号，25-51．東京大学留学生センター．
金水敏．1989．「報告」についての覚書．仁田義雄・益岡隆志(編)，日本語のモダリティ，121-129．くろしお出版．
金田一春彦．1955．日本語．世界言語概説，下巻．研究社．
工藤真由美．1997．否定文とディスコース——「～ノデハナイ」と「～ワケ

デハナイ」──．ことばの科学 8，66-102．むぎ書房．
グループ・ジャマシイ．1998．日本語文型辞典．くろしお出版．
才田いづみ．1980．「ても」と「のに」．アメリカ・カナダ十一大学連合日本研究センター紀要，3，37-47．
国立国語研究所．1951．現代語の助詞・助動詞──用法と実例──．秀英出版．
佐治圭三．1991．日本語の文法の研究．ひつじ書房．
白川博之．1995．理由を表さないカラ．仁田義雄（編），複文の研究（上），189 – 219．くろしお出版．
───．1996．「ケド」で言い終わる文．広島大学日本語教育学科紀要，第 6 号．9-17．
鈴木義和．1993．ナラ条件文の意味．益岡隆志（編）．日本語の条件表現，131-148．くろしお出版．
高橋太郎．1983．動詞の条件形の後置詞化．渡辺実（編），副用語の研究，293-316．明治書院．
田窪行則．1987．統語構文と文脈情報．日本語学，vol.6，5 月号，37-47．
田野村忠温．1990．現代日本語の文法Ⅰ「のだ」の意味と用法．和泉書院．
───．1993．「のだ」の機能．日本語学，Vol.12，10 月号，34-41．
筑波ランゲージグループ．1991．Situational functional Japanese．Vol.1: Notes．凡人社．
角田三枝．2001．日本語のネクサスとモダリティー．国語学会 2001 年度秋季大会要旨集，24-31．
───．2002．接続表現および副詞句とモダリティ．日本語教育方法研究会誌，Vol.9，No2，6-7．
坪本篤朗．1993．条件と時の連続性──時系列と背景化の諸相──．益岡隆志（編），日本語の条件表現，99-130．くろしお出版．
寺村秀夫．1971．'タ'の意味と機能．言語学と日本語問題．くろしお出版．（1984．日本語のシンタクスと意味Ⅱ．くろしお出版に再録。）
───．1984．日本語のシンタクスと意味Ⅱ．くろしお出版．
戸村佳代．1988．日本語における二つのタイプの譲歩文──「ノニ」と「テモ」──．文芸言語研究言語編，15．筑波大学．
中右実．1986．英語における文の連接．日本語学，Vol.5，10 月号，76-85．
───．1988．「簡約日本語」を問う．日本語学，Vol.7，9 月号，74-86．

―――. 1994a. 認知意味論の原理. 大修館書店.

―――. 1994b. 日英条件表現の対照. 日本語学, Vol.13, 8月号, 42-51.

中溝朋子. 2002. ノニについて――接続助詞的用法と副詞的用法――. 日本語教育, 114号, 20-29.

永田良太・大浜るい子. 2001. 接続助詞ケドの用法間の関係について――発話場面に着目して――. 日本語教育, 110号, 62-71.

永野賢. 1952.「から」と「ので」とはどう違うか. 国語と国文学, 334号, 30-41.

名嶋義直. 2002.「説明のノダ」再考――因果関係を中心に――. 日本語文法, 2巻1号, 66-88. 日本語文法学会.

仁田義雄. 1987. 条件付けとその周辺. 日本語学, 6月号, 13-27.

野田春美. 1992. 単純命題否定と推論命題否定――「のではない」と「わけではない」. 梅花短大国語国文, 5, 49-63. 梅花短期大学国語国文学会.

―――. 1995. ガとノダガ――前置きの表現――. 宮島達夫、仁田義雄(編), 日本語類義表現の文法(下)複文・連文編, 565-572. くろしお出版.

―――. 1997.「の(だ)」の機能. くろしお出版.

―――. 2002. 説明のモダリティ. 宮崎和人、安達太郎、野田春美、高梨信乃(著), モダリティ, 230-260. 新日本語文法選書4. くろしお出版.

蓮沼昭子. 1985.「ナラ」と「トスレバ」. 日本語教育, 56号, 65-78.

―――. 1993.「たら」と「と」の事実的用法をめぐって. 益岡隆志(編), 日本語の条件表現, 73-97. くろしお出版.

前田直子. 1995a. バ、ト、ナラ、タラ. 宮島達夫、仁田義雄(編), 日本語類義表現の文法(下)複文・連文編, 483-495. くろしお出版.

―――. 1995b. ケレドモ・ガとノニとテモ. 宮島達夫、仁田義雄(編), 日本語類義表現の文法(下)複文・連文編, 496-505. くろしお出版.

―――. 1995c. 逆接を表す「のに」の意味・用法. 東京大学留学生センター紀要, 第5号, 99-123. 東京大学留学生センター.

益岡隆志. 1991. モダリティの文法. くろしお出版.

―――. 1993a. 日本語の条件表現について. 益岡隆志(編), 日本語の条件表現, 1-20. くろしお出版.

―――. 1993b. 条件表現と文の概念レベル. 益岡隆志(編), 日本語の条件表現, 23-39. くろしお出版.

引用文献

―――. 1997. 複文. くろしお出版.
―――. 2001a. 文の意味的階層構造に関する覚え書き. さわらび 10 号, 63-69. 文法研究会.
―――. 2001b. 説明・判断のモダリティ. 神戸外大論叢, 52 巻 4 号, 3-28. 神戸市外国語大学.
三尾砂. 1948. 国語法文章論. 三省堂.
三上章. 1972 (1953 の復刻版). 現代語法序説―シンタクスの試み. くろしお出版.
三原嘉子. 1995. 接続助詞ケレドモの終助詞的用法に関する一考察. 横浜国立大学留学生センター紀要, 第 2 号, 79-89.
南不二男. 1974. 現代日本語の構造. 大修館書店.
―――. 1993. 現代日本語文法の輪郭. 大修館書店.
メイナード・泉子. 1997. 談話分析の可能性―理論・方法・日本語の表現性―. くろしお出版.
森田良行. 1980. 基礎日本語 2. 角川書店.
山口佳也. 1975. 「のだ」の文について. 国文学研究, 第 56 集, 12-24. 早稲田大学国文学会.
湯沢幸吉郎. 1949. 国文法詳説口語編. 早大出版部.

Akatsuka, Noriko. 1985. Conditional and the epistemic scale. Language, Vol. 61, No. 3, 625-639.

Akatsuka, Noriko and Patricia M. Clancy. 1993. Conditionality and deontic modality in Japanese and Korean: evidence from the emergence of conditionals. Japanese/Korean Linguistics, Vol.2, 177-192. Stanford: Stanford Linguistics Association.

Alfonso, Anthony. 1966. Japanese language patterns, Volume 1. Tokyo: Sophia University L.L. Center of Applied Linguistics.

Austin, J. L. 1961. Ifs and cans. In J. L. Austin, Philosophical papers, (eds.), J. O. Urmson and G. J. Warnock, 153-180. Oxford: Clarendon Press.

Clancy, Patricia M., Noriko Akatsuka, and Susan Strauss. 1997. Deontic modality and conditionality in discourse: a cross-linguistic study of adult speech to young children. In Akio Kamio (ed.), Directions in functional linguistics, 19-57.

Amsterdam: John Benjamins.

Foley, William A. and Robert D. Van Valin, Jr. 1984. Functional syntax and universal grammar. Cambridge: Cambridge University Press.

Givón, T. 1980. The binding hierarchy and the typology of complements. Studies in Language, Vol. 4, No.3: 333-377.

Grice, H. P. 1975. Logic and conversation. In Peter Cole and Jerry Morgan (eds.) Speech acts (Syntax and Semantics. Vol.3), 41-58. New York: Academic Press.

Hopper, Paul J. and Sandra A. Thompson. 1980. Transitivity in grammar and discourse. Language, Vol.56, No.2, 251-299.

Iwasaki, Shoichi. 1993. Subjectivity in grammar and discourse: Theoretical considerations and a case study of Japanese spoken discourse. Amsterdum: John Benjamins.

Jespersen, Otto. 1924. The philosophy of grammar. London: George Allen & Unwin.

Kuno, Susumu. 1973. The structure of the Japanese language. Cambridge, MA: The MIT Press.

Lakoff, Robin T. 1973. The logic of politeness; or, minding your p's and q's. CLS 9, 292-305.

Lehmann, Christian. 1988. Towards a typology of clause linkage. In John Haiman, and Sandra A. Thompson (eds.), Clause combining in grammar and discourse, 181-225. Amsterdam: John Benjamins.

Nakau, M. 1992. Modality and subjective semantics. Tsukuba English Studies, Vol.11, 1-45. Tsukba University.

Rose-Innes, Arthur. 1933. Conversational Japanese for beginners. 5th edition. Yokohama: K. Yoshikawa & Co.

Ross, J. R. 1970. On declarative sentences. In Roderick A. Jacobs and Peter S. Rosenbaum (eds.), Readings in English transformational grammar, 222-277. Waltham, MA: Ginn and Company.

Shibatani, Masayoshi. 1985. Passive and related constructions: a prototype analysis. Language, Vol.61, No.4, 821-848.

Sweetser, Eve. E. 1990. From etymology to pragmatics[:] Metaphorical and cultural aspects of semantic structure. Cambridge: Cambridge University Press.

引用文献

＜例文出典＞
阿部祐子他．1994．上級で学ぶテーマ別日本語．研究社．
荒井礼子他．1991．中級から学ぶテーマ別日本語．研究社．
内田康夫．2000．秋田殺人事件．光文社．
小林よしのり．2000．新ゴーマニズム宣言 SPECIAL 台湾論．小学館．
帚木蓬生．1997．逃亡．新潮社．
―――．1998．受精．角川書店．
松本清張．1971．点と線．新潮文庫．
宮沢賢治．1985．銀河鉄道の夜．講談社青い鳥文庫．
群ようこ．2002．働く女．集英社文庫．
　それでも私は売りに行く．だからおやじはイヤになる．
　とりあえず子連れでレジを打つ．そして私は番をする．
　なんだか不安で駆け回る．やっぱりみんなに嫌われる．
　けっきょくマジメは損をする？．とうとう誰も来なくなる．
　でもちょっと何かが違う．いろいろあって、おもしろい？．

新潮文庫の 100 冊 CD-ROM．1995．新潮社．収録
　安部公房，砂の女．井上ひさし，ブンとフン．
　開高健，パニック・裸の王様．沢木耕太郎，一瞬の夏．
　塩野七海，コンスタンティノープルの陥落．
　福永武彦，草の花．三浦綾子，塩狩峠．宮本輝，錦繡．
　村上春樹，世界の終わりとハードボイルドワンダーランド．
日経エコロジー，1999 年 12 月号, 64．日経 BP 社．
松本清張原作ドラマ．2002 年 1 月 15 日放映．一年半待て．火曜サスペンス
　20 周年記念，松本清張シリーズ．NTV．

なお、本論中に引用した先行研究における例文の出典は省略した。

索　引

出現回数が非常に多い項目は、最初に出るページ、あるいは重要と思われるページだけを選んだものもある。

用語・内容

あ

アスペクト　23, 25, 28, 30, 35, 37, 38, 41, 43, 66, 186, 187

い

いきさつタイプ　131, 135, 136, 137, 141, 145, 153, 207

五つのレベル　2, 5, 10, 11, 17, 19, 22, 23, 26, 61, 65, 67, 69, 84, 155, 177, 180

一般言語学　4, 6, 127, 177, 179, 180

意味の拡張　2, 18, 117, 169, 195

因果判断の用法　146, 149, 208

イントネーション　198, 204

え

英語　6, 7, 19, 58, 59, 177, 179, 185, 192, 193, 214

お

驚き　45, 50, 54, 149
　～・感嘆　193

か

ガ　7, 36
　終助詞的な～　46, 190, 193
　対比の～　46, 180
　前置きの～　46, 180, 190, 193
ガ・ケレド　2, 5, 25, 27, 36, 40, 41, 43, 44, 45, 46, 65, 66, 67, 190, 192, 193
階層意味論モデル　6, 18, 23, 66, 186
会話　31, 50, 75, 94, 95, 159, 160
仮定　60, 62, 63, 65, 195, 198, 199
カラ　2, 5, 7, 8, 25, 27, 28, 35, 36, 65, 66, 67, 148, 151, 156, 158, 159, 160, 161, 162, 163, 164, 165, 166, 168, 169, 170, 172, 173, 174, 180, 184, 187, 188, 189, 190, 193, 212, 214
韓国語　181
感情表現　31, 71, 105
カンマ　22, 177, 178, 185, 186, 214

き

帰結　78, 96, 100, 130, 132, 195, 197
疑問　3, 45, 55, 70, 73, 74, 75, 76, 77, 78, 79, 80, 81, 82, 83, 84, 90, 91 95, 96, 143, 145, 147, 178, 193, 201
　～の三つのタイプ　92
逆接　2, 5, 9, 25, 26, 27, 36, 67, 180, 190
共起関係　5
　従属節と主節の～　11
　従属節と主節のモダリティとの～　1, 7, 12
強調　121, 206

く

句読点　171, 172, 173, 178, 185, 186, 214

け

形容詞　10, 64
形容動詞　10, 27, 64, 65
原因・理由　2, 5, 9, 25, 26, 27, 28, 67, 155, 188, 212
言語習得　181
言語(内容)の認識　3, 76, 81, 82, 85, 95, 97
現象に基づく判断　85, 157, 162, 202
　～レベル　85, 86, 87, 88, 162
現象の認識　3, 76, 79, 80, 83, 85, 95, 97
現象描写レベル　85, 87, 88, 157
「現象描写」(のレベル)　2, 12, 20, 22, 24, 27, 28, 29, 33, 35, 37, 38, 41, 43, 47, 51, 53, 54, 56, 57, 69, 84,

221

索引

155, 184, 187
現象描写文 111, 124

こ

答え 3, 70, 73, 74, 75, 76, 77, 78, 79, 80, 81, 82, 83, 84, 90, 91, 96, 143, 144, 145, 146, 147
語用論 14, 19

さ

サイクルの連鎖
　☞ノダのサイクルの連鎖参照
さらなる判断 77, 84, 87, 92, 93, 139, 157, 162, 165, 169, 202
　〜レベル 85, 86, 88, 89
参加者の重層性 94, 103

し

思考プロセス 1, 70, 73, 74, 76, 94, 101, 129, 130, 141, 142, 150, 152, 155, 162, 177, 178, 179, 180, 201, 205
　〜のレベル 4, 70, 73, 179
　〜の連鎖
　　☞ノダの思考プロセスの連鎖参照
事態間レベル 22, 29, 44, 57, 155, 156, 157, 158, 161, 162, 163, 168, 169, 174, 180, 190, 194, 210, 213
地の文 27, 30, 31, 32, 34, 50, 94, 159, 160, 189
従属節 1, 5, 7, 29, 108
　〜の述部の形態 65
　〜の独立性 23, 26, 30, 35, 37, 38, 41, 43, 183,

187, 214
〜の述部の構造 23
主節 1, 5, 12, 29, 30
述語
　〜の形態 65, 186
　思考、認識や判断の基準を表す〜 48, 51, 52, 55
　従属節の〜 10, 26, 62, 64
　認識、思考に関わる〜 47
順接 180, 190, 191
使用範囲の拡張 34
条件 2, 5, 7, 9, 17, 25, 26, 27, 47, 58, 67, 181, 199
焦点 157, 158, 159, 160, 210, 212
省略 42, 192

す

遂行発話動詞 16, 21, 33, 34, 37, 47, 50, 51
遂行文 16, 127
推察 3, 45, 70, 73, 74, 75, 76, 77, 78, 79, 80, 81, 82, 83, 84, 90, 91, 96, 131, 144, 145, 146, 147, 153
推論 45, 108, 129, 132, 150, 179, 180, 191, 192, 205
スコープ 3, 130, 132, 140, 150
　ガの〜 214
　禁止の〜 191
　否定の〜 131
スパイラル（螺旋）92, 128
する 47, 51, 54

せ

接続表現 1, 5, 6, 7, 25, 155, 177, 178, 180
節連接とモダリティの階層

2, 26, 155
前提 13, 60, 63, 65, 157, 158, 160, 184, 195

た

タ形 11, 31, 65
ダッタラ 64, 199
タメ（ニ）2, 5, 7, 8, 25, 27, 28, 29, 30, 36, 67, 156, 188
タラ 2, 5, 8, 10, 25, 27, 47, 53, 54, 55, 56, 63, 64, 65, 67, 181, 183, 193, 196, 197, 198, 199
談話 3, 70, 71, 106, 115, 117, 127, 129, 132, 149, 153, 162, 174, 178, 179, 181

て

デアレバ 64, 199
定型的な表現 47, 51, 52, 54, 56
丁寧 21, 27, 30, 34, 70, 188
テモ 5, 26, 40, 66
テンス 23, 25, 28, 30, 35, 37, 38, 40, 41, 43, 65, 66, 186, 187

と

ト 2, 5, 10, 25, 27, 47, 48, 49, 50, 52, 53, 54, 65, 67, 181, 193, 194, 196, 197, 198, 199, 214
統括タイプ 131, 135, 136, 137, 141, 145, 153
動詞 10, 62
　隠れた〜 49, 54, 193
　隠れた思考判断〜 49
　思考、認識や判断の基準を表す〜 54
　思考判断〜 49, 194

222

動的 11, 26, 51, 53, 65
独立性 170, 171, 172, 174, 183, 185, 214
独話 94, 95, 96, 106

な

ナガラ 2, 25, 27, 36, 37, 38, 67, 191
ナラ 2, 5, 7, 8, 10, 25, 27, 47, 56, 57, 61, 63, 64, 65, 66, 67, 181, 183, 197, 198, 199, 214
なる 47, 51, 54

に

日本語教育 4, 71, 112, 114, 125, 181
ニモカカワラズ 2, 5, 25, 27, 36, 38, 39, 40, 42, 43, 44, 45, 46, 67, 191
認識 3, 49, 52, 70, 73, 74, 75, 76, 77, 78, 79, 80, 81, 82, 83, 90, 91, 96, 143, 145, 147, 152, 194
人称 110, 205
　〜制限 31
　一〜 31, 39, 41, 105, 110
　二〜 110
　三〜 31, 32, 71, 105, 110
認知領域 22, 67, 177, 199

の

ノ 80, 91, 204
ノカ 3, 71, 91, 200, 202, 204
ノダ 1, 2, 30, 41, 69, 71, 73, 76, 78, 83, 84, 87, 91, 93, 94, 95, 96, 99, 100, 103, 106, 107, 108, 112, 114, 115, 116, 118, 122, 126, 129, 130, 132, 135, 138, 140, 141, 143, 146, 147, 148, 149, 150, 151, 152, 153, 160, 163, 177, 178, 188, 199, 200, 203, 204, 206, 207, 208, 212
　〜のプロトタイプ 70, 73, 93, 123
ノダカラ 4, 71, 108, 109, 110, 111, 112, 148, 155, 156, 163, 164, 165, 166, 167, 168, 169, 170, 171, 172, 173, 174, 180, 205, 208, 212, 214
　統語的な〜 163, 168, 213
ノダカラのお化粧効果 110
ノダッタラ 197, 199
ノダのサイクル 71, 76, 77, 78, 80, 81, 82, 83, 84, 85, 86, 87, 89, 90, 91, 92, 93, 95, 96, 99, 100, 101, 102, 103, 107, 108, 109, 112, 113, 114, 115, 116, 117, 118, 121, 122, 124, 128, 139, 142, 145, 146, 148, 150, 152, 153, 169, 174, 178, 203, 207
　サイクル1 93, 97, 102, 118, 122
　サイクル2 93, 97, 101, 118, 122
　サイクル3 93, 98, 101, 107, 122
　〜の一次的レベル 77, 79, 81, 82, 83, 85, 90, 93, 202
　〜の二次的レベル 77, 78, 79, 81, 82, 85, 90, 212
　〜の三次的レベル 77, 85, 90, 93
　〜の連鎖 3, 70, 73, 91, 92, 124, 131, 142, 146, 152, 179, 203, 207
ノダの思考プロセス 2, 71, 73, 74, 75, 76, 84, 89, 93, 94, 96, 99, 100, 101, 103, 104, 105, 106, 108, 109, 112, 114, 116, 117, 118, 122, 123, 124, 126, 127, 128, 130, 131, 139, 142, 145, 146, 147, 152, 153, 155, 162, 165, 169, 174, 178, 179, 207, 212, 213
　〜の連鎖 3, 70, 73, 91, 131, 142, 146, 179
ノダロウ 71, 204, 212
ノダロウカ 3, 91, 200, 204
ノデ 2, 5, 7, 8, 25, 27, 28, 29, 30, 31, 32, 34, 35, 36, 67, 121, 122, 156, 157, 158, 160, 161, 162, 169, 174, 180, 187, 188, 189, 207, 210
ノデアレバ 197, 199
ノニ 2, 5, 25, 27, 36, 41, 42, 43, 44, 67, 184, 188, 191, 192, 207

は

バ 2, 5, 8, 10, 25, 27, 47, 51, 52, 53, 63, 64, 65, 67, 181, 183, 193, 194, 198, 199
「働きかけ」(のレベル) 2, 12, 20, 22, 24, 27, 28, 30, 35, 37, 38, 39, 41, 43, 47, 48, 51, 53, 54, 56, 57, 155, 184, 185, 187
発話行為 81, 125, 141, 170, 200
「発話行為の前提」(のレベ

索引

ル）2, 13, 15, 21, 22, 27, 28, 29, 30, 31, 33, 35, 38, 39, 41, 43, 47, 50, 51, 53, 56, 57, 61, 62, 63, 69, 84, 155, 163, 169, 173, 174, 180, 185, 187, 191, 193, 194, 197
発話行為（Dモダリティ）領域 7, 17
判断処理済 91, 128, 160, 163
「判断の根拠」(のレベル) 2, 13, 15, 22, 27, 28, 29, 30, 35, 38, 39, 41, 43, 47, 48, 51, 53, 54, 56, 57, 61, 62, 63, 69, 84, 155, 162, 163, 164, 165, 166, 168, 169, 173, 174, 180, 187, 189, 190, 193, 194, 197, 201, 212, 213
「判断」(のレベル) 2, 12, 20, 22, 24, 27, 28, 30, 33, 35, 37, 38, 39, 41, 43, 47, 51, 53, 54, 56, 57, 155, 184, 187, 189, 190

ひ

非未来動 11, 26, 27, 39, 51, 52, 53, 54, 56, 62, 63, 64, 65, 184, 185, 188, 194, 195, 197

ふ

普通体 30, 70, 189
物体の認識 3, 76, 77, 80, 83, 84
フランス語 6
プロミネンス 149, 209

ほ

ポラリティ 23, 66, 186

ま

前置き 37, 38, 190
前置き的な表現 47, 187

め

名詞 10, 64, 118, 119, 120, 121, 122
名詞述語文 71, 118, 206
命題 2, 11, 18, 70, 73, 78, 83, 172, 200, 201, 202, 204, 205
命題内容（全体命題）領域 7, 17
命題認識（Sモダリティ）領域 7, 17
メタファー 71, 92, 115, 116, 124, 148, 149

も

モダリティ 1, 5, 6, 9, 10, 11, 12, 13, 14, 18, 23, 28, 30, 35, 38, 41, 43, 47, 69, 70, 73, 83, 125, 163, 170, 174, 186, 187, 194, 196, 199, 200
〜の典型 32, 124, 125, 126
隠れた〜 16, 24, 127
隠れた発話〜 16, 21
従属節の〜 184
主節の〜 9, 22, 23, 26, 28, 30, 67, 177, 186
真偽判断の〜 23, 30, 39, 40, 186, 213
説明の〜 1, 69, 129, 153, 179, 200
談話〜 33, 141, 189, 200, 208
発話行為を表す〜 12, 16, 200
判断を表す〜 11, 12
モダリティ性 32, 33, 34, 124, 125

よ

用法の拡張 34, 35, 169, 189

る

ル形 11, 26, 39, 65, 184, 188

れ

連接
　従属節と主節の〜 1, 9, 10, 26, 27
　節の〜 5, 6, 9, 155

わ

ワケダ 1, 129, 130, 132, 135, 138, 140, 141, 142, 143, 145, 146, 147, 148, 149, 150, 152, 153, 177, 179, 180, 199, 207, 208, 209
ワケダの思考プロセス 131, 136, 137, 152
ワケデハナイ 3, 107, 129, 130, 131, 150, 151, 152, 153, 179, 192, 205, 209
ワケナノダ 131, 141, 143, 144, 152, 203, 208
話者の確信 109, 149, 163, 167, 169, 193

ん

ンダ 70, 200
ンダッタラ 56

A-Z

because 18, 210, 211
but 7, 179, 192, 193
content domain 6, 7, 18, 22, 34, 60, 185, 192, 195,

210, 211
epistemic domain 6, 7, 18, 22,
　　44, 58, 60, 62, 64, 185,
　　192, 195, 210, 211
find 49, 54, 194, 197
maxims 110, 113
speech-act domain 6, 7, 18,
　　22, 33, 34, 58, 60, 62, 64,
　　185, 192, 193, 195

人名索引

赤塚紀子 181, 193
今尾ゆき子 188, 191
岩崎卓 34, 156, 188
上林洋二 188
大浜るい子 190
岡部寛 70
奥田靖雄 71, 72, 96, 100, 115,
　　129, 130, 132, 135, 138,
　　150, 199, 204
尾上圭介 206
郭珍京 201
加藤理恵 196
菊地康人 72, 73, 104, 106,
　　113, 114, 178, 207
金水敏 31
金田一春彦 72
工藤真由美 130
グループ・ジャマシイ 147
国立国語研究所 190
小矢野哲夫 192
才田いづみ 191
佐治圭三 71, 205
白川博之 184, 193
鈴木義和 183, 197, 198
高橋太郎 193, 194
田窪行則 140, 188, 190
田野村忠温 72, 109, 110, 124,
　　197, 198, 200, 202, 203,
205, 206, 212
筑波ランゲージグループ
　　112
角田太作 192, 210
角田三枝 115, 180, 199
坪本篤朗 190, 194
寺村秀夫 31, 72, 105, 129,
　　130, 132, 135, 138, 141,
　　146, 150, 199, 208, 209
戸村佳代 191, 192
中右実 2, 6, 7, 9, 16, 17, 22,
　　23, 32, 33, 66, 127, 177,
　　183, 185, 186, 189, 194,
　　200, 203, 208
永田良太 190
永野賢 174, 188, 189, 210
中溝朋子 191
名嶋義直 72
仁田義雄 191
野口徹 185, 213
野田春美 71, 103, 105, 106,
　　109, 114, 115, 129, 150,
　　192, 193, 197, 200, 205,
　　209, 212
蓮沼昭子 196, 199
前田直子 42, 184, 191, 192,
　　197
益岡隆志 8, 71, 72, 96, 108,
　　124, 129, 146, 178, 183,
　　188, 193, 200, 207
三尾砂 72, 204
三上章 71, 188, 207
南不二男 1, 7, 23, 26, 30, 35,
　　41, 43, 140, 183, 190,
　　204
三原嘉子 193
メイナード・泉子 72
森田良行 190
山口佳也 205

湯沢幸吉郎 188

Akatsuka, Noriko 181, 199,
　　214
Alfonso, Anthony 72
Austin, J. L. 21
Clancy, Patricia M. 181, 214
Foley, William A. 6, 187
Givón, T. 6
Grice, H. P. 20, 110, 113
Hopper, Paul J. 32
Iwasaki, Shoichi 196
Jespersen, Otto 6
Kuno, Susumu 72
Lakoff, Robin T. 20
Lehmann, Christian 6
Nakau, Minoru 17
Rose-Innes, Arthur 205
Ross, John Robert 17, 127, 200
Shibatani, Masayoshi 32
Strauss, Susan 181, 214
Sweetser, Eve E. 2, 6, 7, 8, 17,
　　19, 20, 21, 33, 44, 58, 59,
　　60, 61, 62, 63, 64, 127,
　　177, 185, 192, 193, 194,
　　195, 199, 210
Thompson, Sandra A. 32
Van Valin, Robert D. Jr. 6, 187

著者紹介

角田 三枝（つのだ・みえ）

東京生まれ。成城大学文芸学部英文学科卒業。ロータリー財団大学院課程奨学生として、オーストラリア、マクォリー大学に一年間留学（言語学専攻）。名古屋大学大学院、文学研究科日本言語文化専攻修士課程修了。お茶の水女子大学大学院、人間文化研究科国際日本学専攻博士後期課程修了。博士（人文科学）。通産省工業技術院国際研究交流センター日本語講師を経て、つくば日本語クラス（TaNo-C）主宰。
立正大学非常勤講師、中央学院大学非常勤講師。

主な業績に

著書：角田三枝. 2001.『日本語クラスの異文化理解：日本語教育の新たな視点』. くろしお出版.

共編著：角田三枝、佐々木冠、塩谷亨（編）. 2007.『他動性の通言語的研究』. くろしお出版.

論文：Tsunoda, Mie. 2012. Five-level classification of clause-linkage in Japanese. *Studies in Language* 36(2). 382–429.

Tsunoda, Mie. 2016. Verbal inflectional morphology and modality in compound clause-linkage markers in Japanese. *Studies in Language* 40(4). 815–871.

Tsunoda, Mie. 2018. Japanese. In Tasaku Tsunoda (ed.), *Levels in clause linkage*, 47–75. Berlin & Boston: De Gruyter Mouton.

日本語の節・文の連接とモダリティ

発行	2004年 6月 1日　第1刷発行
	2011年11月 1日　第2刷発行
	2024年 3月 1日　第3刷発行
著者	角田 三枝（つのだ みえ）
表紙デザイン	角田 三枝
発行人	岡野 秀夫
発行	株式会社くろしお出版
	〒102-0084　東京都千代田区二番町4-3
	TEL: 03-6261-2867　　FAX: 03-6261-2879
	http://www.9640.jp

© TSUNODA Mie 2004, Printed in Japan
ISBN978-4-87424-295-7 C3081

●乱丁・落丁はおとりかえいたします。本書の無断転載・複製を禁じます。